그리운 사람을 그리워하자

김용성

북포스

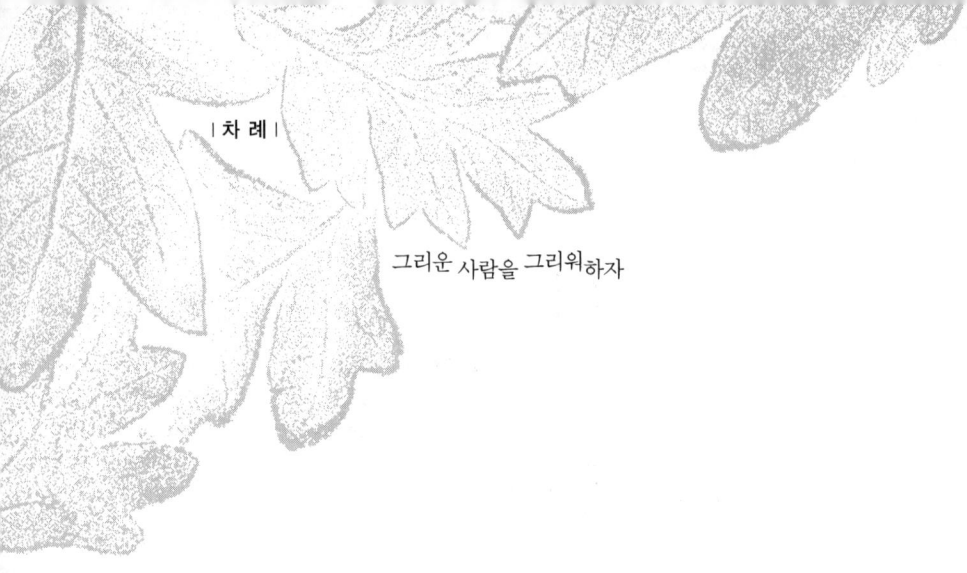

| 차 례 |

그리운 사람을 그리워하자

머리말 / 젊음의 낭만과 아픔, 그 아름다움

2

젊음의 낭만과 아픔, 그 아름다움

시간의 흐름은 참으로 공평하고 매정합니다. 그러니까 그 흐름을 얼마나 내 것으로 만들었는지, 그 흐름 속에 나는 얼마를 차지했는지. 그 흐름과 함께 나는 얼마나 행복하고, 얼마나 성장했는지 하는 것은 모두 남의 탓이 아니라 다 내 몫입니다.

이 책은 1964년부터 2009년까지 45년간 쓴 글과 받은 편지를 모아 연도순으로 정리한 것입니다. 간수를 잘못하여 여기에 수록하지 못한 글이 있는 점을 미안하고 유감스럽게 생각합니다. 허나 한 움큼밖에 안 되는 이 글에서 우리는 젊음의 낭만과 아픔, 패기와 좌절, 아름다움과 생사고락을 만날 수 있습니다. 작지만 이 책은 그런 것들의 결정체인 셈입니다.

여러분과의 만남이 늘 이어지기를 바라는 마음으로 책 이름을 『그리운 사람을 그리워하자』로 정했습니다. 이와 더불어 우리의 삶과 숨결을 가식 없이 간직하자는 뜻도 여기에 담겼습니다.

사람과 사람의 만남이 가장 소중한 것이라면 사람을 만나야 하고, 그리운 사람이 있어야 하며, 마땅히 그를 그리워해야 하겠지요. 그런 뜻으로 책표지는 필자의 기억을 더듬어 우리 학과 졸업생들의 이름을 자모순으로 모아서 만들었습니다.

졸업기념 앨범에서 그 명단을 확인하면 완벽하겠지만 필자는 그렇게 하지 않았습니다. 비난과 섭섭함의 목소리를 귀담아보기로 작정했기 때문입니다.

이 책의 진정한 필자가 된 졸업생들에게 고마움의 뜻을 전하면서 여기 그 이름을 밝힙니다.

강경란 · 강경화 · 강성윤 · 강정원 · 고은주 · 고현진 · 공보성 · 곽병학 · 곽병희 · 구내영 · 권부영 · 권영란 · 권오녀 · 김 건 · 김경란 · 김경조 · 김귀애 · 김기원 · 김다나 · 김동숙 · 김명옥 · 김문성 · 김민영 · 김신영 · 김선이 · 김세진 · 김수경 · 김수아 · 김수연 · 김수희 · 김순덕 · 김순례 · 김신미 · 김애경 · 김영하 · 김은경 · 김은주 · 김웅회 · 김정진 · 김정현 · 김지연 · 김현주 · 김형선 · 김형진 · 김혜리 · 김효정 · 김희균 · 나지윤 · 남충현 · 남향옥 · 류주현 · 문우영 · 문지연 · 문희옥 · 박영두 · 박영진 · 박원순 · 박원식 · 박은순 · 박인철 · 박정숙 · 박준영 · 박진환 · 박치숙 · 박현경 · 박현나 · 박형림 · 박효숙 · 방명희 · 방현철 · 배금표 · 백호정 · 서광석 · 서수석 · 서은숙 · 성명희 · 송대영 · 송승섭 · 송지숙 · 신기석 · 신명용 · 신명조 · 신춘섭 · 심우진 · 안경식 · 안명현 · 안지영 · 안진모 · 양문석 · 엄영회 · 엄청란 · 염현숙 · 오선화 · 오세훈 · 오수자 · 왕신식 · 우용우 · 위복주 · 유수림 · 유은주 · 유종희 · 윤미주 · 윤지영 · 윤지현 · 이갑분 · 이경현 · 이동철 · 이루시 · 이만수 · 이명자 · 이명희 · 이미란 · 이방은 · 이병권 · 이선영 · 이성애 · 이신영 · 이용례 · 이유준 · 이윤희 · 이은경 · 이은주 · 이재경 · 이재명 · 이정원 · 이종열 · 이진희 · 이춘배 · 이태임 · 이태희 · 이한성 · 이희정 · 임곽식 · 임금순 · 임희경 · 장수남 · 장윤정 · 장효은 · 전희철 · 정병인 · 정옥경 · 정옥주 · 정용학 · 정우현 · 정주영 · 정철호 · 조규용 · 조미경 · 조영빈 · 지호진 · 차현주 · 채명리 · 최경자 · 최금지 · 최미언 · 최수진 · 최숙향 · 최효경 · 하선자 · 하순영 · 한미월 · 한선정 · 한승혜 · 한지연 · 허근영 · 허남두 · 허원태 · 허 은 · 현인자 · 홍성철 · 홍예택 · 홍정원 · 황선희 · 황인몽 · 황정분.

이들의 글은 필자를 위한 책망과 격려, 비판과 은혜임이 분명합니다. 하여 이들에게 고마울 뿐입니다. 여러분의 무궁한 발전을 기원합니다.

6.25동란 60주년을 맞이하며

明知大學校 文獻情報學科

名譽教授 金 容 成 拜

제1부

파월 지원서를 쓰다(1964년-1966년)

정도와 타협 1 • 어느 날 • 시화를 보는 군인 • 보병 제38사단 안내자료 • 정도와 타협 2
• 단테의 사랑 • 그리움, 그리고 다짐 • 정도와 타협 3 • 정도와 타협 4 • 시온성 • 통일,
사단 마크, 필승구호 • 정도와 타협 5 • 율곡 선생에 관한 정훈교육 준비과정의 촌극/파
월지원서를 써라/하라면 한다 • 정도와 타협 6 • 병오년 독수리작전/제대 특명 취소 •
번민과 희망

정도와 타협 1(1964. 4.)

정도(正道)는 무엇이며 타협(妥協)은 또 어떤 것인가? '정도와 타협'은 병영생활 중에 쓴 얼마 안 되는 잡문이자 단상이다. 군복 속에도 고뇌, 울분, 격려, 죽비 등 갖가지 사연이 담겨 있기 때문이다.

대한민국 국민이 인정하고 제공하는 제복을 32개월간 기꺼이 착용했던 한 젊은이의 변화와 성장을 위한 몸부림이 여기 있다. 군은 가장 정도를 지향하는 집단이면서도 가장 타협이 필요한 집단이라는 것을 뒤늦게 깨달았다.

흔히 우리는 FM이라고 말하지만 교육과 훈련은 하나에서 열까지 정도가 전부이다. 허나 이를 제외한 병영생활은 정도를 바탕에 깔면서 타협으로 뒤덮여 있다.

주부식(主副食)은 빠짐없이 정량 지급인가? 피복류(被服類)는 규정대로 지급하는가? 외출과 외박을 포함한 휴가제도는? 주번근무는? 장병은 차별대우가 없는가? 소원수리제도(所願受理制度)는 정당하게 실천되는가? 내무반 생활은? 헌병에 대한 불만은 없는가? 등...

다양하고 복잡한 문제들이 부대의 크고 작음에 상관없이 늘 존재하고, 때에 따라 이들의 악순환이 일어나는 경우도 있다. 그런 연유로 필자는 병영생활에 관한 단상을 '정도와 타협'이라고 정했다.

사회의 인정을 받는 한 사람의 전문가가 되려면 적어도 1만 시간의 순수한 자기 노력이 필수적이라고 한다. 하루에 쏟아내는 순수한 자기 노력을 3시간이라고 가정하면 1년에 1천 시간 정도가 되므로 1만 시간을 채우려면 10년이 걸린다. 그러므로 사회의 인정을 받는 한 사람의 전문가가 되려면 연속된 10년간의 자기 노력이 필요하다.

10년이면 강산이 변한다는 우리의 속담이 그대로 적중한다. 대한의 젊은이들이 갖가지 내용과 형식으로 이루어내는 병영생활이 생선의 비늘(편린片鱗이라고 하지)만큼이라도 1만 시간의 자기 노력에 접근할 수 있는 방안은 없을까?

1964년 3월 13일은 필자의 병역기록카드에 기록된 병역의무기간의 시발점이다. 이때부터 1966년 10월 8일까지 필자의 아주 작은 역사가 깃들어 있다. 그것은 1964년 5월의 부대배치로 시작된 보병 제38사단에서의 병영생활이 중심을 이룬다.

이 부대는 강원도 예비사단으로 발족했다. 이른바 강원도 향토사단이다. 그래서 많이 알려지지 않은 부대 중의 하나이다. 역대 부대장 중에는 채명신 장군, 문중섭 장군, 장호강 장군 같은 이름난 장성도 있다. 필자가 근무할 당시에 미8군 사령관 하우즈 대장이 이 부대를 방문할 만큼 내실이 있고, 주목을 받는 부대였다.

은근히 기대한 바이지만 운 좋게 필자는 정훈부에 근무했으므로 다양한 유형의 장병을 만남으로써 다양한 체험을 할 수 있었다. 문서 및 신문기사의 작성, 대민봉사활동, 영화상영, 정훈교육, 군관민 합동위문공연 및 예배, 정훈방송, 군가경연대회 등이 이를 말한다.

육군참모총장과 제2군사령관의 지휘 각서에 근거하고, 우리 부대장의 지휘를 받아 병영도서실과 부대 기념관을 설치하고 운영했던 일은 그들이 매우 소규모이고 모든 것이 영세하긴 했으나 필자가 소중하게 간직하고 있는 경험의 일부이다. 이 일은 대학의 선생이 된 이후에도 알게 모르게 그림자처럼 필자를 따라 다녔다.

제대특명과 함께 필자가 간직했던 소지품들을 모아 소포를 만들어 집으로 발송했고, 그들은 이사를 할 때마다 조금씩 알게 모르게 부피가 줄어들었다. 그런 탓으로 여기에 소개되는 몇 조각의 글들은 전체가 아닌 것이다.

어느 날(1964. 5.)

바보란 이해타산을 떠나 속임이 없고 허식이 없이 자기의 본심에 의해 움직이는 사람이다. 타협하거나 어물어물 넘기면서 일을 할 수 없는 사람이다. 활활 타오르는 열화와 같은 내부 생명의 불길에 언제나 새로운 장작을 지펴 주면서 자아의 충실을 게을리하지 않는 사람이다. 그렇다면 디오게네스가 지금 있다면 대낮에 큰 회중전등이라도 켜들고 그런 바보를 찾아다닐 것이다.

생각해보면 세계는 언제나 큰 바보들의 바보 같은 힘에 의해서만 개조되어 간다. 인류가 오늘날까지 이만큼 진보한 것은 그와 같은 많은 바보들의 거물이 목숨을 걸고 일해 주었기 때문이다. 위대한 바보여. 문화 창달의 역사를 더듬는 자는 누구든지 충심으로 이들 바보에게 깊은 감사를 드려라!

우리들은 10주간의 군사훈련을 받고 이 동안에 10년간의 학교교육보다도 더욱 결정적으로 변해 버렸다. 우리들이 여기서 배운 것은 4권의 쇼펜하우어보다 잘 빛을 낸 단추 하나가 더 중요하다는 것이다. 처음엔 놀랐다. 다음엔 분개했다. 최후엔 아무래도 좋게 되어 정신이라고 하는 것은 결정적인 것은 아닌 것 같다고 체념하였다. 즉 중대한 것은 정신이 아니고 구둣솔이며, 사상이 아니고 조직이며, 자유가 아니고 훈련이다.(레마르크, 서부 전선 이상 없다)

이 글을 어떻게 생각하는가? 경험하지 못하고 부딪치지 못한 바보들은 절실한 맛을 모를 것이다. 정신이 아니라 구두 솔이오, 철학보다 번쩍이는 버클이 더욱 가치가 있다는 것이니 이게 도대체 무엇인지 알 수가 있겠는가! 부뚜막의 소금도 입에 넣어봐야 짜다는 것을 안다.

눈으로 본 것은 우리들의 선생이 가르쳐 준 클라식한 조국의 관념이 여기서는 인격을 포기하는 것으로 실제화되어 있다(상게서). X으로 밤송이를 까고, X

12

으로 마루의 못을 빼라? 아니지, 명령 한 마디에 야전용 막사 하나는 하룻밤 사이에 완공된다. 이게 군대이고, 조직력이다. 군대생활은 이러한 양상으로 시종일관한다.

인간은 처음부터 짐승이다. 거기에 돼지기름을 바른 빵처럼 약간 우아한 것을 칠한 것이다(상게서). 이 부대에 배치된 이후 부대복지센터의 다방과 당구장의 종업원은 세 차례나 바뀌었다. 그 기간이 24개월이 되기 전에, 그 사연이라는 게 또 믿음직스러울 만큼 짐승일 따름인 우리 푸른 제복의 사나이들에게 화제가 되고 있는데, 모두가 풍기문란!

5.16 전에는 아, 순수한 야인. 그 후 공화당원, 혁명주체, 아! 국회로 모셔라. 이렇게 하여 국회의원이라는 짐승이 된 그들이다.

한일회담은 어찌된 결과인가! 야당은 그들대로 집안싸움이고, 선명야당이다, 강경파다 하여 새 살림을 시작하고 있다. 이 나라에는 바보도 없고, 천재도 없다. 모두가 자칭 천재이고, 지도자라고 떠들면서 살아간다. 그 위인들은 말 끝마다 국민을 들먹이니까!

시화詩畵를 보는 군인

저는 시방 꼭 텅 븨인 항아리 같기도 하고 또 텅 븨인 들녘 같기도 하옵니다.

주여, 한동안 더 모진 광풍을 제 안에 두시든지

나르는 몇 마리의 나비를 두시든지

반쯤 물이 담긴 도가지와 같이 하시든지

뜻대로 하옵소서.

시방 제 속은 꼭 많은 꽃과 향기들이 담겼다가 비여진 항아리와 같습니다.

徐廷柱(서정주) 詩(시), 祈禱(기도)

이 시를 미당은 언제 썼는지 나는 모른다. 미당과 어울리지 않을뿐더러 엉뚱하기조차 한 주는 무엇인가. 나는 지금 이 시를 읽지 않고, 보고 있으니 더욱 그렇다. 왜냐하면 이 시는 김환기가 그린 유화 '항아리와 시'에 있으니까. 크기는 89x130cm.

김환기는 천연색의 유화 속에 백자와 매화나무를 함께 그렸는데 얼른 보면 만발한 매화만 가득 보인다. 만발한 매화 뒤에 숨은 듯 서있는 원형의 벽돌기둥이 그림의 초심자인 나에게는 어설프기만 하다.

백자와 벽돌기둥 위로 색종이들이 나른다. 백자, 벽돌기둥, 색종이들이 노란색 바탕 위에 배열된 것으로 보아 널찍한 공간 같기도 하고, 널따란 담벼락 같기도 하다. 그 벽을 옆에 두고 매화가 만개한 것이다. 매화나무는 세 그루로 보이는데 가지들이 무성하여 꽃이 더욱 아름답다. 그렇다고 노란색 바탕을 온통 뒤덮는 우스꽝스런 광경이 아니고 매화답게 단정하고 절제된 모습이다.

김환기는 검은색으로 그림 우측과 미당의 시 좌측의 공간에 영어로 whanki

라 쓰고 그 서명 밑에 1954라고 연도를 밝혔다. 다음은 참고문헌을 바탕으로 쓴 김환기를 소개한 글이다.

김환기(金煥基, 1913-1974). 호는 수화樹話이다. 한국 추상미술의 제1세대로서 한국의 모더니즘을 리드하였으며, 세련되고 승화된 조형언어로 한국적 서정주의를 바탕으로 한 고유의 예술세계를 정립하여 한국을 비롯 현대미술의 중심지인 파리와 뉴욕으로까지 그 이름을 알렸다.

그의 예술은 56년부터 59년까지 약 3년간의 파리시대와, 상파울로 비엔날레에서 수상한 해인 63년부터 작고한 74년에 이르는 뉴욕시대에 가장 왕성한 활동을 보여주는데, 파리시대와 서울시대를 포함한 50년대까지 그의 예술은 엄격하고 절제된 조형성 속에 산, 강, 달 등 자연을 주 소재로 더욱 밀도 높고 풍요로운 표현으로 한국의 고유한 서정의 세계를 구현하였으며, 60년대 후반 뉴욕시대에는 전, 선, 면 등 순수한 조형적 요소로 보다 보편적이고 내밀한 서정의 세계를 심화시켰다.

김환기가 이 그림을 그린 1954년은 필자가 벽촌의 무장초등학교를 졸업하고 전주북중학교에 입학한 해이다. 이처럼 시와 그림은 시간과 공간을 뛰어넘어 나를 반기듯 다가와서 서슴없이 나와 어깨동무를 하였다.

보병 제38사단 안내자료(1965. 7. 17.)

이 자료는 연세대, 중앙대, 홍익대, 춘천농대 등 4개 대학의 ROTC 하계훈련을 대비하여 제작된 부대 홍보자료(20p. ; 19.5 x 25.7 cm)이다. 제작비를 절약하기 위하여 수록해야 할 글 전체를, 필자를 위시한 정훈부 요원들이 손으로 쓰고, 표어와 삽화를 그려서, 원안을 작성하였고, 이렇게 작성된 원안을 복제하여 제작한 이 자료 가운데 목차, 사단가, 환영사, 도서실을 차례로 소개한다.

차 례

보병제38사단가 / 오염득 작사, 이승학 작곡

1. 태백의 정기 받은 치악산 기슭
조국의 통일과 평화를 위해
관동의 용사들이 모여든 이 곳
그 이름 장하도다 삼십팔사단
(후렴)힘차게 나아가자 삼십팔사단.

2. 금강산 바라보는 아늑한 고장
내 나라 내 겨레의 구출을 위해
강원의 역군들이 모여든 이 곳
그 이름 빛나도다 삼십팔사단.

3. 피 흘려 다시 찾은 찬란한 고장
통일의 성업을 이룩하고자
강원의 건아들이 모여든 이 곳
그 이름 거룩하다 삼십팔사단.

환영사 / 열과 성의와 인내로

보병 제38사단장 육군준장 장호강

친애하는 학도군사훈련단원 여러분!

오늘 제군들의 입영을 나는 모든 장병을 대표하여 충심으로 환영하는 바입니다. 오늘부터 당 사단에서 하기훈련을 받게 된 연세대, 중앙대, 홍익대, 춘천농대 등 네 대학은 모두 빛나는 역사와 전통을 가졌고, 유능하신 교육지도자들의 훌륭한 교육이념에 의하여 이 나라의 정치, 경제, 사회, 문화 등 각 분야에 있어서 많은 인재를 배출하고, 허다한 공헌을 쌓아올린 대학들임을 알고 있습니다.

앞으로 제군들은 4주간에 걸쳐서 고된 훈련과 규칙적인 병영생활을 하게 될 것입니다. 오직 이것은 자랑스러운 임관을 준비하기 위한 시련으로 알고, 참고 견디어야 될 줄 압니다.

진정한 의미에서의 교육훈련이란 마치 무쇠가 활활 타오르는 대장간의 풀무 속에서 가열되었다가 싸늘한 물속으로 담금질 되는 여러 차례의 반복된 과정 속에서 탄력 있는 강철이 되는 것처럼 제군들도 그런 벅찬 시련과 인내를 통하여 단련되어야만 하며, 이러한 단련을 터득해야만 군인다운 군인으로서 맡은 바 책임과 임무를 완수할 수 있을 것입니다.

제군들은 오늘부터 본 사단장 책임 하에 장래 육군의 간성이 될 장교로서의 기본훈련을 받게 될 것이며, 제군들의 일거일동이 모두가 훈련이며 교육인 것을 명심하여 불과 4주간의 짧은 교육기간일지라도 명령에 죽고 명령에 산다는 투철한 군인정신 함양에 실질적인 교육이 되도록 최선을 다할 것을 부탁하는 바입니다.

63년도와 64년도에는 고려대학교와 동국대학교의 학도군사훈련단이 당 사단에서 하기훈련을 받았습니다. 그들은 그들 모교의 전통과 명예에 부끄러움 없는 훌륭한 정신으로 성공적으로 훈련을 끝냈고, 한 사람의 낙오자도 없이 전원 무사히 돌아갔던 것입니다.

바라건데, 제군들도 작년도에 비해 보다 더한 열과 성의와 인내로서 훈련에 임하여 줄줄 믿어 의심치 않습니다. 무더운 날씨에 각별히 몸조심하여 한 사람의 낙오자 없이 자랑스러운 수료증을 받게 되기를 기원합니다.

도 서 실

정훈도서 342책, 군사도서 152책, 일반도서 534책을 소장하면서 종합 일간
신문 4종과 강원일보를 정기구독하고 있다. 열람용 테이블 9개, 의자 36개를
보유하며, 자료열람시간은 12:00-13:00와 17:00-23:00이다.

정도와 타협 2(1965. 7. 21.)

이승만 박사 서거가 지상에 크게 보도된 날이다. 시선을 끈 것은 사진들이었지만 그 가운데 국군이 평양에 입성하는 사진을 보던 우리 부대의 한 동료가로되, "참 이날, 졸병들의 국맛이 최고였겠구나!" 했다. 이 말 때문에 한바탕 웃음이 터졌지만 입대 전에는 생각지도 못한 일들이 병영 내에서는 희한하게도 조성된다.

먹는 얘기가 나왔으니 말이지, 일찍부터 우리 부대는 자활영농自活營農을 강조, 잘도 PR을 했다. 고구마의 작황이 좋은 덕택에 "희대稀代의 고구마"라는 제하의 기사로 중앙의 일간지까지 크게 떠들고, 그 바람에 2군사령부 병참부조차 종자납품種子納品하라는 명령을 내렸다. 그 덕에 우리 부대의 실무자들이 머리를 앓았다.

하지만 실상 부식향상副食向上은 하나도 된 게 아니었다. 일요일이나 고급 장교들의 시선이 뜸할 때의 부식은 기가 막힐 정도다. 밥과 국을 한데 부어놓으면 틀림없는 개나 돼지 밥이다. 이것들조차 훈련병 시절에는 너나 할 것 없이 한 국자, 한 숟가락 더 먹으려고 아우성이 아니었던가!

지금은 입대한 지 16개월이 좀 넘어서 요령과 눈치가 늘었고, 그야말로 군대물정軍隊物情을 알게 되니, 가끔 들고 오는 별식, 때로는 취사장에서조차 그것들을 얻어 미각을 돋우기도 한다.

예를 들어 육류나 어류가 부식으로 나올 때는 한 국자의 국을 더 먹기 위하여 여기저기서 설전이 벌어진다. 혹자는 취사반에서 아예 국을 타서 먹고, 또 식당에서 자기 몫을 타먹는다. 이래저래 조금만 국맛이 다르다거나 건더기가 색다른 날은 틀림없이 국이 모자라서 취사반 막사 주위가 병사들의 불만으로

웅성댄다.

월남파병越南派兵이 한창 논의되고, 그들에 대한 처우문제를 다룰 때에도 얼마나 나라꼴이 빈곤에 지치고 살 길이 막막하면, 죽을 놈은 거기나, 여기나, 어디 있든지, 상관없이 죽으니, 조그만 돈이라도 벌 수 있는 월남이라도 가자고 야단(?)들이었다.

하긴 서독광부西獨鑛夫를 모집할 때에도 학사 출신들이 많고, 현직 서독광부 중에도 학사출신이 많다니 대학무용론大學無用論이 나올 만도 하다. 4년간 피땀으로 가르쳐 놓으니 고작 광부로 취업하려고 외국을 가야만 하는 현실!

단테의 사랑(1965. 8. 15.)

단테(Alighieri Dante, 1265-1321)는 아름다운 도시 피렌체에서 태어났다. 마침 단테가 태어났을 무렵에는 로마제국이 망하고 유럽은 군웅할거群雄割據의 시대였다. 통일도 없이 여러 왕후(王侯)들은 제각기 성을 쌓고 싸움질을 하고 있었다. 그러나 다른 한편으로는 중세기라고 불리듯이 다른 시대보다는 다른 독특한 성격을 지닌 시대이기도 하였다.

중세기는 기독교가 가장 왕성한 시대였다. 종교가 인간은 물론정치, 학문, 예술 등 모든 것을 지배하고 있었다.

이 시대에 단테가 태어났다. 단테는 아홉 살 때 마음을 움직이게 하고 평생토록 마음속에서 사라지지 않는 아름다운 소녀를 만난다. 그 이름은 베아트리체.

5월 1일, 단테는 축제일에 아버지 알리기에리를 따라 이웃에 사는 폴코 폴티나리의 집으로 초대를 받아 갔다. 폴코는 자선가여서 피렌체에 큰 병원을 짓기로 했고, 정치가로서 프리오레(행정관)가 되기도 하였고, 상인조합의 대표자가 되기도 했다. 단테는 이 폴티나리 집에서 고상하고 정숙하며 아름다운 소녀를 만난다.

"참 아름다운 소녀로구나, 마치 천사와도 같다."

이 소녀는 폴코의 딸 베아트리체였다. 단테는 이때부터 베아트리체를 사랑하였다. 그러나 베아트리체는 단테의 청년시절에 꼭 한번 거리에서 단테와 인사하였을 뿐, '시모네 드 바로디'라는 사람과 결혼해 버렸다. 그리고 1290년 6월 8일, 그녀는 24세를 일기로 사망했다. 단테는 당시 25세였다.

단테의 입장에서 베아트리체의 죽음은 대사건이었다. 그는 낙심하였다. 그는 아름다운 소네트를 지어 베아트리체에게 바침으로써 마음을 달래었다. 이

윽고 자서전적인 『신생新生』이 완성되었다. 이것은 베아트리체에게 바치는 사
랑의 시집이었다.

그리움, 그리고 다짐(1965. 8. 24.)

동생의 편지를 받은 지도 벌써 2개월이 다 되어간다. 그 애의 평소 생활로 보아 크게 염려될 건 없지만 피는 물보다 진하다고 하지 않았던가.

어쩐지 궁금증이 자꾸 뇌리를 스치고 있다. 휴가를 며칠 앞두고 있는 몸인지라 동생을 만나볼 수 있는 기회가 있기에 그 찬스를 생각하니 자못 가슴이 설렌다.

참으로 어리석고 무딘 생각에 '내가 대신 훈련을 받았으면' 하는 생각을 한지 이미 2개월이 다 되어가는 마당에 동생의 좋은 보직을 기대하고 있다.

조부님 말씀이 '금년엔 그 애가 왕운旺運'이라고 하셨다. 무던히도 억센 재수가 있는지 모르지만 부디 굳세어다오. 그리하여 우리 삼총사 합심하여 행복의 기둥을 높이 튼튼히 세워보자.

정도와 타협 3(1965. 10. 20.)

훈련병 시절에 있었던 이야기다. 저녁 음식 때문에 배탈이 나더니 급기야 야외훈련 중에 설사가 급했다. 약 50미터 전방으로 뛰어갔고, 휴지가 없어서 뒷일은 떡갈나무 잎으로 해결하였다.

명예, 자존심, 도덕, 염치, 창피함은 신병훈련소에 입소하는 날부터 미련 없이 휴지통에 버리고, 원시인이나 미개인의 생태로 돌아가야 한다.

프라이드, 교양, 전문지식, 그런 것들은 그림의 떡이라고 해두자. 훈련병은 당장 이등병 계급장이 무섭고 부러우며, 내무사열 때는 터지고, 깨지고, 관물이 날아가는 일을 수없이 겪는다.

일부 대학생들이 공부하기 싫고, 시험 치루기 싫어 데모에 나섰다는 말이 대통령의 성명서 위에서 춤을 추었다. 지식인이여, 학도여, 자유와 정의와 진리여!

정도와 타협 4(1966. 5. 29. 12:40)

"야, 정훈부, 문 열어. 기념관도 열어!"

이 전화를 받는 순간, 이 상병은 워커도 신지 않고, 고무신을 신은 채, 작업복 상의도 입지 않은 채였다.

"아, 김 병장, 내 윗옷."

나와 또 다른 김 병장은 재빨리 동작을 취했다.

밥그릇을 들고 방송실로 뛰어들었다가 다시 내무반으로 가서 식기를 놓고 나와 어지러운 사무실을 치웠다. 준비된 잠자리, 매트리스, 모포를 번쩍 들어 내무반 안으로 내동댕이치고, 책상 위의 상추를, 밥풀들도 그냥 훑어서 바닥으로 쓸어내렸다.

김 병장은 두 개의 매트리스, 모포, 침낭 등을 내무반 안으로 던졌고, 쓰레받기와 빗자루를 들고 웃음에 배를 움켜쥐면서 사무실 바닥 청소를 했다.

내동댕이쳐진 침구들이 내무반으로 떨어지면서 철모, 식기 등을 넘어뜨리는 바람에 '뚱땅땡! 땡그렁!' 하는 요란한 소리가 이어졌다. 순식간에 3벌의 침구와 식기 그리고 사무실 바닥에 널렸던 오물 등은 찾아볼 수 없게 되었고, 도서실과 방송실은 말끔히 정돈되었다. 10개의 의자로 침대를 만들어 어젯밤을 보냈던 김 병장도 서너 개씩 의자를 들어다 제자리에 놓아 정돈을 마쳤다.

부대를 방문한 VIP들이 지나가고 나서야 알게 된 일이지만 우리의 내무반 풍경은 군대생활이 빚은 하나의 웃음거리이긴 했으나 가관 그 자체였다. 밥을 타다 먹는 바스켓에 남겨진 국물 속에서 철모가 화이버를 밑에 깔고 거꾸로 박혀 있었다.

"어이, 철모군, 국 맛이 어때?"

먹던 밥은 매트리스에 깔려 지저분하게 마룻바닥에 쏟아지고 있었다.

5월 29일 오후 1시가 되기 전에 벌어졌던 우리 정훈부 행정실의 촌극이었다. 제27사단 참모장이 우리 부대의 기념관을 찾아온 순간 우리 정훈부 병사들은 VIP 맞을 준비를 하라는 지시전화를 받고도 먹을 밥을 다 먹었었다.

"아니, 일요일에⋯⋯. 그것도 병사들 식사시간에 남의 부대를 방문하다니? 이래도 되는 거야!"

우리 정훈부가 관리하는 도서실과 기념관은 우리 부대를 찾아온 VIP들이 예외 없이 방문하는 코스이다. 이 부대의 복지센터로 정훈부가 이전한 이후 이와 유사한 CPX(?)를 많이 치른다. 내일은 국방대학원 학생들이 찾아온다는데 무슨 일이 벌어질까?

당시의 부대장 장호강 장군의 특별지시에 따라 우리 정훈부는 병영도서실과 기념관을 만들어 운영했다. 장 장군은 광복군 출신이며, 시인이다. 장군은 간혹 부대 회식 석상에서 한 잔 술로 취기가 오르면 독립군가를 씩씩하게 잘 부르는 멋쟁이이자 한량이었다. 장군은 그 후 승진하여 군수기지사령관을 역임하고, 전역 후 〈국방신문〉의 전신인 〈전우〉의 발행인을 지냈다.

시온성

張虎崗(장호강)

鳳川(봉천) 시냇가 돌멩이를 모아라
오늘 나의 시온성

丹邱(단구) 양지 바른 두덩에
기화요초 가꾸어 놓자
어진 화랑을 맞으려면
옛 모습의 팔각정도 세워야 하리니

한밤 시온성에 달이 오르면
시루봉 꼭대기로 달려도 좋고
한 순배의 술잔을 기우려도 좋다
거나한 가슴에 격정이 솟으면
북두칠성으로 노래를 보내도 좋으리

날마다 우러러 보는
태고 적 그대로의 신비
영봉 치악의 정기를 몰아
정성껏 갈고 있는 시퍼런 칼날
북으로 북으로 달리는

아아 통일의 그날이 오면

나의 시온성이 그만 무너지도록

진군의 호령을 멋지게 외쳐보리라

통일, 사단마크, 필승구호

통일

이는 당 사단의 구호이다. 이 구호는 언제나 경례동작 시에 외쳐야 한다. 이 것은 분단된 조국의 통일성업을 기어이 완수하겠다는 우리의 굳은 결의를 표시하는 것이다.

사단마크

1. 밤색 바탕은 영원불변하는 기름진 국토를 의미함.
2. 황색 팔각성은 8자를 상징하는 동시에 철통같이 단결하여 사위팔방(四圍八方)으로 진격의 선봉이 되고 대지에 빛남을 의미함.
3. 백색 반월은 두 개를 합쳐서 3자를 의미하는 동시에 백의민족의 평화스러운 국민성을 상징하여 앞으로 거대한 희망봉을 향하여 굳세게 행진함을 의미함.

필승구호

제법 큰 자연석 화강암에 '필승구호'를 쓰고 다음과 같이 그 내용을 밝힌 사진도 있다.

1. 모든 표적은 적의 심장이다.

2. 적은 언제나 2명 이상이다.

3. 나는 적확하고 신속히 적을 사살하겠다.

봉천은 원주시에 소재했던 38사단의 옆구리를 흐르는 시내이고, 단구는 38사단이 위치한 마을임. 이 시는 38사단이 1966년에 제작한 홍보자료 〈보병 제38사단〉에 수록되었다. 이 자료는 사단구호인 '통일'의 해설문, 사단 마크 해설문, '시온성' 및 사진 59매를 수록한 호접장 형태의 작은 수첩 크기(10 x 13.3cm)로 제작되었다. 필자는 이 자료에 수록된 사진의 해설문을 썼다.

정도와 타협 5(1966. 5. 30.)

본부중대 장면 1

중대 선임하사: 서무계에게 보여! 일종계에게 보였나?

병사: 네.

중대 선임하사: 인사계님께 보여!

병사: ???

인사계: 내가 인사계다. 높은 사람도 몰라 봐?

병사: 아이구, 죄송합니다(X를……).

인사계: 됐어.

본부중대 장면 2

중대 인사계: 뭐야?

병사: 출장신청입니다.

본부중대 장면 3

'훈련의 날'을 무시하고 한 병사가 철모, 화이버, 탄띠도 착용하지 않은 채,
요리조리 눈치 살피기에 바쁘다.

-별이 떴나? 안 떴나?

-에라, 뛰어라.

본부중대 장면 4

김 병장: 황룡(黃龍은 예하 연대의 하나임) 좀 부탁합니다.

연대 교환대: 찌르릉, 황룡!

김 병장: 1대대 부탁합니다.

장 중사: 여보시오, 장 중사입니다.

김 병장: 안녕하십니까? 정훈부 김 병장인데요, 배 병장 좀 바꿔 주십시오.

장 중사: 야, 너 좀 내려와야겠어. 그것 찍었니? 아, 그것 말이야, 파월지원서.

김 병장: 아, 그거야 자원인데 당사자들에게 강요해서야 됩니까? 통화 중!
어이, 배 병장이오? 내일 사격훈련이 있다는데 잘 봐 주!

배 병장: 아, 그건 훈련계가 하는데요, 뭘.

김 병장: 하지만 까짓 거 얘기하면 되지 않우? 출장 간 것으로 해서 좋도록
해주.

배 병장: 그럽시다.

김 병장: 그럼 다음에 만납시다(X를 만나. 원고지 몇 장 주면 그만인 걸. 하, 이것도 빽인
가?, 관료의식인가?).

율곡 선생에 관한 정훈교육 준비과정의 촌극(1966. 5. 31.)

-율곡 선생에 관한 중요사항을 기껏 통보했더니 작전참모처는 다시 국방업적 찾아오라고 한다.

-별은 가로되, "국가 공헌에 대한 교육을 하라니까."

-한 달이 지난 이제야 국방이라고?

-애교부리는 척 하다가 정서情緒 좋아한다고 비꼬기나 하고. 정훈참모부만 부대 신경인가? 잘난 체 하지 말고 묵묵히 행하거라, 이 불쌍한 육군 중령!

-그래도 우수부대일세. 검열 한 달 전에 불철주야 준비. 우수부대 좋아하다가 졸병들만 팽이 치네!

파월지원서를 써라(1966. 6. 8.)

담당 장교: 잔여 복무기간이 6개월 미만인 병사는 파월지원해도 상관없다. 안심하라.

어느 병사: 상관없고, 안심할 일을 뭣 때문에 지원서에 도장을?!

하라면 한다(1966. 6. 9.)

우리 부대의 자매부락이 우리 부대에 기증한 현판에 자매부락의 이름이 빠졌기에 현판에 먹칠을 해서 현판을 완전히 다시 만들다 시피 했다.

-아무리 기증 현판이라지만 마구 뜯어 고치네.

-니기미, 군대에서 못하는 일이 뭐가 있어, 별이 하라면 해야지!

정도와 타협 6(1966. 8. 29.)

(장면 1)

어젯밤 영화상영은 그만 개판에다 떡칠까지 했다. 한나절 앉아서 붙이고 손
질했는데 필름이 수십 번 끊어지니 여기저기서 병사들의 아우성.

병사들: 야, 엿 사먹어라, 에이.

영사기: 우–웅–우–뚝.

병사들: 그렇지, 불안하더라니.

영사기: 우–웅–우–뚝.

병사들: 에이, 그만둬라. 다 감아버리지 뭐.

영사병 1: 공짜로 구경하는 주제에. 맘에 안 들면 그만 꺼져버리면 되잖아.

영사병 2: 희망 없는 존재들아, 나도 이제 주번병週番兵 두세 번과 이 짓 몇 번
만 하면 제대다. 에이 미치겠네, 정말.

영사기: ……원수의 하나까지/ 쳐서 무찔러...우웅–우–뚝.

영사병 1: 또, 에이–

영사기: ……끝.

(장면 2)

병사 1: 11285105! 어이구, 군대생활 다 했네.

병사 2: 야, 임마, 아직 멀었다.

병사 1: 11347377! 내년에는 나도 간다구. 머슴을 살더라도 이만 못하겠어?

나는 그리키 생각하는디.(그는 충청도 출신이었다)

(장면 3)

병사 1: 어이구, 경리참모부 인원이 몇이어? 또 하나 받나?

병사 2: 아냐, 인사처에 소개하는 거야.

병사 1: 근디, 경리부는 8명, 우리 정훈부는 A/S에 2명뿐인가?

병사 2: A/S 좋아하네.

(장면 4)

병사 1: 야, 활을 타고 말을 쏘지 그래.(벽에 걸린 달력 속의 장군이 말을 타고 활을 쏘는 그림을 보며 급히 하는 말) 내가 장마통에 골이 빈 줄 아니?

병사 2: Anima는 라틴어로 영혼이라는 말. 칼 융크는 집단적 무의식의 가장 저부(底部)에 있는 것이라고.

병사 3:……남자에게 남겨진 여성적인 것…… Animas. 여성 속에 깃들인 남성적 성격.

병오년 독수리 작전(1966. 9. 20.)

독수리 작전에 우리 정훈참모부 장병이 4명이나 출동했다. 그 중에는 장교랍 시고 탄띠 두르고, 권총 차고 나가는 장교가 있었는데 아무리 봐도 어설프다.

병사 1: 폼도 없네. 계급장을 바꾸이소.
병사 2: 이 사람들, 그런 말 마소. 그가 언제 쪼다던가?

제대 특명 취소

고대하던 제대특명(除隊特命), 일주일의 사전출발(事前出發).
출발 직전 뜬소문이, 특명 취소 웬 말인고.
이것도 군대생활인가, 밥 타령만 하는구나!

이 삼행시는 당시 KBS가 낮 12시50분부터 10분간 방송했던 〈김삿갓 북한방랑기〉 의 운율에 맞춘 필자의 자작시이다. 필자는 제대특명이 취소되는 바람에 일시 귀 대한 뒤, 다시 제대특명을 받고 귀가한 어이없는 경험을 했다.

번민과 희망

철이 든다는 건 이미 고뇌와 번민의 포로가 된다는 것이다. 윌리엄 샤로얀의 'The Human Comedy'에서 호머 멕골레이는 이렇게 말한다.

"갑자기 저는 쓸쓸해졌어요. 전에는 한 번도 그런 걸 느껴본 일이 없어요. 아버지가 돌아가셨을 때도 그렇지는 않았어요. 그때는 우리 모두가 어머니만 바라보고 있었는데 어머니를 보고 있으면 아무 변화도 없는 것 같았거든요. 아무 변화도 없었어요. 모든 것이 괜찮았어요. 무엇인지는 모르지만 지금은 모든 것이 변하고 말았어요. 모든 것이 말이에요."

하지만 아무 변함도 없는 것이다. 쓸쓸한 것은 항상 세상에 가득 차 있다. 이 모든 게 전쟁에서 오는 건 아니다. 오히려 이 쓸쓸함이 전쟁을 만들고 있다. 호머는 지식을 추구하고 생활을 요리하는 것을 이렇게 말한다.

"실은 재주 있는 편도 아니에요. 저는 그저 모든 일에서 다른 애들과 똑같이 용기를 내지 못하고 주저할 따름이에요. 전 알고 싶어요. 그리고 언제나 알고 싶어 할 거예요. 전 항상 노력하겠어요. 그러나 사람이 어떻게 알 수가 있을까요? 어떤 사람이든지 사실 이치가 명백하고 의의 있도록 어떻게 끝끝내 파고 들어갈 수 있을까요?"

고생 속에서 움튼 싹이 어느 때 뉘에 의하여 꺾일지 장담할 수 없다. 미래의 설계, 그것은 항상 아름답고 마음 든든한 바 있다. 가난에 지친 우리는 배부른 채 누워, 푸른 하늘 보기를 고대한다.

제상의 돼지머리가 하는 말(1970년-1980년)

속수무책의 시절(1970. 1. 11.)

오빠 그간 안녕! 이번 수해에 집안은 모두 무사한지요? 재차 펜을 들었습니다. 이곳은 계속 비가 오더니 어제 저녁부터 월요일까지 폭풍주의보가 내려 지금은 굉장하답니다. 많이 달렸던 나뭇잎이 비바람을 못 이겨 거의 떨어져버렸어요.

일요일이지만 근무(오전 6시 - 오후 2시)를 마치고 이렇게 책상 앞에 앉아 소식 전합니다. 여전히 건강하시구요? 무척이나 바쁜 시간을 보내셨으리라 믿어요. 오빠, 이제부터 정식으로 사회출발이라고 할까요! 재삼 축하드립니다. 참석치 못한 동생의 축하하는 마음을 바람에 실어 보내드립니다. 새언니께도.

참, 지난번 편지에 면허증을 부탁드렸는데 대사관으로부터 영문 원본을 받았으니 안심하시라구요. 오빠께서 걱정하실까봐 우선 엽서로 알립니다.

오빠, 보고파요. 이번 사진도 좀 보내주세요. 저도 곧 보낼게요. 그럼 건강과 평안하시길 빌며 안녕! 동생 용효 드림

1970. 8.
160-70 인천시 부평2동 694번지(50반)

鎬(호)에게

期待(기대)함과는 달리 이틀 동안의 시간도 가버렸다. 신변에 異常(이상)이나 없었으면 하는 마음이다. 家內(가내) 모두 安寧(안녕)하신지?

休暇 中(휴가 중)에 있는 몸이긴 하지만 그럭저럭 보내게 되는 것인지, 鎬(호)의 모습만 오락가락한다. 決心(결심)치고는 말이 아닌 듯싶게 情(정)에 쏠리는 自身(자신)을 어쩔 수 없구나! 그리고 보니 이 글이 最初(최초)의 便紙(편지)가 되는 거지요? 扶餘(부여)에 다녀온 일이며, 여지껏 지나온 일을 순간마다 돌이켜 볼 때마다 값있는 시간이었다고 하면서도 어딘가 부족한 점이 수두룩하기만 한 느낌. 사람은 이런 점에서 발전과 향상이 있는 모양인데, 역시 우리도 한없는 발전을 꾀하여야 하지 않을까.

現在(현재)까지 善意(선의)의 뜻에서 난 憾情(감정)의 솔직한 表現(표현)을 내세웠고, 또 앞으로 변하지 않을 겁니다. 다만 조금 염려가 되는 것은 솔직하다는 점이 지나쳐서 간혹 言爭(언쟁)으로 변하는 경우를 생각하는데, 日前(일전)의 경우와 같이 相互(상호) 믿음과 존경으로 調和(조화)를 이룩한다면 無難(무난)하리라고 再次(재차) 다짐하여 둡니다.

旅行(여행)을 다녀와서 인사를 드림이 마땅한 일인 줄 알면서 미루고 있습니다. 부족한 나에 대하여 꾸지람이 많으실 줄 믿습니다. 여러 가지 일이 겹쳐서 어머님의 마음도 편치 만은 안할 듯. 아무쪼록 병환나지 않도록 鎬(호)가 잘 보살펴 드리세요. 괜한 걱정을 다 한다고 할지 모르나 자주 염려되는 마음이 앞서서 그렇습니다.

현재 出勤(출근)을 하지 않고 있으니까 每日(매일)의 安否(안부)를 모르고 있으므로 마음이 안타깝기만 합니다. 世上(세상)에 가장 무서운 것이 사람이면서도 그 사람 가운데에서 움튼 愛情(애정)만큼 高貴(고귀)하고 힘이 있는 것은 없으리라 생각됩니다. 우리가 만들었던 憲法 第1條(헌법 제1조)인 우리는 無形(무형)의 그 무엇을 相互交換(상호교환)한다 함은 농담 중에 내뱉은 말이긴 하지만 시간이 흐를수록 實感(실감)이 나는 말이 아닐 수 없습니다.

鎬!(호) 近來(근래)엔 如何(여하)합니까. 不安(불안)해지는 心理狀態(심리상태)는 많이 가시어졌는지? 語感(어감), 音聲(음성)만 달라져도 눈물을 글썽이는 鎬(호)의 모습이 눈에 선하다. 이젠 울리지 않을게!

4일엔 막내 동생이 속리산 여행을 떠났지요. 대학에서 리더쉽 트레이닝을 한다고 하더군요. 나의 學窓時節(학창시절)보다는 旅行目的(여행목적)도 많이 발전하고 있어요. 8, 9일쯤 돌아온다고 했습니다. 참, 이건 日前(일전)에 생각 못한 것 같은데 光復節(광복절)을 위시하여 連休(연휴)인데, 鎬(호)대로 計劃(계획)을 세워보세요. 清平(청평)을 다녀올까, 아니면 郊外線(교외선)을 이용하나, 水源(수원)을 갈까. 일일계획을 잘 세워보세요. 그리고 連落(연락)바랍니다.

重鎬(중호)의 入試準備(입시준비)는 어떻게 決定(결정)을 보았는지? 回答時(회답시)엔 公州(공주)에 계신 三寸宅(삼촌택)의 住所(주소)를 알려주시면 좋겠어요. 인사라도 드려야겠어요.

이 글을 쓰는 오늘 오전 중에도 비가 오락가락해서 鎬(호)는 무얼 끌쩍거리고 있나 하고 생각하다 말고, 펜을 들었습니다. 消息(소식) 주세요. 아무쪼록 急行(급행)은 피하고, 건강에 恒常 注意(항상 주의)하기 바라면서 거친 글씨를 거두겠습니다. 安寧!(안녕) 容成(용성) 拜(배).

못난 부모를 위한 단명

1973. 1. 24.

오늘 그이는 숙직을 하시나 보다. 윤희는 자꾸만 일어서려고 한다. 워낙 늦되는 아이지만 대견하기만 하다.

1973. 1. 27.

윤희가 열이 높다. 어린 것이 안타깝기만 하다. 부실한 척추 끝이 아니면 얼마나 건강한 아이인가. 윤희는 차꾸 잠만 잔다. 저도 몸이 귀찮아서 잠만 청하나 보다. 제발 수술할 때까지 아무 탈이 없으면 좋겠다.

1973. 1. 29.

진통이 있어 입원. 윤희보다 순산이었다. 밤새 윤희 생각에 잠을 잘 수가 없었다.

1973. 1. 30.

고모가 이틀째 수고를 한다. 역시 동기간이 최고다. 미우니 고우니 해도. 그이는 정말 아들이냐고 좋아한다. 윤희만 정상이 되었으면! 밤새 한잠도 못 잤다.

1973. 1. 31.

아기의 변이 이상하여 걱정했는데 정상이란다. 오후에 퇴원. 모든 식구들이 아들이라고 더 좋아하는 것을 보니 나도 기분이 나쁘지 않았다. 윤희가 자꾸 애처롭다. 부실한 척추 끝 때문에 내 방에는 얼씬도 못하게 하니 마음이 더 아프다.

1973. 2. 1.

정말 윤희를 내가 낳았을까? 하는 의구심이 있었는데 지금은 모성애가 깊어
간다. 엄마가 오셨다. 늘그막에 더욱 쪼들리는 엄마를 볼 때 마음이 아프다.

1973. 2. 4.

그이가 윤희와 아기의 목욕을 시켰다. 휴일이지만 두 아이 때문에 잠시도
쉴 틈이 없다.

1973. 2. 5.

어머님이 홍어를 사오셨다. 산모에게 아주 좋은 것이라고 사오신 모양이다.
여러 가지로 죄송스럽기만 하다. 날씨가 따뜻하여 다행이다.

1973. 2. 6.

병원에 다녀왔다. 아주 건강이 좋다고 한다. 윤희는 요즘 살이 뽀얗게 쪘다.
할머니가 잘 해주시니까 그런 모양이다. 언제쯤 걸을 수 있을까. 아직 혼자 일
어서지도 못하니 걱정스럽다. 윤희만 보면 애처로운 생각이 든다. 안타깝다.

1973. 2. 7.

갑자기 추워졌다. 부엌에 잠간 나갔더니 다리가 후들후들 떨렸다. 아직 덜
완쾌된 모양이다. 어머님도 온 몸이 아프다고 하신다. 훗날을 생각하지 않는
다면 지금이라도 부엌일을 할 수 있겠지만. 마음이 편치 않다.

1973. 2. 8.

날더러 아이들 목욕을 시키라고 하신다. 내가 누워있는 게 그렇게 눈에 거

슬리나 보다. 역시 시어머니라서 그런가. 역겨운 생각이 꾸역꾸역 난다.

1973. 2. 9.

안방에 갔다가 윤희의 자는 모습을 보고 깜짝 놀랐다. 며칠 사이에 머리가 상당히 커진 것 같다. 부실한 척추 끝에 이상이 있을 때마다 머리가 조금씩 커지나보다. 하체보다 머리가 너무 큰 것 같다. 제발 정상으로 성장했으면! 하느님 제발 우리 윤희를 굽어 살피소서!

1973. 2. 10.

온 몸이 나른한 게 흠뻑 얻어맞은 것 같다. 오늘따라 방은 왜 이렇게 추운지. 감기가 왔다. 역시 여자에게는 친정 엄마 이상 없다. 웬만하면 친정에 가서 조리를 하겠는데…….

1973. 2. 11.

도련님 내외가 왔다. 내가 세수하러 나가는 것을 보고 깜짝 놀란다. 어서 빨리 삼 주가 지나고, 일어나서 일해야지. 원래 고운 데 없는 시누이지만 너무 얄밉게 말한다.

1973. 2. 12.

젖이 윤희 때보다 적은 것 같다. 젖이 충분해야 하는데……. 팔이 뻐근하다. 나는 요즘 윤희가 보고 싶으면 몰래 문틈으로 들여다본다. 볼수록 귀엽다.

1973. 2. 13.

정말 너무 한다. 누구에게 하는 말일까. 날 보고 하시는 말씀인 것 같다. 아직 삼칠일도 안 되었는데 밥 안 한다고 그러시는 모양이다. 삼칠일 안에는 되도록 바람을 쐬지 말라는 동서의 말. 그러나 사정이 그렇지 않다. 정말 너무 하신다. 같은 여자의 입장에서. 딸에게는 그러지 않겠지.

1973. 2. 15.
그이의 짜증 섞인 음성, "늦으면 숙직할 게." 너무나 피곤한 그이의 모습을 볼 때 마음이 아프다. 어서 서울로 이사를 해야 할 텐데……

1973. 2. 16.
엄마는 정말 너무 하신다. 아쉬운 말을 한 지 며칠 되지도 않았는데 또 전화로 그런 얘길 하시다니. 그런 일이 자주 있으니 무언가 벽이 생기는 것만 같다. 성격도 남과 같지 않은 그이기 때문에 더 그런 것 같다. 화난 표정으로 말할 때 짓밟히는 자존심. 남자가 왜 그렇게 옹졸할까.

1973. 2. 17.
겨우 삼칠일을 넘겼다. 정말 지긋지긋한 나날이다. 말이 몸조리이지 그렇게 고통스러울 수가 없었다.

1973. 2. 18.
엄마 오시다. 삼칠일이라고 오신 모양이다. 여기는 미신을 통 믿질 않는데……

1973. 2. 20.
명옥이의 돌에 다녀옴. 남편이라도 할 이야기가 있고 못할 이야기가 있다.

오만 원 관계도 그렇지 않은가. 어쨌든 이번 이자는 계산에 넣지 않도록 해야지. 엄마가 굉장히 노여워하실 거다. 친정이 못 사니까 여러 모로 속이 상한다.

1973. 2. 21.

내가 경솔하게 윤희를 내 방으로 데려왔다고 하여 집안이 온통 뒤집혔다. 큰아버지 이야기도 일리는 있지만 윤희를 너무 울리니까 나로서는 어쩔 수 없었다. 집안이 조용하려면 내가 참을 수밖에 없다.

1973. 3. 5.

홍산 이모 댁에서 메주가 왔다. 사람을 얼마나 무시했기에 그런 행동을 했을까. 시어머니를 봐서라도 좀 얌전히 깨지지 않게 보냈으면 조금 면목이 서지 않았을까. 이모가 정말 너무 했다. 배송비마저 후불로 했으니…….

1973. 3. 6.

사소한 일로 그이와 다툼. 남자가 왜 그리 옹졸할까. 이런 일이 있을 때마다 결혼한 것을 후회하게 된다. 화가 났대서가 아니라 뭐 하나 만족할 게 없는 이 상태에서 후회하지 않을 수 없다. 과감히 뛰쳐나갈 수 없는 일. 이럴 때마다 모정 때문에 괴롭다.

1973. 5. 20.

윤희가 갑자기 열이 오르고 아팠다. 종종 있었던 일이라 소홀히 생각했는데, '아야야'라며 종일 칭얼거린다. 부실한 척추 끝 때문에 그렇겠지, 하다가 아무래도 병원에 가봐야겠다고 생각했다. 일요일이라 천상 내일 가는 수밖에 없다. 윤희는 지가 태어난 병원 외에는 갈 수가 없으니…….

1973. 5. 21.

일찍 윤희가 병원에 갔다. 조바심이 났다. 종일 기다렸다. 저녁 때가 다 되어 돌아왔다. 부실한 척추 끝을 수술하려면 두 달 정도 걸릴 거라고 한다.

이곳 성모병원으로 다니면 된다고 해서 좋아했는데 아이가 의식이 없고 부들부들 떨기 시작한다. 어떻게 된 노릇인지…….

1973. 5. 22.

새벽 4시. 깜빡 잠이 들었는데 윤희가 또 병원에 가야 한다며, 힘들 것 같다고 그이가 말했다. 잠결에 안방에 가보니 아이가 경기가 있더니 조용히 엎드려 있다. 지쳐서 그렇겠거니 생각하고 병원에 가면 살아올 줄 알았다. 손발을 만져 보았다. 그것이 마지막이 될 줄이야!

1973. 5. 23.

예감이 이상하더니 꼭 맞았다. 병원에 가니, 아이가 중환자실에 있다는데, 뭘 보느냐고 해서 그냥 집으로 왔다. 오면서 차 안에서 생각하니 안 보고 온 것이 후회가 된다. 마지막으로 보기나 할 것을. 내가 왜 그렇게 미련할까. 집에 오도록 차에서 얼마나 울었는지. 그런데 오후에 모자가 돌아왔다. 윤희가 아주 갔다고! 너무나 기가 막혀 멍멍했다. 그 예쁜 것이. 환장할 지경이었다. 불쌍했다. 애통했다.

가슴을 치고 울어도 마음이 풀리지 않았다. 부실한 척추 끝으로 인하여 윤희는 하루도 똑바로 누워서 잘 수가 없었다. 그러다 기어코 가고 말았다. 가을에 수술만 하면 정상으로 자랄 줄 알고 기대를 걸었었다. 그러던 것이……. 아무리 다른 사람들이 서러워해도 이 어미 속만큼 애통할까! 글로, 말로 표현할 수가 없다.

잠이 안 온다. 그 산 속 벽제에 누워있을 생각을 하니 그 어린 것이 얼마나 무서울까! 나쁜 년, 제가 먼저 가다니! 윤희가 수술 결과가 안 좋아도 평생을 헌신할 각오가 되어 있었는데 그 년이 나를 두고 갔다. 가슴이 미어지는 것 같다. 눈만 뜨면 종일 눈에 아른거린다. 정말 윤희가 살아올 수만 있다면 얼마나 좋을까! 윤희야, 엄마가 너에게 잘못한 것 투성이구나. 네가 아우를 일찍 봐서 너하고 같이 잠도 못 자고, 너 마지막 가는 것도 못 보고, 지하에서 자더라도 엄마를 미워하지 마라.

안방 문턱에서 엄마를 보려고 아랫방 문 쪽을 쳐다보고 서 있었던 일. 얼마나 엄마의 품이 그리웠겠니. 생전에 좀 더 너에게 따뜻하게 못한 것이 이렇게 가슴에 못이 박히는구나! 윤희야, 부디 좋은 곳으로 가서 편하게 있거라. 이러면서도 믿어지지가 않는다. 나의 귀여운 딸아!

세상에서 우리 윤희만큼 예쁜 아기는 없을 것 같다. 나는 네가 그렇게 귀여웠다. 그래서 찬중이가 자고 있으면 너를 그렇게 쓰다듬고, 어루만지고, 안타까워, 울리지도 못했다. 언제나 네가 그렇게 안타까웠다.

제발 건강을 되찾았으면 하는 게 엄마의 소원이었다. 윤희야, 엄마가 하는 말 지금 듣고 있겠지. 제발 엄마 꿈에라도 나타나서 엄마라고 다정하게 그전처럼 재롱 좀 피워보아라. 네가 없으니 집이 텅 빈 것 같다.

윤희야, 가슴이 터질 것만 같구나. 귀여운 윤희. 하느님은 왜 윤희를 데려가셨을까. 윤희야, 제발 꿈에라도 나타나다오. 엄마의 소원이다. 너를 다시 볼 수 없다는 게 한스럽구나. 죽음을 누가 만들어놓았는지 한스럽구나. 제발 나한테 돌아와다오.

1973. 7. 17.

윤희가 살아있음 두 돌이다. 너무나 애통하게 살다간 윤희를 생각할 때마다 가슴을 도려내는 아픔이 온다. 항상 눈에서 아롱거린다. 귀여운 얼굴, 보고 싶다. 아빠도 윤희 생각 많이 하나 보다. 차를 가지고 윤희 묘에 갈려고 했더니 오질 않는다. 불쌍한 것. 나도 한번 가보고 싶다. 윤희야, 엄마 보고 싶지 않니!

1973. 8. 13.

윤희야, 네가 간지도 벌써 세 달이 가까워오는구나. 정말 너를 다시 볼 수 없다니 안타깝구나. 네 사진을 꺼내본다. 수없이 뽀뽀를 해봐도 신통치가 않다.

윤희야, 꿈에라도 한번 나타나다오. 네 고사리 같은 손, 정말 다시 만져보고 싶구나. 너는 내 평생 잊혀지지 않을 것이다. 윤희야, 윤희야, 왜 대답이 없니. 보고 싶구나.

1973. 8. 16.

엊저녁 꿈에 네가 엄마, 엄마 부르며 기어오기에 꼭 안아주며 좋아했단다. 깨어보니 너는 보이지 않으니 허무하구나. 우리 착한 윤희. 내세에서 고통스럽지 않니? 생전에 너무나 고통스럽게 산 너를 생각하고 엄마는 날마다 운단다. 윤희야, 보고픈 윤희야.

1973. 8. 17.

윤희야, 네 사진을 또 꺼내본다. 너무나 보고 싶어서 매일 울고 너를 생각해도 너는 한 번도 볼 수가 없구나. 귀여운 윤희. 어쩌면 세상에 그렇게 태어났다 간단 말이냐. 그렇게 고통스럽게 살다 간단 말이냐. 고생만 하다 간단 말이냐.

1973. 8. 19.

할머니, 큰 아버지, 아빠, 삼촌, 모두 너를 보러 가셨단다. 정말 통곡하고 싶구나. 찬중이 때문에 너한테 갈 수도 없고. 윤희야, 내년에 꼭 너를 보러갈게. 착한 우리 윤희. 언제나 엄마 말 잘 듣지. 윤희야, 왜 그런지 모든 것이 후회되는구나. 너를 생으로 죽인 것만 같이 후회되는구나.

1973. 9. 10.

윤희야, 네가 자꾸 보고 싶구나. 작년 추석에는 네가 있었는데 올해는 네가 없구나. 너를 하루도 잊은 날이 없다. 귀여운 너를 생각할 때마다 가슴이 미어지는 것 같구나. 불쌍한 것. 너무나 불쌍해서 엄마는 니를 늘 생각한다. 윤희야, 윤희야!

윤희는 1971년 7월 17일에 태어나서 1973년 5월 23일 세상을 떠났다. 윤희가 태어나던 제헌절 새벽에 천둥 번개가 치고, 세차게 비가 내렸다. 엉뚱하게도 헤밍웨이의 소설 『무기여 잘 있거라』의 마지막 장면, 비가 뿌리는 가운데 여자 주인공이 숨을 거두는 장면을 떠올렸다. 윤희는 부실한 몸으로 세상에 태어난 것이 분하고 원통했던지, 천둥 번개를 타고 세상에 왔다가, 아비를 위하여 천둥 번개처럼 짧게 삶을 마감했다. 태어난 초기에 숨쉬기도 힘들어했고, 척추 끝이 부실하여 한 번도 똑바로 누워 자질 못했다. 척추 끝이 부실하니까 발육도 늦어서, 마지막까지 걸음마를 하지 못했다. 무엇인가를 붙잡고 겨우 일어설 정도였다. 윤희는 부실하게 태어났음에도 자신의 치료비로 단돈 백만 원도 쓰질 못하고 먼저 갔다. 못난 아비가 고생할 것을 염려하고, 뒤에 태어난 동생들을 위하여 서둘러 저 세상으로 간 모양이다. 출생신고도 하지 않아 윤희는 아무 곳에도 생몰(生沒)의 흔적이 없다. 윤희가 떠난 5월이 오면 가슴이 아프다.

교사의 자질(1973. 4. 18.)

사람이 사람 대접을 받지 못하고 살아가는 것보다 서글픈 일은 없을 것이다. '사람 나고 돈 낳았지 돈 나고 사람이 낳았다더냐'라는 유행가에서 우리는 많은 저항감을 느낀다. 유전무죄(有錢無罪) 무전유죄(無錢有罪)의 황금만능과 유권무죄有權無罪 무권유죄無權有罪의 풍조에 대항하여 일어난 인간성 회복의 움직임은 구태여 세계인권선언을 들먹이지 않아도 좋을 것이다.

인간, 그는 옥좌에 앉아 있으나 초가의 그늘에 앉아 있으나 같은 것이라고 페스탈로치는 말한다. 농부일지라도 소를 몰면 소에 대하여 알고, 목동도 양의 성질을 알고 있다. 인간이란 외부에서 인공적으로 그려져야 할 백지(tabularasa)도 아니며 또 외부로부터 재료를 채워 받아야 할 빈 그릇도 아니다.

인간의 본성이란 삶의 최초의 순간부터 영원한 법칙에 의하여 스스로 발전하는 제반 능력의 총화이다. 따라서 인간은 사랑, 감사, 신뢰, 신앙, 극기, 체념, 헌신 등 제반 능력을 보유한 유기체이다.

흡족하고 배부르게 젖을 먹은 젖먹이는 어머니로부터 무엇인가를 배우며, 어머니는 어린이의 마음속에 감사의 본질인 사랑을 심어준다. 아버지가 구워주는 빵을 먹으면서 아버지와 나란히 화롯불을 쬐는 아들은 의무니, 감사의 말씀이니 따위의 어휘를 이해하기도 전에 자연의 길을 따라 아들로서의 의무를 다하면서 삶을 누리게 된다. 이것이 또한 인간이다.

제 아무리 낮은 계층에 속해 있는 사람일지라도 그는 정직할 수 있으며, 근면할 수 있으며, 성실할 수 있으며 자기의 손으로 일하면서 독립생활을 영위할 수 있다. 자유의 기둥은 성실, 근면, 검소, 독립생활을 영위하는 사람들이다. 이들이 받을 수 있는 최고의 생명 값을 누가 책정할 수 있을까!

인간은 자연의 섭리에 의하여 태어난다. 자연은 모든 사람에게 평생 필요한 것을 준다. 자유, 개성, 공상, 신앙, 감정, 충동, 이것은 자연이 인간에게 부여한 것이다. 선과 악을 구별하는 감각, 의와 불의를 판별하는 능력, 이것은 인간의 본성 깊은 곳에 요지부동으로 깃들어 있다.

아버지의 일하시는 모습에서 아이는 맡은 바 직업에 대한 자랑과 사명과 의무를 예감한다. 어머니는 남편과 자식을 위하여 따뜻한 음식과 옷을 자기 손으로 마련해준다. 가정을 질서 있게 꾸려나가며, 아이들에게 생활과 놀이를 통하여 말과 글과 셈을 가르치며, 식탁에서 기도함으로써 믿음과 감사의 씨를 뿌리는 일에 대하여 사람 된 자, 어떤 다른 주장을 말할 수 있고, 딴 마음을 품을 수 있겠는가!

탐관오리가 따로 없으며, 거지, 사기꾼, 깡패가 따로 없다. 그들도 우리와 같이 인간이며, 그 책임도 우리들 전부의 것이다. 그들은 본래 탐관오리, 거지, 깡패로 태어난 것이 아니며, 다만 탐관오리와 거지와 깡패가 된 사람들이며, 희생물이다. 아득한 먼 곳에서 길 잃은 인간들이 떠돌고 있는 것이다. 이들은 인간의 성역에서 벗어나 도처에서 거칠고 눈부신 무대에 출연하고자 자신을 몰아내고 있을 뿐이다.

인간은 직업을 가지고 일하고 있으며, 시민 제도의 무거운 짐을 지고 있다. 인간에게 온갖 순수한 축복을 주는 힘은 우연이나 기교가 주는 선물이 아니다. 그 힘이 될 기본적인 소질은 모든 인간의 본성 깊은 곳에 자리를 잡고 있다. 이것을 완성시키는 것이 인간의 보편성이며 영원한 요구이다. 인간의 본성에 깃들어 있는 여러 가지의 힘은 순수한 인간의 지혜로 길러진다. 이것은 천한 사람들에게도 교육의 일반적인 목표가 되어야 한다. 따라서 교육 목표는 각자의 특수한 경우와 처지와 입장에 알맞게 그 힘과 지혜를 연습, 연마하고 응용하고 이용하도록 설정되어야 한다.

교육이란 자연이 인간에게 부여한 착한 싹을 자연스러운 생활을 통하여 의도적으로 개발, 발전시키는 것이다. 교육은 머리속에 한낱 부스러기 지식을 집어넣는 것이 결코 아니다. 밥 먹을 때, 일할 때, 놀 때, 즉 생활 전체가 교육의 마당이며, 교육 그 자체이다.

인간은 마음속이 평안하도록 교육을 받아야 한다. 자신의 처지와 자기 손에 미치는 복으로 만족하는 것, 어떠한 어려운 고비에서도 인내하고, 신의 사랑을 믿고 존경하는 것, 이러한 것이 인간을 지혜로 이끄는 교육이다.

신앙은 평안한 삶의 근원이며, 평안한 삶은 마음의 질서의 근원이며, 우리의 여러 능력을 응용하는 질서는 우리들 인간을 성장시키며, 도약하여 지혜로 이끄는 근원이며, 지혜는 만복의 근원이다.

플라톤은 '교육이란 인간의 영혼에 불을 질러, 육체라는 감옥을 벗어나, 영혼이 이념을 바라보며, 하늘을 향해 스스로 걷게 하는 것' 이라고 말했다. 이 불꽃 튀는 이상의 추구, 평화로운 인간 생활은 바로 인간 본성이오, 교육의 목표이다.

'교육이란 천성의 힘을 골고루 발달시켜서 각자 주어진 본분을 지키고 화평하게 살도록 하는 것' 이라고 말하는 페스탈로치는 '교육의 목표는 아이들의 필요와 욕구를 채워주는 것도 아니오, 아이들에게 협동의 정신을 길러주는 데 머물러서도 아니 되며, 바로 인간을 도덕적, 영적으로 완성시키는 일' 이라고 말했다.

그는 인간교육의 핵심을 도덕교육에 두었는데 그 방법을 보면 다음과 같다.

첫째, 참된 감정으로 도덕적인 정서를 환기할 것. 둘째, 바르고 착한 일을 위하여 자신을 극복하도록 노력시키는 도덕적인 훈련의 기회를 부여할 것. 셋째, 어린이의 생활과 환경 속에 얽혀있는 정의 관계, 도덕 관계를 사색하게 함으로써 도덕적인 기준을 갖도록 할 것.

존 듀이는 '교육이란 경험의 꾸준한 재구성을 통하여 생활에서 부딪치는 문제를 해결하고 나아가서 사회적인 혁신을 기하는 것'이라고 말했다. 따라서 이 뜨겁고도 영원한 이상의 추구, 너무나 인간적인 생활교육, 개인의 문제해결과 사회적 혁신이라는 세 가지 기조는 마치 교향곡과 같이 서로 변주되면서 조화를 이루어야 하며, 이 중 하나를 소홀히 하여도 그 교육은 김빠진 맥주의 격이 되고 말 것이다.

교육이란 이성에 비추어 깨우치고 자유, 사상, 과학적인 지식, 비판적인 정신을 보급시키며, 인간의 존엄성을 자각시키자는 것이다. 칸트는 이것을 '인간이 자기 책임 하에 미성년인 상태에서 탈각하는 것'이라고 요약한다.

"인간, 얼마나 위대한 걸작인가! 이성은 고귀하고, 능력은 무한하고, 행동은 천사 같고, 이상은 신과 같다."

이것은 그 유명한 셰익스피어의 인간예찬론이다. 이러한 인간을 교육하는 교사의 자질은 어떠한 것인가? 교사는 물건을 대상으로 하는 직분에 있는 사람이 아니라 사람을 대상으로 하는 입장에 있으며, 그 위에 성인이 아닌 미성년을 대상으로 하며, 더욱이 끊어졌다, 이어졌다 하는 것이 아니라 계속적으로 수행해야 할 직분에 있다.

우리나라 교육법 제74조는 '교원은 항상 사표가 될 품성과 자질의 향상에 힘쓰며, 학문의 연찬과 교육의 원리와 방법을 연구, 연마하며, 국민 교육에 전심전력하여야 한다'고 교원의 직분을 명시하고 있다.

페스탈로치는 '그대들, 사람을 다루면서, 이를 보호하고, 기른다고 자칭하는 사람들이어! 그대들은 농부가 소에게 바치는 것과 같은 수고를 하고 있는가? 그대들은 목자가 양에게 바치는 정성을 들이고 있는가? 그대들의 지혜는 인류를 위한 것인가? 그대들의 자애심은 백성을 총명하게 다스리는 목자의 자애심인가? 라고 묻고 있다.

교사는 학생의 정신적, 도덕적, 신체적 힘을 소유함은 물론이오, 이들을 조화 있게 발전시킬 수 있는 이념을 지녀야 되며 그것을 실천함으로써 학생들의 정신적 지주가 되어야 한다. 이러한 자질을 구비하려면 교사 자신이 우선 기독교적인 가부장질서(家父長秩序)가 유지되고 있는 가정에서 태어나 그러한 가정교육을 받아야 한다.

행복한 가정생활 속에서 아버지가 구워주시는 빵을 먹고 자란 교사, 신기롭기만 한 어머니의 젖을 먹고 자라면서 어머니의 사랑을 몸에 익힌 교사, 이러한 환경에서 건강하게 성장한 교사야말로 그 직분을 담당할 사람이다.

인간성에 대한 신앙을 체험한 교사를 우리는 원하고 있다. 그리하여 신, 스승, 어버이 등에 대한 외경심(畏敬心). 아래 사람, 자식, 약한 사람 등에 대한 외경심, 동등한 사람 즉 이웃, 친구 등에 대한 외경심의 소유자가 출현하는 것을 우리는 고대한다.

사랑할 줄 알고, 존경 받을 수 있는 교사, 신뢰를 받을 수 있고, 학생들에게 성실과 근면을 심어 줄 수 있는 교사, 자기 자신을 이길 줄 알며 헌신할 줄 아는 교사의 출현을 우리는 쌍수로 환영한다.

해로운 환경을 멀리하게 하고, 유리한 환경을 제공할 수 있는 환경조성자로서의 교사, 학생들은 무엇을 원하고 있으며, 무엇이 그들을 괴롭히는가, 무엇이 그들을 고무시키고, 무엇이 그들을 더럽히는가, 무엇이 그들을 굳세게 하고, 무엇이 그들을 나약하게 하는가, 이러한 무엇을 발견하는 통찰력과 무엇을 해석할 수 있는 유능한 전문인의 출현을 우리는 또한 고대한다.

무한한 가능성을 소유한 인간의 본성을 발견해 개발하고, 천재의 개성이 어디에 있는가를 이해하는 실력의 소유자를 우리는 갈망한다. 도처에서 거칠고 눈부신 무대의 출연을 희망하는 성역에서 자신을 밀어내고 있는 아득한 먼 곳에서 길 잃은 학생을 구호하는 구도자적인 교사의 출현을 우리는 갈망한다.

오늘날 우리의 교육이 걸머진 중대한 책무는 자연히 훌륭한 자질을 갖춘 교사를 요구하고 있다. 교사는 지성과 덕성을 겸비한 자유인으로서의 교사여야 한다. 스스로 옳다고 생각하기 때문에 지성은 신념 있는 행동과 경건하고 성실한 태도를 취할 수 있다. 여기에 덕이 항상 밑받침을 이루고 있어야 한다. 지성은 인간에게 정확한 판단력과 날카로운 비판정신을 함양시킨다.

지성은 무엇이 정의이고, 무엇이 선인가를 판단할 수 있는 능력과 양식을 제공한다. 지성적 활동에서 나온 행동만이 덕이다. 일찍이 소크라테스는 참된 앎에 기반을 두지 않는 덕, 즉 행위는 진정한 덕이 아니며 참된 앎에서 비로소 덕을 얻을 수 있고 덕을 가르칠 수 있다는 신념을 피력했다.

사고하면서 행동하는 교사가 참된 지성인으로서의 교사이다. 인간은 항상 선한 마음을 가지고 있으며, 앎의 결과는 반드시 행동으로 나타나고, 참된 앎에 입각한 행동은 항상 정당하다는 인간성에 대한 신념이 그 밑바탕에 놓여 있다. 이러한 바탕과 자질을 가진 교사를 우리는 갈구한다.

제상의 돼지머리가 하는 말(1977. 4. 18.)

종묘이던가, 어느 농가의 상량식에선가 제상에 놓인 돼지머리를 본 기억이 있다. 그때의 돼지머리에 대한 인상이 요즘 심심치 않게 되살아나곤 한다. 그 놈은 분명히 죽었으되 산 것처럼 은근한 미소를 머금고 있었고, 눈은 감았으나 뭔가 보고 있는 듯한 진지한 자세를 지니고 있었다.

우리들 인간이 교양이다, 문학이다, 철학이다 하면서 교육과 연구의 대상으로 삼는 것들은 돼지머리와 전혀 무관함에도 불구하고, 너희들이 아무리 발버둥치고, 몸부림을 쳐도, 모두 그렇고 그런 존재에 지나지 않는다고 내심으로 훈계하면서도 시치미를 떼고 있는 듯한 돼지머리의 표정이 나를 괴롭힌다.

'대학은 진리를 탐구하는 상아탑이다' 라는 어구는 이미 진부한 표현에 불과하다. 허나 대학 도서관 내부에까지도 '도서관을 이용합시다' 라는 표어를 붙여야만 담당자들의 직성이 풀린다면 몸통이 없는 돼지머리의 그 은근한 표정을 되살리지 않을 수 없게 된다. 그리하여 예외 없이 그 녀석은 '다 그렇고 그런 거지' 라고 말하고 있다.

하기식(下旗式, 당시에는 오후 6시 정각에 이런 의식이 있었음)을 알리는 애국가가 울려 퍼져도, 내달리는 버스가 있고 -아니 그것은 내달리는 형체만 버스이지, 내용물도 버스인가- 위엄 있는 개회식이 있는가 하면, 쓸쓸하고 찬바람만 이는 폐회식이 있으니, 인간의 표리는 언제부터 이렇듯 분명하게 되었는지 알 수가 없다. 그런데도 돼지머리는 저만치서 그 놈 특유의 불가사의不可思議한 웃음을 짓고 있다. '다 그렇고 그런 거지' 라고 하면서.

학술강연과 같은, 모처럼 마련된 대학행사는 전체 학생을 위한 것임에도 불구하고 소수의 학생만이 참석하는 행사일 뿐이다. 반면에 음악회, 특히 야간

음악회는 만원사례滿員謝禮라면 값비싼 대학의 수업료는 무엇이며 대학의 가치는 무엇인가. 대학생은 편식을 일삼는가. 그래서 제상에 놓인 돼지머리의 표정이 다시금 되살아난다.

대학생이라면 자칭, 타칭을 불문하고 엘리트란다. 그래서 독서캠페인을 홍보하는 표어가 여기저기 곱게 붙어 있는지 모르겠으나 대학과 전문대학의 구별조차 모호하게 하는 표어 나열주의식 사고방식은 도대체 어디서 연유한 것이며 언제까지 계속될 것인가.

신입생 시절에 듣던 똑같은 소리를 졸업반에서 또 듣는다면 그것을 반복학습의 원리라고 단정한다면 발전은 무엇이고, 웅비雄飛는 무엇이며, 학풍조성은 또 어떤 것인가.

돼지머리 앞에 경건하게 머리를 숙인다면 무슨 대안이나 묘안이 나올 수 있을지 모르나, 그럴 때마다 그 놈은 저만큼 앞에서 예의 묘한 웃음을 머금고, '다 그렇고 그런 거지' 할 뿐이니 부처님의 미소만큼이나 불가사의 그 자체이다.

공주 갑사에서 생각하는 시민정신 (1977. 7. 17.)

공주 갑사의 매미와 풀벌레들은 새벽부터 울었다. 맴맴, 쓰르르, 똘똘똘, 풀풀풀……. 간간히 산바람이 지나가면 나뭇잎이 수없이 흔들리며 반긴다. 내가 묵었던 숙소 주변의 고목들은 백여 년씩 묵은 나무가 대부분이어서 바람이 지나갈 때마다 마치 한여름의 소나기 소리를 방불케 하는 소리를 낸다.

새벽에 일어나서 세수하고 머리 감는 것도 산 속에서는 멋이다. 기분이 그렇게 상쾌할 수가 없다. 그 상쾌함은 분명 도시인들이 겪는 어쩔 수 없는 일과임에 비하여 자연이 우리에게 안겨주는 새벽의 선물이리라. 문득 풀벌레들의 합창을 포함한 자연의 소리를 빠짐없이 간직하고 싶은 마음에 녹음기 생각이 난다.

갑사 경내의 주변부터 차량의 출입을 통제하고 있건만 사람들의 두뇌 회전은 너무도 빨라서 '환자 수송'이라는 어처구니 없는 비상용 간판을 내걸고 영업용 택시가 사찰 경내를 달린다. 환자는커녕 살찌고 건강한, 거기에다 돈깨나 있어 보이는 사람들이 택시 속에서 환자 행세를 하고 있다. 관광지에서 출입을 통제하면 부자와 권력자는 어김없이 환자로 둔갑하는 행태를 바라보는 사람들은 어느 나라 사람들인가!

근자엔 자가용 승용차가 부쩍 늘고 있는 탓으로 웬만한 관광지에서는 이따위 파렴치한(破廉恥漢)들을 흔히 본다. 내가 묵은 곳은 값 싸고 협소한 여관임에도 불구하고 자가용 승용차가 두 대나 들어섰다. 문제는 우리 집 아이들이 몹시 부러워하는 눈치를 보이는 데 있다. 하기는 자격지심(自激之心)에 이런 생각이 들었는지도 모를 일이지만 가지지 못한 나는 슬그머니 화가 났다.

관광지에 올 때는 모름지기 하다못해 트랜지스터 한 대라도 지니고 다닐 일이다. 주변에서 때 아닌 소음을 일으키면 양보고, 체면이고, 가릴 것 없이 교양은 저만치 물리치고, 지지 말고 꿍꽝거릴 일이다. 시민정신이란 과연 무엇인가!

'인수본 이십육사' 해제

이번 노도양盧道陽 교수께서 본교 도서관에 기증하신 인수본 이십육사人壽本 二十六史는, 民國(민국) 46년(1957)에 호위극胡偉克을 중심으로 국내 저명 학자들이 二十五年史編刊館(25년사편간관)을 설치, 사적선본史籍善本을 엄선영인嚴選影印하여 人壽本二十五史(인수본25사)를 만든 바 있는데, 여기에 중국국방연구원 청사편찬위원회 수정본中國國防硏究院 淸史編纂委員會 修訂本인 청사550권淸史550卷을 추가함으로써 이와 같은 명칭이 생기게 된 것이다. 총 70권으로 압축된 양장본으로 중국 성문출판사成文出版社의 영인본이다.

인수본 이십육사는 본래 이십사사를 모체로 한 것인 바, 청의 건륭연간乾隆年間에 칙명에 의하여 중국 역대 왕조의 기전체紀傳體 사서史書 24종을 선정, 이를 정사正史로 정하였으므로 여기서 이십사사의 명칭이 생겼으며, 이 이십사사에 민국11년(1922), 신원사新元史 257권이 정사로 추가되어 이십오사로 불리었다. 그 후 다시 청사淸史 550권이 추가됨으로써 이십육사가 된 것이다. 즉 사기史記 130권 한서漢書 100권 후한서後漢書 120권 삼국지三國志 65권 진서晉書 130권 송서宋書 100권 남제서南齊書 59권 양서梁書 56권 진서陳書 36권 위서魏書 114권 북제서北齊書 50권 주서周書 50권 수서隋書 85권 남사南史 80권 북사北史 100권 구당서舊唐書 200권 신당서新唐書 225권 구오대사舊五代史 74권 신오대사新五代史 74권 송사宋史 496권 요사遼史 116권 금사金史 135권 원사元史 210권 신원사新元史 257권 명사明史 332권 청사淸史 550권을 집대성한 중국 역사 연구의 기본적인 문헌이며, 본기本紀, 열전列傳 외에 많은 지志와 표表를 수록하고 있다. 그런데 열전에는 외국전外國傳도 있으므로 이를 통하여 각24대의 경제, 사회, 문화 등의 상세한 사정과 함께 중국과 왕래가 있었던 여러 지역의 사정도 엿볼 수 있다.

노도양 선생님은 중등학교 지리 교과서 지은이로 이름을 떨쳤다. 명지대學의 박물관장을 역임하셨지만 보직은 별로 관심이 없는 분 같다. 건강이 좋으셔서 악수를 하면 필자 같은 젊은 사람도 깜짝 놀랄 만큼 힘이 있었다. 명지대학에서 선생님을 모시는 영광을 안았고, 위의 해제는 선생님의 부탁으로 잘 알지도 못하는 내용을 쓰고 말았다. 필자 역시 이 분이 쓴 책을 배우고 익혔다.

명지대학교 소장 연속간행물 종합목록(1979. 8. 25.)

대학도서관이 대학의 심장부이며 봉사기관이라는 대전제 앞에 더할 수 없는 겸허한 마음으로 이 조그만 책자를 선보입니다.

뭔가 결실이 있기까지는 껍질이 깨지는 아픔이 따르기 마련이지만 그 아픔을 느끼거나 내색할 만큼 성장하지도 않았고 노력 또한 미미했음을 절감하면서도 도서관 발전의 기초를 튼튼히 할 조그만 시금석이 될까 하여 애를 써보았습니다.

불편하고 불만스런 조건 하에서도 이나마 작은 책자를 출판하게 된 것은 우리 도서관 사서들의 부단한 노력의 결정이라고 생각되므로 땀 흘려 생성된 노고에 대하여 깊은 위로의 뜻을 표하는 동시에 이 책자에 미비한 점이 있더라도 우선 이용자의 편에 서서 노력하였다는 점을 감안하여 너그럽게 이해하여 주시기 바라며 장차 더욱 완전에 가까운 목록을 출판할 수 있도록 지도와 편달을 아끼지 않으시기를 부탁드립니다.

평소에 우리 도서관 발전을 위하여 이면에서 끊임없이 후원하시고 격려를 아끼지 않으시는 여러분들에게 이 기회를 빌려 깊은 감사의 말씀을 드립니다.

이 목록은 명지대학 도서관이 건립된 이후 최초로 간행된 서지라고 기억한다. 이 목록은 당시 연속간행물에 관한 관심이 날로 높아지는 것을 염두에 두고 편찬된 소규모 서지이다. 우리 도서관이 보유한 한글 타자기를 써서, 원고를 만들고, 도서관이 보유한 복사기로 이를 복제하는 방식으로 목록을 간행했으므로 그 출판비용은 염려할 필요가 없었다.

연하장(1979. 12.)

　김 선생님, 새해엔 계획하시는 모든 일 다 이루어지기를 바랍니다. 건강하시고 하나님의 사랑과 은총이 김 선생님과 온 가족 위에 언제나 함께 하시길 기원합니다. -고려대학교 정기간행물실 沈雨珍(심우진) 드림.

대학생이 되면(1980. 3. 2.)

자신이 원하는 것, 부모님이 원하시는 것, 시대와 사회가 원하는 것이 무엇인지를 그대들이 알 수 있다면, 인생의 본질적인 목적이 무엇이며 자신의 소질과 적성이 어떠한지를 알 수 있다면, 아니 그대들이 가야 할 길에 대한 분명한 목적의식을 갖고 임할 수 있다면, 여러분의 대학생활은 그리 어려운 일이 아니다.

이는 오히려 도전의 기회이며, 정복의 대상이며, 자기 자신만이 가야 할 외롭고 경이로운 정진의 길인 동시에 그대들이 만끽할 수 있는 축제일 수도 있다.

교수들은 총명한 그대들을 위하여 준비하고 연구하며 기다리고 있다. 민족과 세계가 지혜로운 그대들의 발길, 차가운 머리와 뜨거운 가슴을 간절히 원하고 있다. 그대들은 민족의 기둥으로 자라나 진정으로 민족자존을 구현할 것이다.

그대들은 세계적인 리더로 우뚝 서 우주에 충만한 인격적 에너지를 만나고 교류하며 실천할 것이다. 그대들은 우주의 한복판에 서서 진정 우주의 주인인 자기 자신을 만나 보듬고 가꾸며 성장해가는 소우주가 될 것이다. 그리하여 그대들은 더욱 찬연히 빛날 것이다.

넌 높은 데서 굽어 살피며 살고, 난 낮은 데서 찬찬히 살피며 살지 뭐. 이철수

4.18 고대생 의거 20주년(1980. 4. 15.)

4.18 고대생 의거 20주년을 기리기 위하여 〈高大新聞〉(고대신문) 제863호는 그 1면에 다음과 같은 헤드라인과 함께 고 조지훈 시인이 쓴 시 '자유'와 고 은 시인의 시 '돌아오라 영령이여 새로운 영령이여' 그리고 4.18 선언문을 실었다.

4월의 자유불꽃 오늘에 타올라라
4.18의 젊은 민주혼이여
오늘의 시대 양심 속에 그 외침을...

자유!
너 영원한 활화산이여!
압제의 사슬을 끊고
사악과 불의에 항거하여
분노의 불길을
터뜨린
아! 1960년 4월 18일
천지를 뒤흔든 정의의 함성을 새겨 그날의 분화구
여기에 돌을 세운다. (조지훈) 〈4.18 비문 중에서〉

4.18 선언문

친애하는 고대학생제군!

한마디로 대학은 반항과 자유의 표상이다. 이제 질식할 듯한 기성독재의 최후적 발악은 바야흐로 전체 국민의 생명과 자유를 위협하고 있다. 그러기에 생생한 증언자적 사명을 띤 우리들 청년학도는 이 이상 역류하는 피의 분노를 억제할 수 없다. 만약 이와 같은 극단의 악덕과 패륜을 포용하고 있는 이 탁류의 역사를 정화시키지 못한다면 우리는 후세의 영원한 저주를 면치 못하리라. 말할 나위도 없이 학생이 상아탑에 안주치 못하고 대사회투쟁에 참여해야만 하는 오늘의 이십대는 확실히 불행한 세대이다. 그러나 동족의 손으로 동족의 피를 뽑고 있는 이 악랄한 현실을 방관하랴.

존경하는 고대학생동지제군! 우리 고대는 과거 일제하에서는 항일투쟁의 총본산이었으며 해방 후에는 인간의 자유와 존엄을 사수하기 위하여 멸공전선의 전위적 대열에 섰으나 오늘은 진정한 민주이념의 쟁취를 위한 반항의 봉화를 높이 들어야 하겠다.

고대학생동지제군! 우리는 청년학도만이 진정한 민주역사창조의 역군이 될 수 있음을 명심하여 총궐기하자.

구호

1. 기성세대는 자성하라.
1. 마산사건의 책임자를 즉시 처단하라.
1. 우리는 행동성 없는 지식인을 배격한다.
1. 경찰의 학원출입을 엄금하라.
1. 오늘의 평화적 시위를 방해치 말라.

(이 선언문은 4.18 당시 〈고대신문〉 편집국장 박찬세 교우가 기초한 것임.)

이 신문은 3면에 '반성으로서의 역사: 4.19의 허구성 그 반성적 고찰/ 강신준', 4·5면에 '4.19혁명 20주년 특집: 자유의 영혼은 부활하는가' 라는 헤드라인과 함께 '4월에 생각한다: 긴 전쟁에서의 승리를/ 이문영', '민족저항운동의 선봉: 4.18의거의 주역에게 듣는다/ 조남조', '민중의지의 폭발/ 정진영', '4월혁명력: 고대신문을 통해 본 4.18, 4.19/ 김재태' 를 각각 실었다.

대학출입증(1980. 5. 29.)

이른바 80년대 학원가를 휩쓴 민주화 열풍과 5.18 광주사태로 인하여 신군부는 계엄령을 선포하였다. 대학의 전임교수로 부임한 첫해에 날벼락을 맞듯 계엄령이 선포되자 학생들은 물론이고 교수들도 학교를 자유롭게 출입할 수 없었다.

우리 학교를 통제한 계엄군(공수부대)은 5월 29일에 이르러 겨우 출입증을 만들어 주면서 이것을 가슴에 달거나 손에 들고 교문을 드나들게 했다. 필자가 소지했던 명함 정도 크기의 백지로 만든 출입증은 이렇게 생겼다.

No. 194

출 입 증

도서관 김용성

상기인 출입을 허가함.

명지대학
계엄부대장   직인

명지대학교 극예술연구회 제7회 정기공연(1980. 10. 6.)

Holl Holeward 원작, 용감한 사형수

인사말

　먼저 극예술연구회 지도교수로서 이번 학기부터 회원 여러분과 만나게 됨을 기쁘게 생각합니다. 공연 약사를 들쳐보니 창립공연을 가진 후 이번이 일곱 번째입니다. 제7회 정기공연을 축하합니다. 그 사이 여러분들 모임 또한 활발해졌으며 몸과 마음과 지식이 전보다 몇 배는 자랐나 봅니다. 또한 공연만을 위한 모임이 아니고 연극 전반에 걸친 이론을 서로 공부하고 토론하는 학구적인 면모를 보여 왔다는 점을 밝히고 싶으며 그러한 진지한 태도는 모두에게 커다란 밑거름이 되리라 확신합니다. 바로 이런 점이 대학 서클의 필요성이며 올바른 운용이라 생각합니다.

　우리 극예술연구회 회원 전원에게 찬사를 보내며 끝으로 학도호국단에 감사를 드립니다.

극예술연구회는 필자가 지도교수를 맡았던 최초의 학생 서클이다. 다행이 대학극예술제에서 이 작품을 공연하여 입선의 영예를 안았고, 중앙대학 극장에서 재공연이 이루어졌다. 학생들의 열정과 성실이 낳은 결과라고 생각한다.

사방탁자는 사방을 열어 물건을 얹고 올리게 해, 가늘고 겸손한 네 뼈대. 이철수

연하장(1980. 12.)

교수님! 또 한 해가 저물어가고 있습니다. 올해도 보살펴주시느라 노고가 많으셨죠. 새해에는 뜻하시는 모든 것을 이루시고 가정에 화평과 행복이 가득하시길 진심으로 기원하옵니다. 아울러 즐거운 연말과 희망찬 연시를 맞이하시길 바랍니다. 강남구 반포2동산72-3 남향옥 올림

이 연하장은 1980년 3월에 첫 신입생이 우리 학과에 입학한 이후 필자가 처음 받은 것이다. 그러니까 필자가 대학 선생이 되어 받아본 최초의 연하장이다. 남향옥은 재학 중 우리 학과의 장학생이었다. 학구열이 남다른 그는 졸업 후 대법원도서실에 근무하다가 결혼과 동시에 자퇴하여 전업주부가 되었다. 노란 원피스 차림이 잘 어울리는 여학생이라는 인상이 강하게 남아있다.

얼음 풀린 논에 개구리 알 봐라! 거기 벌써 좋은 소식! 개굴개굴! 이철수

격려문(1981. 1. 28)

친애하는 도서관학과 학생 제군!

지금 우리는 한 시대를 역사 속에 접어두고 새로운 역사의 장을 개척하고 있습니다. 그것은 국가적인 차원에서도 그러하거니와 우리 대학과 학과의 경우에도 합치되는 논리라고 생각합니다.

고금의 역사를 통하여 민족이 영화를 누리려면 반드시 힘이 수반되어야 함은 분명한 역사의 사실이듯이 학생의 본분은 지성과 인격을 도야하는 것이라는 점에 전혀 이의가 없을 것입니다. 더욱이 학생 제군은 우리 도서관학과 제1회 졸업생이 될 영광과 책임 있는 자리에 놓여있습니다. 그러나 그 영광의 자리 역시 노력 없이 확보되는 것도 아니고, 타인이 그렇게 되기를 기대하는 것도 아닙니다. 그것은 오로지 학생 제군들의 성실, 근면과 피나는 노력의 대가에 의해서만 가능하다는 엄숙하고도 평범한 사실을 명심해야 하겠습니다. 이를 학생 제군이 깊이 가슴에 아로새겨 계속 정진할 때 개인의 영광을 쟁취함은 물론이오, 여러분은 국가가 기대하는 역사의 주인공이 될 것입니다.

앞에서 지적한 바와 같이 새로운 역사의 장이 열리는 중대한 시기에 우리 도서관학과 학생 제군들도 뚜렷하고 확고한 국가관 밑에 지성과 인격을 도야하는 데 한 치의 양보도 있어서는 안 될 것입니다. 아무쪼록 학생 제군의 건투를 기대합니다.

이 글은 군사정부가 내린 휴교령으로 인하여 대학이 문을 닫았을 때 우리 학과 학생들에게 보낸 격려문이다. 이 글에 나타난 바와 같이 당시 우리 학과는 한 학년 학생만 있었고, 이들이 결국 1회 졸업생이 되었다. 1984년12월에 개최된 첫 사은회 석상에서 필자는 감격에 겨워 눈시울이 붉어졌다. 몇 학생이 필자의 안색을 보고 김 교수님의 표정이 이상하다는 말을 하는 것을 들었을 정도다. 지금도 필자는 열성을 다하여 이들을 지도하였다고 자부한다. 남향옥, 이만수, 정병인, 최숙향, 허근영 등이 우리 학과 학생회를 위하여 애를 많이 썼다. (김용성)

물가 버드나무 한 그루 당신을 막아선 것 아니듯, 당신 곁 누구도 당신 인생을 가로막고 있지 않아! 이철수

명대신문: 천자단상 소설 『대장경』 (1981. 3. 1.)

우리의 불교 문화재를 테마로 삼은 역사소설은 흔치 않거니와 그 중에서도 대장경大藏經을 다룬 작품은 지금까지 전무한 것으로 알고 있다. 이 점에서도 장편 소설 『대장경』의 작가 조정래趙廷來 씨에게 아낌없는 치하의 박수를 보낸다.

그런데 작품 속에 수록된 내용이 특정분야의 학문과 관련되었을 경우 정도 의 차이는 있겠으나 그것의 진위를 둘러싼 논란이 없을 수 없으며, 실지로 국 내에서만도 그것의 뭉치인 『한국논쟁사』라는 방대한 자료가 연전에 출판된 바 있다. 여기, 작품 대장경이 내포하고 있는 서지학적 측면에서의 몇 가지 문 제점을 요약하여 제시해 본다.

첫째, 작품이 말하는 대장경은 세상에 널리 알려진 팔만대장경 즉 재조대장 경再雕大藏經이므로 원각본原刻本이 아닌 초조대장경初雕大藏經의 복각본覆刻本이 다. 복각본이란 저본底本으로 삼은 원본을 뒤집어서 판목板木에 붙인 뒤, 그것 을 도각刀刻한 것이므로 여러 가지 측면에서 원각본과 다르며, 또 당시의 시대 사정을 감안하더라도 원각본으로서의 장경조조藏經雕造는 불가능한 것으로 보 아야 옳을 것이다. 재조대장경 자체가 지닌 장점은 물론 인정하는 바이지만 이 점 가장 큰 오류라고 생각된다.

둘째, 판전板殿의 신축지는 강화부 가문江華府 價門이 아닌 강화도성 서문江華 都城 西門이 바른 기술일 것이다.

셋째, 한 면에 14字(자) 23行(행)씩 조각했다는 내용은 팔만대장경 전체에 관 한 일반적인 기술이다. 삼본 화엄경三本 華嚴經만은 14字本(자본) 체제를 따르지 않고, 국내 전본계傳本系의 17자본을 저본으로 하여 복각했다.

넷째, 팔만대장경은 불사佛事를 위한 중앙 관서인 대장도감大藏都監에서만 조

76

조된 것이 아니라 지방의 각 분사도감에서도 조조되었음을 밝혀둔다.

다섯째, 팔만대장경은 초조대장경의 경우와 동일하게 호국의 대발원大發願에서 그 조조가 이루어진 것이지만 금강삼매경金剛三昧經 등은 당시의 권력의 핵이던 진양공 최우晉陽公 崔瑀의 수복을 빌기 위하여 그 추종 인물들이 개판한 것이다.

여섯째, 입장入臟을 결정한 불서佛書는 총 6,547권이라고 했으나 현재로서는 총 6,778권으로 밝혀졌다.

사족蛇足이 되겠지만 작품 곳곳에서 독자는 국민예찬國民禮讚을 들을 수 있다는 점과, 이 장편소설은 1980년 10월에 출간되었음을 부기해 둔다.

조정래의 이 소설은 서지학과 관련된 내용을 부분적으로 다루었기 때문에 특히 필자의 관심을 끌었다. 그 탓으로 필자는 이 글을 써서 이 작품의 오류를 바로 잡으려 했다.

투명한 유리병 속 색색 사탕이 곱다. 저는 제 속을 다 보여주고 나섰는데. 이철수

제자들로부터 온 짧은 편지, 연하장 1

연하장(1981. 12.)

교수님! 또 한 해가 저물어가고 있습니다. 올해도 보살펴 주시느라 노고가 많으셨죠.

새해에는 뜻하시는 모든 것을 이루시고, 가정에 화평과 행복이 가득하시길 진심으로 기원하옵니다. 아울러 즐거운 연말과 희망찬 연시를 맞이하시길 바랍니다.

은혜에 감사드리며-강남구 반포2동 반포맨션105호 남향옥 올림.

새해를 보내고 맞이할 때마다 보람찬 한 해였고 한해를 맞이하시길 바랍니다. 교수님! 새해 복 많이 받으세요.-제자 조미경 드림.

두 사람 모두 80학번, 아름다운 만남이 계속되고 있다.

첫 수학여행(1982. 5. 7.)

명지대학 도서관학과 수학여행 예정표

(서울-속초-설악동 1박-강릉1박-서울)

5월7일(금요일)

08:00	강남고속터미널 집합
08:30	서울 출발
13:40	속초 도착
13:40-15:00	중 식
15:00	속초 출발
15:30	설악동 도착
15:30-18:00	자유시간
18:00-19:00	석 식
19:00-19:30	방 배정
19:30-22:00	자유시간
22:00	취 침

5월9일(일요일)

07:00	기 상
07:00-08:00	구보 및 세면
08:00-09:00	조 식
09:00-10:00	자유시간
10:00-10;30	경포대 - 오죽헌
10:30-11:30	오죽헌 관람
11:30-12:00	오죽헌 - 강릉
12:00-13:00	중 식
13:00-14:00	자유시간
14:00	강릉 출발
18:00	서울 도착

5월8일(토요일)

07:00	기 상
07:00-08:00	구보 및 세면
08:00-09:00	아침 식사
09:00	설악산 등정
12:30-13:30	중 식
15:00	하 산
16:00	설악동 도착
17:00	강릉 도착
17:30	경포대 도착
17:30-18:30	자유시간
18:30-19:30	석 식
19:30-20:00	방 배정
20:00-22:00	자유시간
22:00	취 침

우리 학과가 창설된 이후 첫 수학여행에 김미자, 김연은, 노연호, 안경식, 염현숙, 오충희, 정병인 등이 참가했다. 나 역시 대학의 선생이 되어 맞이하는 첫 수학여행이므로 설레고 두려운 착잡한 감정이 온몸을 휘감았다. 고등학교와 대학을 다닐 때 수학여행에 참가한 경험이 없어서 더욱 그랬다. 그 시절 그 순간은 참으로 어려웠고 가슴 아픈 사연도 많았다. 오충희 군과 함께 경포대의 한 가게에 들어갔더니 가게 주인이 오 군을 교수로 착각하는 촌극이 벌어졌다. 오 군의 대머리가 원인이었다. 김연은 군은 기타 솜씨가 좋았고, 안경식 군은 경포대에서 대취했고, 김미자 양의 춤 솜씨는 좌중을 압도했다.

초록은 기어이 하늘 향해 전향하는 것을…… 이철수

제자들로부터 온 짧은 편지, 연하장 2

허남두입니다(1982. 12. 19.)

김 교수님께 띄웁니다.

교수님 안녕하세요? 허남두 학생입니다. 진작 교수님께 말씀을 드리고, 내려올 때 한번 찾아뵈려고 했는데 못 찾아뵈었어요. 그래서 이렇게 멀리서나마 인사를 대신합니다. 교수님 저의 앞날을 축복해 주세요. 네? 축하 안 하신다고요? 아니에요, 교수님은 그럴 분이 아니에요. 저는 이곳 제주에 도착하여 앞으로 새 생활을 설계하고 있습니다. 평소 교수님의 말씀을 거울삼아서요. 그럼 찾아뵐 때까지 안녕히 계세요.-제주에서 제자 허남두 드림.

연하장(1982. 12.)

올 한 해, 저희들을 지도해 주신 데 감사드립니다. 새해에도 교수님의 가정과 하시는 일 모두, 특히 교수님의 계속적인 학문 연구에 축복이 깃들기를 바라며 조그마한 카드로 교수님께 새해 인사를 드립니다.-최숙향 드림

그리스도의 탄생과 더불어 주님의 평화가 항상 함께 하시길…….
교수님 가정에 건강과 행복을 비옵니다.-제자 염현숙 드림.

교수님, '82년도 아쉬움을 남기고 또 저물었습니다.
그간 아낌없으신 지도에 감사드리며, 다 따르지 못한 점을 송구스럽게 생각

합니다.

1983년도 더욱 더 힘찬 한 해로 뜻하신 모든 것을 성취하시고, 댁에 행복이 가득하시길 진심으로 기원합니다-남향옥 올림.

멋진 크리스마스가 되시고, 소망하는 모든 것들이 이루어지는 밝은 새해가 되시기를……-서대문구 남가좌2동 361-37호, 2학년 이태임 드림.

교수님, 1년 동안 고마웠습니다. 항상 존경하는 마음 갖고, 교수님과 가정에 항상 행운이 깃드시길 빌고 싶어요. -1학년 金順德(김순덕) 올림.

새해가 다가옵니다. 눈도 오고 강아지도 좋아라 뛰어놉니다. 모처럼 동심으로 돌아가 순수한 마음으로 눈사람을 만들어 봅니다. 새해에는 좀 더 건강한 삶을 영위하시도록 빌어 보렵니다. 새해 절 받으세요. 복 많이 받으세요. -일천구백팔십이년십이월, 사랑스런 제자 이용례 올림

성탄과 새해를 맞이하여 삼가 고당의 만복을 빕니다. -현인자 올림.

하늘에 별자리가 일러주는 말 - 사랑하고 나누면서 착하게 살아가는 게 네 별을 위해 할 수 있는 최선! 이철수

박진환입니다(1983. 1. 7.)

동대문구 전농3동152-4

안녕하셨어요? 밤이 꽤 늦었지만 잠자리에 들어갈 생각이 전혀 없군요. 김

교수님 댁에서 너무 많은 것들을 배워서 정리가 잘 안 되는 것 같습니다.

지난 한 해는 김 교수님 덕분에 멋있고 알찬 대학생활을 하였습니다. 제가 갈등하고 방황할 때 교수님의 방향지시는 제 문제에 큰 도움을 주셨습니다. 대학생활에서 낭만과 배움을 찾는다면 축제, meeting, circle 활동, 깊이 있는 학문 연구, 뜻을 같이하는 친구와의 담화 등이 있지만 무엇보다도 소중한 배움은 훌륭한 스승과의 만남이라고 생각합니다. 앞으로도 그 생각 변함없는 제자가 되도록 노력하겠습니다. 안녕히 계십시오.-박진환 올림.

이때부터 박 군은 필자에게 편지를 보내기 시작했고, 특히 병영생활 중의 편지가 여기에 소개되었다. 지금까지 만남은 이어지고 있다. 그는 노력 끝에 책도 냈다. 그의 애창곡은 '장미빛 스카프'. 색소폰도 연주하며, 웃음에 관한 특강을 열기도 한다.

함께 사는 건 이렇게 흘리면 받고 받아 고이게 하는 두 그릇. 이철수

명대신문 천자단상 '우리의 주인공' (1983. 1. 11.)

흡족하고 배부르게 젖을 먹은 젖먹이는 어머니로부터 무엇인가를 배우며, 어머니는 젖먹이의 어린 마음속에 감사와 사랑을 심어준다. 열심히 일하시는 아버지의 모습에서 아이는 맡은 바 직업에 대한 자랑스러움과 사명을 예감한다. 어머니가 남편과 자식을 위하여 따뜻한 음식과 옷을 손수 마련하며, 가정을 질서 있게 꾸려나가며, 자식들에게 생활과 놀이를 통하여 말과 예의범절을 가르치며, 식탁에서 기도함으로써 믿음과 감사의 씨앗을 뿌린다.

이렇게 자란 우리의 주인공들은 치맛바람과 큰 손을 성인용 〈은하철도 999〉 쯤으로 알고 있는데 대입학력고사로 둔갑한 해묵은 대입 본고사 철폐는 우리의 주인공들을 박봉과 잡무에 시달리면서도 잘 키워준 은사들의 몸과 마음을 피곤하게 한다.

주인공들은 포장마차의 소주 맛은 알망정, '한번 와 보시라니깐요' 의 그런 집은 알지 못한다. 경인선 전철에는 구걸행각이 부활되었는데 '이제 인플레의 시대는 지났습니다' 라는 미끈한 어휘들은 우리의 주인공들이 어느 시대, 어느 공간에 서 있는지를 아리송하게 만들고 있다. 믿음과 감사의 마음이 충만한 우리의 주인공들은 한강교 밑을 유유히 빠져나가는 오염된 강물을 바라보면서 뻑하면 교통체증을 드러내는 수도 서울을 못 잊어, '서울찬가' 를 합창한다.

우리의 주인공들은 '기성세대는 자숙하라' 고 외쳤던 그때 그 기백과 순수함에 걸맞게 아카데미즘을 지향한다. 주인은 누구이고, 손님은 어디 있는지를 분간 못할 어리둥절한 연중제전(年中祭典)이 있을 때마다 안팎을 장식하는 플래카드에 다방, 분식집, 당구장 따위의 요사스러운 단골 어휘는 자취를 감추고,

피곤을 모르는 불사조의 날개를 지닌 우리의 주인공들이 찾아가는 곳은 오직 저 높은 곳에 있는 도서관뿐이다.

우리의 주인공들은 여과장치를 자처하기에 패배가 아닌 승리를, 오욕이 아닌 영광을, 와해가 아닌 화해를 한결같이 지향한다. 자랑스러운 주인공들이여! 지난 번 '뉴델리 아시아경기대회'에서 획득한 우리의 금메달 수효는 아직도 일본의 절반 정도에 지나지 않는다는 사실을 또한 직시할 필요가 있다.

제자들로부터 온 짧은 편지, 연하장 3

박진환입니다(1983. 8. 12.)

그간 안녕하셨어요? 말복을 고비로 더위의 기승은 약간 수그러진 감이 있지만 그래도 여전히 후덥지근한 날씨는 계속되고 있군요.

지난 7월말 경, 교수님 연구실을 찾아갔었으나 부재중이어서 글로 안부를 대신 전합니다. 교수님께선 하고 계신 일이 잘 진행되고 있는지 궁금합니다. 논문, 원고 정리 혹은 특별한 일이 있으면 언제든지 저희들을 찾아 주세요.

지난 7일, 중공군 비행기가 귀순해 올 때 매우 놀라셨죠. 저는 그때 휴전선에서 철책 근무 중인 군인들이 불현듯 생각나더군요. 적과 대치하고 있는 그들의 노고를 생각할 때 후방에서 일하고 있는 사람들은 맡은 바 최선을 다 해야 한다는 마음이 생기더군요. 저는 지금도 그 비행기가 귀순해 온 사실에 대해 하느님에게 감사하고 있습니다.

지난 2년간 지나치게 무계획적이고 방황했던 때를 보내고 이제 저의 본심을 찾아 정진하고 있습니다. 그럼 다음에 소식을 드리기로 하고 이만 줄이겠습니다. 박진환 올림

연하장 (1983. 12. 30.)

謹賀新年(근하신년)

一九八三(1983) 元旦(원단)

高大 理工科大學(고대 이공과대학)

李 春 栽 拜(이춘재 배)

한지에 정갈하게 쓴 글씨가 아름다워 지금도 간직하고 있다.

허남두입니다

교수님, 안부를 이 연하장 하나로 대신함을 용서하시고, 다가오는 새해에도 알찬 한 해가 되길 빕니다. -부산에서 제자 허남두 드림.

박진환입니다(1984. 3. 12.)
강원도 고성읍 거진읍 반암리 사서함 16호 본부대

그동안 안녕하십니까? 이곳은 사월 중순임에도 불구하고 강한 해풍이 봄기운을 짓눌러 싸늘한 날씨가 계속되고 있습니다. 캠퍼스 내에 봄을 알리는 꽃과 수목이 눈앞에 펼쳐지는군요. 좀 더 일찍 소식을 올렸어야 했는데 너무 늦어 송구스럽습니다.

학회활동이나 강의는 예년보다 더 활발히 움직이리라 믿습니다. 저는 삼척에서 6주간의 훈련을 무사히 마치고 연대본부 작전과에서 근무하고 있습니다. 잘 치지는 못하지만 학교에서 틈틈이 익힌 타자능력으로 행정업무를 맡게되었습니다. 저는 최전방에서 경계 근무를 서게 될 것을 예상했는데 의외로 행정업무를 맡게 되어 당황했지만 이제는 어느 정도 일이 파악되고 있습니다.

올해도 실습실을 얻기가 힘든 것 같습니다. 하지만 우리 학과의 모든 사람이 힘을 합한다면 반드시 실습실을 확보하리라 굳게 믿고 있습니다. 우리 학과의 발전을 빌며 이만 펜을 놓겠습니다. 안녕히 계십시오. 박진환 올림

1984. 5. 6.

강원도 고성읍 거진읍 반암리 사서함 16호 본부대

그동안 안녕하셨습니까? 이젠 이곳도 화창한 봄날이 계속되어 젊은 혈기는 더욱 불타고 있답니다. 보내주신 학보는 잘 받아 보았습니다. 학교 분위기는 전보다 더 활기차게 돌아가는 것 같아 매우 기뻤답니다. 교수님의 연구활동 및 교수도 잘 되고 있으리라 믿습니다. 저 또한 몸 건강하고 업무에 충실하고 있답니다.

이곳에서도 제가 배우려고 노력한다면 무한한 가능성이 펼쳐져 있어 저의 발전에 큰 도움이 될 듯합니다. 지난 번 서울신문을 보니 우리 학과 신입생이 나왔더군요. 성적도 상당히 우수하고 배움의 열의가 대단하여 제가 배울 점이 많다고 느꼈습니다.

실습실은 배정이 되었는지 궁금하군요. 저희들에겐 꼭 필요하므로 배정되리라 믿습니다. 그럼 이만 줄이겠습니다. 안녕히 계십시오.육군 이병 박진환 올림

박 군이 말하는 신입생은 강판식 군이다. 그는 어려운 가정 형편임에도 불구하고 우리 대학에 진학하여 장학금을 받으면서 얼마간 다니다가 전공을 바꾸어 다른 대학으로 전학했다. 이후 졸업생들을 통하여 그의 소식을 간혹 접하고 있을 뿐이다.

1984. 8. 30.

강원도 고성읍 거진읍 반암리 사서함 16호 본부대 작전과

그동안 안녕하셨습니까? 자주 서신을 드렸어야 했는데 그렇지 못해 송구스럽습니다. 이젠 무더위도 한풀 꺾이고 연구활동 및 교수활동에 매우 바쁜 시

간을 보내시리라 믿습니다. 저 또한 좀 더 새로운 사람이 되기 위해 애쓰고 있습니다.

오늘은 바다의 냄새를 맡으면서 바다를 횡단하는 커다란 고기 배를 보면서 한 편의 시를 써보았습니다. 하지만 워낙 글재주가 없어서인지 제가 쓰고도 마음에 들지 않더군요. 사회에 몸담고 있을 때 좀 더 많은 시집과 접하지 못한 것에 대한 후회스런 마음이 듭니다. 그런 다음에 소식 드리기로 하고 이만 줄이겠습니다. 안녕히 계십시오. 박진환 올림.

커피가 찻잔에서 잠시 향기와 온기 함께 지낸다. 곧 사라져버릴 유혹. 이철수

허근영입니다(1984. 12. 10.)
경기도 연천군 청산면 초성리 학담 사서함 17호 제3중대

어느덧 한 해를 마무리 할 때가 되었나 봅니다. 그동안 소식 전하지 못해 죄송합니다. 늦게나마, 도서관학과장 보직에 임하시게 된 것을 축하드립니다.

즐거운 성탄과 희망에 찬 새해를 맞이하여 소망하는 모든 것이 이루어지길 기원합니다. -2주간의 장정을 떠나며, 제자 허근영 드림

정병인입니다(1984. 12. 16.)
강원도 화천군 간동면 오음리 사서함 1호 4중대

교수님, 그동안 안녕하셨습니까? 오랫동안 연락드리지 못해 죄송합니다. 저는 몸 건강히 업무수행에 최선을 다하고 있습니다.

조금 있으면 후배들이 졸업하겠군요. 그동안의 교수님의 노고에 감사드립니다. 그리고 멀리서나마 교수님께 새해 인사 올립니다. 교수님, 새해 복 많이

받으십시오. 사모님과 애기들에게도 항상 즐거운 일들만 생기기를 빕니다. 눈 덮인 북녘 땅을 바라보며……. 제자 정병인 올림

허 군과 정 군은 우리 학과의 첫 입학생이자 ROTC 출신 장교이다. 선배 학년이 없는 가운데 학과 대표를 맡아 설움과 어려움이 많았을 것으로 여긴다.

인생에, 제일 큰 동무는 아무래도 외로움이지. 쓸쓸함이래도 좋고, 오래 될수록 더 깊이 다정해지는 외로움. 이철수

오세훈입니다(1984년 어느 날)

필자가 학과장을 맡고 있을 때, 예고 없이 오세훈 군과 라종복 군이 연구실을 방문했다. '종복이, 이 사람이 제대를 한 지 얼마 되지 않아 학교생활에 어려움이 있을 터인데 교수님께서 잘 지도하여 주시기 바랍니다'라고 오 군이 말했다. 라 군은 그저 웃으며 머리만 숙였다. 학번이 다른 두 사람이 어떻게 가까워졌는지 알 수 없고, 또 알 필요도 없지만 이 말을 듣는 순간 필자는 잠깐 어리둥절했고, 한편으론 참으로 기특하다고 생각했다. 라 군은 1986년에 '도서관정상화운동'을 주도하기도 했다.

호롱에 불 켜면 제 그림자 일렁인다. 살아있으니 일지 작은 설레임. 이철수

연하장(1984. 12.)

자주 찾아가 뵙지 못함을 부끄럽게 여기오며 가정의 평안함과 하시는 모든 일에 기쁨이 충만하시기를 바라옵니다. -최숙향 드림.

지난 한 해 동안의 지도에 감사드립니다. 아직은 전공과목의 지도를 받아보지 못했기 때문인지 찾아뵙고 대화를 나눌 수 있는 시간이 없었다는 것이 이 해의 가장 큰 아쉬움으로 남습니다. 다가오는 새해에는 이런 후회를 하지 않도록 노력할 것을 결심해 봅니다. 더욱 더 건강하셔서 계획하신 모든 일들이 이루어지실 것과 가정에도 항상 평화와 행복이 넘치기를 기원합니다. -1학년 김애경 드림.

그동안 감사드리며 앞으로도 많은 지도와 조언을 부탁드립니다. 교수님의 건강과 발전을 기원하면서. -남가좌2동 361-37호 이태임 드림.

오늘도 밤이 되고, 잠을 청해야 할 시간이다. 내일이 와준다면 그건 축복이지. 축복 속에 잠 깨기로 하고 잠들자. 이철수

송승섭입니다(1985. 4. 3.)

교수님, 안녕하셨어요?

창밖에 촉촉하게 봄비가 내리고 있는데 막상 지금 이 시간에 교수님에게 무엇인가 설명드려야 한다는 것이 마음을 아프게 합니다.

제가 3월 28일부터 수업에 들어가지 못했습니다. 문제는 개인적으로 신경을 써야 되는 일이 있어서 수업을 받을 심상이 되지 못해서였는데 갑자기 그동안 좋지 않았던 건강까지 악화되어 부득이 서울을 떠나게 되었습니다.

금요일, 국제대학 문제로 학교가 매우 소란스러운 것을 보고 제 동료나 후배들에게 무언가 보탬이 되어 주고 싶었는데 폐만 끼치게 된 것 같습니다. 학년 대표라는 직책을 맡고 있으면서 여러 가지로 중요한 시기에 자리를 비우게되어 죄송스럽습니다. 연락을 먼저 드린다는 것이 제 나름의 경황을 찾지 못

해 누를 범하게 되었습니다.

저는 지금 원주의 시골집에 내려 와서 요양 중입니다. 특별히 큰 병은 없는 듯합니다. 여기서 2주 정도 더 지내다가 늦어도 중간고사 전까지는 가게 될 것 같습니다. 여러 가지로 바쁘신 교수님에게 심려를 끼쳐 드려 죄송합니다.

건강하시고 댁내에 하나님의 은총이 함께 하시기를 기원하며 이만 줄입니다. -송승섭 올림.

1980년대의 우리나라 대학가는 교내외 문제가 복합적으로 얽혀서 데모가 끊이지 않았다. 특히 신군부 통치에 대한 대학의 저항이 끊이지 않았다. 야단, 법석, 지랄, 발광하는 군사정권. 참담하고 불행한 시기였다.

노트 한 권을 첫 쪽처럼 깨끗하게 필기하기가 쉽지 않습니다. 마음에 들지 않는 쪽을 뜯어내면 뒷부분이 그만큼 떨어져나갑니다. 결국 뜯어내지 않고 그 다음 쪽을 깨끗하게 쓰는 도리밖에 없습니다. 깨끗하지는 않지만 정성이 담긴 두툼한 노트를 얻게 됩니다. 신영복

박원순입니다(1985. 10. 29.)

안녕하신지요? 조금은 쌀쌀한 날씨가 이 곳은 오래 전에 서리까지 동반하니 새벽의 근무가 땀으로 범벅되던 한 여름의 따가움이 그립기도 합니다. 한참 만발했던 가을 산의 아름다움도 낙엽이 되어 떨어지고 군인으로선 겨울이 오기에 앞선 월동준비와 또한 계속되는 상황에 대비해야 하기 때문에 그야말로 나침반의 눈금이 아닌 행동과 느낌으로 체험해야 하니 때론 육체적인 고통도 따르지만 이에 수반된 정신적인 희열도 느낄 수 있어 모든 피로를 풀게 된답니다.

교수님께서나 누구나, 젊음이 한때는 군대라는 집단에 들어와 3년이라는 의무를 지지만 어떻게 보면 학교라는 집단을 떠난 사회생활의 일개 연장이고, 다만 분단된 조국의 현실이 가져온 비극이 언제나 사회혼란을 획책하려는 저들의 술책을 사전에 분쇄하려는 물샐틈 없는 경계에서 군대라는 질서와 명령계통이 필요한 것 같습니다. 그러나 때때로 자존심을 버려야 하고 갉음을 당하는 입장에서 보면, 밀치고도 싶지만 이로 인해 참고 건딘다는 인내도 배우는 것 같습니다. 저로서도 모든 상황에 익숙하고 빨리 적응하다 보니 이제는 생활에 별 어려움 없이 오히려 이 집단에서도 굉장히 규모와 짜임새 있는 것을 발견케 되어 자신의 새로운 체험으로 받아들이고 있습니다.

교수님, 이제 한 학기도 다 저무는 것 같은데 학과에 특별한 일은 없는지요? 앞으로의 사회진출과 도서관학에 대한 동향 그리고 지금 4학년들의 졸업과 움직임은 어떤지요? 항상 교수님께서 이끌어 주시고 지도해주신 덕분에 저의 군대생활도 순조롭고, 새삼 감사를 드립니다. 교수님, 더욱 건강하시고 안녕히 계십시오. -박원순 올림

함께 가자 우리, 토끼를 깨워서 함께 가는 거북이가 되어야 합니다. 신영복

연하장(1985. 12.)

안녕하셔요?

밝아오는 새해에는 소원성취하시고, 더욱 더 건강하시고, 힘찬 도약의 한 해가 되시길 빌겠습니다.

가정에도 항상 행복이 가득하시길 빌며……. -4회 졸업생 박정숙 드림.

이성애입니다(1986. 1. 6.)

11시 시무식. 서울캠퍼스는 늘 고향 같은 편안함을 준다. 조금은 어수선하지만 사람의 인정이 깃들어 있는 것 같다.

김 교수님과의 대화는 늘 새로움을 낳는다. 철저함과 소박함의 조화가 늘 긴장감을 만들어낸다.

1986. 1. 15.

오후 4시30분. 도서관학과 김 교수님과 사서들의 미팅. 신촌에서 돼지갈비를 먹었다. 소주도 한 모금. 교수님과의 대화는 늘 진지하고 버릴 것이 없다는 느낌을 항상 갖게 한다. 나이를 먹지 않는 사람처럼 흐트러짐이 없음은 언제나 같다.

폭포수라는 다방에서 차 한 잔. 교수님도 다른 과장님들처럼 나를 '어려운 사람'으로 단정하신다. 결국 문제는 나에게……. 그러나 '설사 어려운 사람끼리라도 서로를 이해할 수 있는 입장이라면 문제되지 않을 것'이라고 말씀하신다.

박경리의『토지』를 읽고, 소유의 개념을 정리해 보라고 하신다. 움직여야지, 정체된 삶일 수는 없지 않은가!

1986. 1. 30.

도서관학과 김 교수님과의 대화 중 종교의 독단성과 불평등을 비판하시는데 무어라 할 말이 없다. 이성적인 판단으로의 하나님은 설명될 수 없기 때문에…….

기발한 질문도 교수님의 명석한 두뇌 때문일 것이다. 하나님은 역시 가난한 자, 병든 자, 미련한 자의 하나님인가 보다.

봄이 가장 먼저 오는 곳은 솔잎이었습니다. 꼿꼿이 선채로 겨울과 싸워온 소나무 잎새에 가장 먼저 봄빛이 피어난다는 사실은 생각하면 너무나 당연한 일입니다. 신영복

최미언입니다(1986. 3. 4.)

교수님, 그동안 감사했습니다. 모두가 하는 표현밖엔 잘 안 되는군요. 앞으로 더욱 열심히 그리고 최선을 다해 필요한 사람이 됨으로써 교수님께 작은 보답을 드리렵니다. 그동안 지도와 사랑을 아끼지 않으신 교수님께 진심으로 감사를 드립니다.

떠남이나 헤어짐, 이별 따위의 분위기는 애써 안 가지려 해도 어느 새인가 벌써 내 안에 자리해서 요즈음의 저는 조금 센티해지고 있는 것 같습니다. 그러나 빨리 정리해서 제가 해야 할 일들을 해야 되겠지요. '교수님, 잊지 마십시오' 라고 말씀드리면 잘못된 표현이겠지요. 안녕히 계십시오. -최미언 올림

최 양은 졸업 후 우리 학과의 첫 번째 조교로 일했다. 중앙대학교 대학원 문헌정보학과 석사과정에 진학했다가 외국 선교에 마음을 빼앗겼음인지 중도에 그만두었다. 늘 안타깝게 생각한다.

1986. 3. 7.

교수님, 오늘 연락을 받았습니다. 잘 안 된 소식. 오히려 시원했습니다. 사

실 조금은 섭섭했지만요. 잠깐 동안이지만 이 일로 꽤 복잡했었는데.

교수님들께 죄송스럽기도 하지만 앞으로 더 잘 되면 되겠지요. 기대에 어긋나지 않도록 노력하겠습니다. 월요일부터는 이제 외출할 수 있을 것 같습니다. 예전처럼. 그동안은 마음이 아파서 재미가 하나도 없었거든요. 교수님, 그럼 또 연락드리겠습니다. 안녕히 계십시오. -최미언 올림

높은 곳에서 일할 때의 어려움은 글씨가 바른지 비뚤어졌는지 알 수 없다는 사실입니다. 낮은 곳에 있는 사람들에게 부지런히 물어보는 방법밖에 없습니다. 신영복

고현진입니다(1986. 3. 16.)

무미하고 건조한 듯한 몇 십일이 연거푸 흐르고 그 흐름 속에 무한한 기대와 함께 봄을 재촉하는 풋풋한 향기가 무척 그립던 어느 날, 무한한 감사가 가득 채워짐의 연속이었습니다. 정말로 교수님께 감사드립니다. 그렇지만 지금은 그 감사함이 곧 송구스럽고 죄송스러움으로 변하여 몸 둘 바를 모르겠습니다. 4년여의 시간은 제게 있어서 무한한 꿈과 좌절을 선사하였지만 결코 후회하지 않음이 오히려 자랑스럽습니다.

인간은 있는 모든 것을 갖으려고 노력하지만 그때가 가장 불안하고 손해보는 것을 알지만 포기하고 체념하고 때로는 양보하여 마음 편안함의 극치를 얻는 담대함이 실로 중요함을 깨닫게 되었습니다. 4년간의 교수님과의 만남과 친구 그리고 학문과의 만남, 이 모든 소중한 만남을 아끼고 사랑하렵니다. 제가 흠이 없는 사람이라면 모든 일에 원망과 시비가 없으리라 생각하니 저의 부족함이 안타깝게만 생각됩니다. 정말 교수님께 죄송하고요.

들은 이야기이지만 해영이가 교수님을 난처하게, 곤경에 빠뜨렸다는 말을 들으니 몹시도 가슴이 아프고 어찌 처신해야 옳을지 모르겠습니다. 더 이상

교수님께 괴로움을 입히는 일이 없었으면 하는 바람입니다.

앞으로 제 생활 전부가 변화할 것을 깊이 갈구하지만 지극히 작은 이끼에서부터 큰 바위에 이르기까지 더욱 저를 초연케 하고 욕심을 갖지 않고 그리하여 평안함을 얻는 법을 배우도록 노력하겠습니다. 소박하고 아직까지 순수한 저의 꿈을 사랑하고 아끼며, 부족하지만 모든 것을 이해하고 사랑하는 헌신을 배우겠습니다. 지금의 초라함 속에서도 부족함을 초극하는데 힘쓰는, 정말로 교수님을 실망시키지 않는 좋은 아이로 남도록 노력, 노력하겠습니다. 제가 서 있는 자리가 부끄럽지 않고 제 나이가 자랑스러운 그 어느 날, 차 한 잔을 놓고 교수님과 이런 저런 이야기를 나눌 때, 지금 바로 요즘의 이야기를 웃음과 함께 자연스럽게 할 수 있기를 기대해 봅니다. 이 세상에서 부딪쳐야 할 모든 것과 직면하여 이기고, 모든 것을 완벽하게 이해할 수 있는 사람을 닮아갈 것을 다짐해 봅니다.

교수님, 앞으로 절대 아픔을 당하시지 않기를 간구합니다. 진실은 언젠가는 통한다고, 그래서 그 결과는 아름답다고 감히 말씀드리고 싶습니다.

항상 건강하시고 어딘가 한군데 까다로운 면이 있는 교수님을 유지하십시오. 가내 행복이 무궁하시기를 기원하면서 이만 줄이겠습니다. 안녕히 계십시오. -경기도 김포군 김포읍 감정리 415. 고현진 드림

최미언입니다(1986. 6. 5.)

교수님, 안녕하셨어요?

벌써 6월이군요. 학교는 또 1학기를 마무리하는 시간이네요. 요즘은 어떻게 지내시는지요? 지난해보다 덜(?) 힘드셨으면 좋겠는데……. 유난히도 궂은 일이 많았던 해였는데.

교수님, 죄송해요. 인사도 못 드리고 뵙지도 못해서 늘 마음속으로는 고통

스럽습니다. 별다른 발전이나 나아짐 없는 하루하루의 모습들을 무섭게 경멸하고 두려워하면서 그렇게 몇 날들을 살았습니다. 할 일을 다 하지 못했다는 이유로 늘 이해할 수 없는 채찍이 따르고 스스로도 용납할 수 없는 무엇 때문에 불안하고 늘 평온치 못한 마음에 제가 해야 할 일이 무엇인지 잘 알면서도 손에 잡히질 않았습니다. 긴 시간들을 바보처럼 많이 낭비했던 것 같습니다.

교수님, 지금 아주 많이 뵙고 싶은데요. 밤도 깊고 지난 일들이 추억처럼 떠오르니 더 그렇습니다. 교수님, 잘 해나가겠습니다. 지금의 제가 받는 과정은 성숙을 위한 고통이라고 생각하겠습니다. 성숙을 위한 고통쯤은, 성숙을 위한 아픔쯤은 누구나 극복해야 하는 거니까. 교수님, 곁에서 지켜보아 주십시오. 용기 주십시오. 그리고 부족한 저의 모습이랑 용서하여 주십시오. 기대에 어긋남이 없도록 노력하겠습니다. 인사도 드리고 전화도, 편지도 가끔 아니 자주, 많이 올리겠습니다. 그럼 이만 줄이겠습니다. 안녕히 계십시오. -최미연 올림

송승섭입니다(1986. 8. 11.)

세 번째라는 말이 새삼 돋보이는 계절의 문턱에 서 있습니다. 대학 3학년생, 세 번째 맞는 여름 방학…….. 삼세번이라는 말처럼 적어도 세 번째는 이제 좀 완숙되어 있고 무엇인가 결론지을 준비가 되어 있어야 할 것 같은데 늘 불안한 아이처럼 제자리를 못 찾고 있다는 생각에서 이제 문안 인사 올리기마저 송구스럽게 되었습니다.

교수님! 무더운 한철, 어떻게 보내셨는지요? 사모님 이하 자제 분들도 무고하신지요? 저는 교수님 덕분에 잘 있습니다. '아르바이트로 극서를 해야지' 하고 다짐했는데 다행히 운이 좋아 여기 직원들과 함께 청평을 다녀오고 발전소 견학도 다녀오게 되었습니다. 열심히 일하다 보니 더위도 잊고 여름을 거의

보내게 되어 다행스러우면서도 유감인 것은 책 한번 제대로 잡아보지 못하고 방학이 다 가는구나 하는 아쉬움입니다.

늘 말씀이 적으시고 많이 들어주시는 교수님이어서 저 자신 자주 찾아뵈면서도 걱정이 앞서고 있습니다. 꾸짖어 주시고 책하셔야 할 일이 많을 텐데 말씀을 안 하시니 제가 잘못하고 있는 것이 아닌가 하여 두렵습니다. 가을학기에는 좀 더 건강하신 모습으로 저희 앞에 서실 교수님을 기대하고 있습니다. 저 또한 건강한 모습으로 좀 더 열심히 공부하고 생활하는 저를 보여드리기 위해 노력하겠습니다.

무더운 날씨, 건강에 유념하셔서 활기차고 보람 있는 여름 방학이 되시기를 기원하면서 이만 줄입니다. 안녕히 계십시오. -송승섭 올림

교수 방법(1986. 9. 15.)

교수방법에 대한 시정안 제출 및 수업 거부 통보

저희 3학년 학생 일동은 1986년 9월 11일, 교수님의 강의방식에 대한 학급 회의를 연 결과, 아래와 같이 시정안을 제출하고, 일단 9월 17일 수업부터 수강자 전원이 수업 거부에 들어가기로 결정하였으며 또한 시정안에 대해서는 교수님께서 충분히 검토하시고 그 대안이 마련되시는 대로 과대표를 통해 시일을 정하시어 새로운 수업 프로그램을 발표해주실 것을 요구사항으로 결의하였습니다. 따라서 저희 3학년 재학생 일동은 수강자의 입장에서 수긍이 가는 수업대책이 마련될 때까지 무기한 수업거부에 들어갈 것임을 여기 서명으로 연서한 31명의 서명인 명부를 첨부하여 알려드리는 바입니다.

1986. 9. 15.

3학년 재학생 일동

교수 방법에 대한 시정안

1. 받아쓰기 강요식 수업방식을 철폐해 주십시오.
2. 천편일률적인 참고도서 요약식의 리포트를 개선해 주십시오.
3. 모든 리포트는 수업과 직접 연관해서 병행 학습할 수 있도록 수업 프로그램을 준비해 주십시오.
4. 일률적인 강의노트 전달식의 수업패턴에서 벗어날 수 있도록 다각도의

새로운 교육프로그램을 제공해 주십시오.

5. 일상적인 수업 지연으로 인해서 다음 시간 수업 준비에 어려움을 갖지 않도록 수업시간을 엄수해 주십시오.

이상 5가지 사항을 교수방법에 대한 요구사항(시정안)으로 제출합니다.

도서관학과 3학년 명단(서명자)

8416002 박춘선(비수강생) 3김용남 4김영주 8송병목 9황의정 10엄강옥 13이갑분 14신상범 16박용원(휴학) 17정유라 21박수옥 23김다나 24임양재(휴학) 27고명숙 28윤영철 29최옥선 30김영자 31김수경 33김기원 38박윤근 39송승섭 40이지연 41엄미란 42박경아 44성낙이 46김영 47배종선 49김경희 50함선주 8116005박성태 6신춘섭 13김호영 19신동주 48정경기 49김영호 8316013 김광래 34오송희 4이우용.

이상 서명으로 연서한 31명은 전술한 사실 및 사항에 대하여 전적으로 동의함을 3학년 재학생을 대표하여 밝혀드리는 바입니다.

1986. 9. 15.
3학년 연서인 일동

신군부의 집권으로 인하여 '80년대의 우리나라 대학가는 정상일 수가 없었다. 이에 더하여 우리 대학은 교내문제가 빌미가 되어 다수의 학과 학생들이 때도 없이 집단행동을 취했다. 젊은 학생들의 패기와 개인적인 불만이 겹쳐 완강하기조차 했다. 참담한 심정이었다.

대상에 대한 올바른 인식은 많은 정보나 과학적 분석이 아니라 대상과 필자의 관계로부터 옵니다. 애정의 젖줄로 연결되거나 운명의 핏줄로 맺어짐이 없이 다만 세상을 관찰하고 연구하는 것만으로는 불가능합니다. 신영복

제자들로부터 온 짧은 편지, 연하장 4

연하장(1986. 12.)

올 한 해도 좋은 강의, 감사했습니다. 너무 어렵게만 생각하고 교수님들 많이 찾아뵙지도 못해서 좋은 말씀 들을 기회를 많이 놓쳤습니다. 새해에는 항상 건강하신 모습 뵐 수 있기를 바라면서 새해 인사 대신합니다. 새해 복 많이 받으세요. -유종희 드립니다.

삼가 우리 주 예수 그리스도의 이름으로 문안드립니다. 성탄과 연말 행사에 얼마나 수고가 많으십니까? 평강의 하나님께서 항상 건강의 축복 주시기를 기원합니다. 지난 번 12월 7일에 있었던 논문집 봉정 예배 시에 성원 보내주심을 깊이 감사드립니다. 여러분들께서 축하금과 화환과 축전 등을 보내주셨고 뿐만 아니라 봉정 예배 시에 기대 이상의 많은 내빈들이 참석하시고 축하해 주셔서 본인은 물론이거니와 이 일을 추진한 출판위원들도 참으로 감격하였습니다. 혹시나 행사 시에 여러 내빈을 접대하느라고 소홀히 대한 점이 없지 않았나, 염려되어서 지면으로나마 사과 겸 감사의 글을 드립니다. 기쁘고 뜻있는 성탄 맞이하시기를 바라면서 성탄 인사 겸 봉정 예배 시의 격려에 대한 감사의 글에 가름합니다.

명지대학교 교목실장 조종남
논문집출판위원장 정건수

긴 시간의 공간을 메울만한 커다란 언어는 없을까……. 어김없이 지나가는 한 해를 보내며 많은 생각들이 머리에서 마음에서 떠나려 하지 않습니다. 성탄카드 준비하여 안부와 함께 소식을 전하려니 왠지 죄송스런 마음이 앞섭니다. 즐겁고 기쁜 성탄을 맞이하시어 언제나 건강하시고 평안하시기를 기원합니다. -최미언 올림

새해에도 더욱 더 건강하시고 하시는 일에 항상 행운이 함께 있길 기원합니다. -안양공업전문대학도서관, 안경식 배상.

평화로 가는 길은 없습니다. 평화가 길입니다. 신영복

가족으로부터 받은 짧은 편지

축하와 다짐(1987. 2. 23.)

둘째 큰 아버지께

돌아오는 2월 14일, 생신을 진심으로 축하드립니다. 둘째 큰 아버지가 소망하시는 모든 일들이 뜻대로 이루어지시길 기원합니다. 祝生辰.(축생진) 김명옥 올림

어머니, 아버지께(1987. 5. 8.)

저는 태어나서부터 지금까지 무척 속을 썩혀드렸죠. 그 많은 것을 열거하기란 너무나도 길지요. 언제나 그러지 않으려고 하지만 마찬가지입니다. 그래도 그러지 않도록 열심히 노력하겠습니다. 특히 어머니껜 대어들지 않도록 하겠습니다. 또 동생에게 모범이 되고 언제나 사랑으로 대하겠습니다. 또 대화를 되도록 많이 가질 수 있도록 하겠습니다. 한 가지 더, 이번 중간고사에서 실망시켜드리지 않겠습니다. 지난번에 94점이었긴 하지만 9등이란 불명예스러운 등수를 통지표에 올렸습니다. 하나 이번에 절대로 그런 결과를 낳지 않겠습니다. 앞으로도 계속 이런 수치스러운 일이 일어나지 않도록 하겠습니다. 어버이날을 맞아 쓴 글입니다. 이만 줄이겠습니다. -아들 찬중 올림

제자들로부터 온 짧은 편지, 연하장 5

신춘섭입니다(1987. 5. 19.)

부끄러운 마음으로 사죄드립니다. 배은망덕한 저 자신이 이렇게 싫어 어찌하오면 되겠습니까?

죄송합니다. 주어 담지 못할, 지껄여 댄 말들을 교수님 지워버리세요. 정말 죄송합니다. 한번의 실수는 그동안의 제 생활을 더 큰 아픔으로도 씻지 못할 수치임을 알고 있습니다. 술로 넘겨버리기엔 차마 부끄럽습니다.

결코 교수님을 무시하는 못난 제자는 아닙니다. 무엇이 그리 서러운지 술만 취하면 앞 뒤 가리는 게 없이, 나 아닌 나가 되어 밤새 헤매는지, 어처구니 없는 놈입니다. 교수님, 묻어두십시오. 못난 제자는 되지 않으렵니다. 그보다 더 한 일도 감내하며 살겠습니다. 사죄드립니다. 부끄럽습니다. 교수님, 용서받을 수 없는 큰 죄를 범했습니다. 가슴 속에 잊지 않고 살려합니다. 오늘도 슬픔 속에 저의 길을 걷고 있습니다. 사죄드립니다. -신춘섭 드림

고뇌와 경제사정과 성격 등이 어우러진 탓인지 술에 취한 신 군은 간혹 자신을 제어하지 못했다. 어려움은 누구에게나 다 있는 법, 특히 젊은 시절에. 고진감래(苦盡甘來)를 믿고 인내하는 정신과 진취적 기상으로 자신을 개척해야 하지 않을까!

세상의 누구도 외딴섬이 아닙니다. 한 줌의 흙이 파도에 쓸려가면 그만큼 대륙의 상실입니다. 그렇기 때문에 '누구를 위하여 종이 울리느냐'고 물어볼 필요가 없습니다. 누군가의 죽음을 알리는 조종(弔鐘)은 살아있는 모든 사람을 위한 종소리이기

때문입니다. 신영복

이성애입니다(1987. 5. 24.)

김 교수님과 "Hamburg"에서 7시에 약속을 해놓고 약속장소로 가다가 ??를 건널목에서 만났다. 오랜만이라 급하게 '요람'으로 가서 차를 한 잔 마시고 30분가량 늦게 도착. 교수님이 조금은 화나셨으리라. '지식에 대한 작가의 의식'에 대한 리포트를 과제로 주시고, 무뚝뚝하게 걸어가신다. 화가 많이 나신 모양이다.

1987. 12. 10.

김 교수님과 악동들과의 만남. 신촌의 '백만석'. 오랜만에 뵙는 교수님의 안색이 좋지 않아 보인다. 세월의 흔적인가? 우리의 송년회를 26일로 정하고……. '추억을 기록해서 보관해 두어야 늙어서 허무하지 않으리라'는 말씀에 새삼 인생의 무상함을 느낀다.

가장 먼 여행은 머리에서 가슴까지라 합니다. 사상(cool head)이 애정(warm heart)으로 성숙하기까지의 여정입니다. 그러나 또 하나의 여정이 남아있습니다. 가슴에서 발까지의 여행입니다. 발은 실천이며, 현장이며, 숲입니다. 신영복

경주 남산(1987. 9. 15.)

신라 역사의 야외조각장이라 불리는 경주 남산은 석탑, 석불 등 당시에 빚어졌던 수많은 불적들이 모여 천년 신라의 신비를 자아내고 있는 명산이다.

"신라인들이 오르던 길을 오르고 있으면 소나무 옆의 두루뭉술한 바위가 갑자기 부처가 되고, 흐르던 시간이 소리 없이 멎어서 신라로 돌아간다. 천년, 부처는 그렇게 앉아계시고, 천년, 그렇게 서 계실 것이다. 부처는 바위, 바위는 부처, 우러러 보는 사람도 부처, 모두가 피가 통하는 일심일체이다. 바위가 땅에서 솟아나고 바위에서 부처가 솟아난다. 그 뒤에 신라의 불공이 서 있다."

고고학자 김원룡 박사는 경주 남산을 이렇게 노래했다.

『경주 남산』이 한 권의 책으로 나왔다. 열화당이 4년의 작업 끝에 펴낸 이 책은 사진작가 강운구 씨가 사진을, 북디자이너 정병규 씨가 편집을 맡았고, 원로 고고학자 김원룡 박사와 국립중앙박물관 미술부장 강우방 씨가 글을 썼다.

책값은 지금까지 나온 우리나라 단행본 가운데 가장 비싼 10만 원이다. 일본어로 번역되어 500여 책이 수출된다고 한다. 제작에 참여한 분들의 정열과 프로의식이 참으로 대단하다. 경주 남산이어, 영원하라!

강운구, 정병규, 김원룡, 강우방 등 네 분은 각각 종사하는 분야에서 명성이 자자한 그야말로 전문가이다. 그런 점에서도 이 책은 욕심이 나는 책인데 아직 구입을 하지 못했다.

제자들로부터 온 짧은 편지, 연하장 6

연하장(1987. 12.)

敎授(교수)님, 새 아침의 영광 맘껏 받으세요.

항시 건강하시고, 소망하시는 귀중한 생각들이 하나씩 그 結實(결실)을 맺어가는 그러한 나날을 기원합니다. -곽병희 올림.

항상 염려해주시고 지도해주신 은혜에 깊은 감사를 드립니다.

교수님 가정에 행복이 넘쳐나시기를 그리스도의 이름으로 기원합니다. -김순례 드림.

교수님, 지난 한 해도 변함없이 살펴주신 은혜에 감사드리며 새해엔 더욱 건강하시길 기원합니다. -김귀애 드림.

교수님, 한 해가 저물어갑니다. 저희들을 위해 애써주심을 감사드리구요. 밝아오는 새해를 맞이하여 항상 건강하시고, 가정에 행운이 가득하길 빌겠습니다. -최효경 드림.

밝아오는 새해, 건강과 행운이 가득한 날이길 기원합니다. -안진모 드림.

교수님의 은혜에 감사드리며, 밝은 새해를 맞이하시기를 기원합니다. -정병인 드림.

즐거운 크리스마스와 새해를 맞이하여

소망하시는 모든 일이 성취되시길 축원합니다. -서은숙 드림.

지난해 명지 도서관학과를 위한 노고에 깊이 감사드립니다.

새해에도 교수님 가정과 학교에 좋은 결실이 있길 기원합니다. -졸업생 권영란 드림.

교수님댁 가정에 행복이 쌓이고 그 행복 위에 영원히 존재할 건강과 교수님의 지혜로움, 성실하신 생활이 영원하기를 부족한 제자로서 기원하면서 새해 인사드릴게요. "새해 복 많이 받으세요." -경기도 고양군 지도면 행신리 632-5호. 경일주택 1-201. 최숙향 드림.

謹賀新年(근하신년)

밝은 새해를 삼가 비옵니다.

현대자동차(주) 全熙哲(전철주) 드림.

연하장

1988년 새해 아침

감사하는 마음으로 한 해를 보내고 벅찬 기대 속에 새해를 맞으면서 새해를 설계해 봅니다.

지난 한 해도 아껴주시고 지도해주신 교수님의 은혜에 감사를 드립니다. 교수님 가정의 행복과 건강을 祝願(축원)합니다. -이재경 올림.

그동안 보살펴주신 교수님의 노고에 감사드립니다.

희망찬 새해가 되시길 바라옵고 건강하시길 기원합니다. -제자 김기원 올림.

동문제위(1988. 3. 9.)

오는 4월에 우리들의 은사이신 창사 이춘희 선생님께서 회갑을 맞이하시게 됨에 따라 본 준비위원회는 선생님의 수연을 겸한 대화의 시간을 갖고자 귀하를 초청하오니 부디 참석하여 주시기 바랍니다.

일시: 1988년 3월 26일(토) 하오 5시.
장소: 뉴월드관광호텔(예정)
회비: 25,000원(식비 15,000원, 예물비 10,000원)
회비납부: 서울신탁은행 51104-82022944 임승양

1988년 3월 9일

준비위원: 권기원, 임승양, 한성태, 백항기, 김윤식

한국비브리아학회, 성균관대학교 사서교육원동창회, 성균관대학교 도서관학과 동창회, 성균관대학교 도서관학과 대학원 동창회

스승의 날에 받은 짧은 편지(1988. 5. 15.)

평소 보살펴주심에 감사드립니다. 건강하세요. -이성애 드림.

교수님의 은혜에 깊은 감사를 드리며, 더 많은 지도 부탁드립니다. -권영란 드림.

뜻 깊은 날을 맞이하여 선생님의 은혜에 감사드립니다. -4학년 오선화, 김현주 드림.

선생님, 언제나 배움의 자세로 살아가겠습니다. 지켜보아 주세요. 선생님을 사랑합니다. -일구팔팔년오월에 김다나 드립니다.

To Sir With Love ……
사회 초년생이 된 지금 이렇게 펜을 들게 되었습니다. 왠지 쑥스럽고 가슴이 두근거리고(?) 그렇습니다. 건강하세요. 라이락 꽃도 져버린 이 시간에 김기원 올립니다.

교수님! 감사드립니다. 제가 벌써 3학년이 되었습니다. 교수님의 강의를 들은 지도 1년 반이 되었고요. 어떤 때는 처음 교수님 방에 있을 때가 생각나요. 조교님과 교수님이 함께 생활할 때가 즐거웠어요.
제가 작은 정성을 마련했어요. 교수님 수업 늦게까지 있을 때 드시라고 준비했어요. 맛있게 드세요. 감사합니다. -제자 이미란 드림.

항상 사랑으로 이끄시느라고 애쓰시는 교수님의 은혜에 감사드립니다. -제자 이용례 드림.

그동안 열과 성을 다하여 지도해주신 은혜에 감사드리며, 저희 1학년 학생 일동은 작으나마 마음을 모아 정성껏 준비했습니다. -1학년 재학생 일동 드림.

감사합니다(1989. 8. 14.)

김 교수에게

삼가 인사드립니다. 일전에 있었던 저희 딸 선희의 혼례 시에는 무덥고 바쁘신 데도 많은 축복과 후의를 베풀어 주셔서 뭐라 감사의 말씀을 드려야 좋을지 모르겠습니다.

입추가 지난 지 한 주일이 되어서인지, 요즈음 낮과 밤의 기온차가 심하온데 기체 후 안녕하시고 댁내 균안하시기를 축원합니다. -리재철 근배

리재철 님은 우리 학계의 대선배이시다. 서울사대 국문학과 출신이나 전공을 바꾸셨다. 외모와 언행이 언제나 단정하시고 매사에 철두철미한 분. 몇몇 제자들은 이분이 학회에 참석하시면 황제가 나타나셨다고 수군거렸다. 필자의 박사과정 중에 분류학세미나를 강의하셨다. 교재는 랑가나단의 콜론분류법.

여러 가지 행사 초대장

1989. 9. 27.

한국구상조각회전, 1989. 10. 2- 10. 11.

東崇美術館(동숭미술관)

110-510서울시 종로구 동숭동 1-28

전화 745-0011-3 FAX 745-0013

1989. 10. 25.

이화여자대학교 도서관학과 창립30주년 기념행사준비위원회

초대의 말씀

이화동산에 도서관학 교육이 시작된 지 30주년을 맞이하게 되었습니다.
오늘이 있기까지 돌보아주신 여러분들을 모시고 이 뜻 깊은 해를 기념하고
여성도서관학교육의 미래를 생각하기 위하여 작은 행사를 마련하였습니다.
부디 오셔서 자리를 함께 하여 주시고 격려하여 주시기를 바랍니다.

일시: 1989년10월25일(수요일) 오후2시

장소: 이화여자대학교 경영관

순서: 기념식, 다과회, 심포지움

이화여자대학교 인문과학대학 도서관학과 과장 구자영

도서관학과동창회 회장 전방자

1989. 10.
' 89도시의 환경조각전, 1989년 11월 3일-11월 30일
東崇美術館(동숭미술관) 야외전시장
110-510 서울시 종로구 동숭동 1번지 28
TEL 745-0011-3 FAX 745-0013

창간호의 서문(1989. 11. 30.)

The Philosophical Transactions, no. 1: Preface / [ed. by] The Royal Society.

Whereas there is nothing more necessary for promoting the improvement of philosophical Matters, than the communicating to such as apply their Studies and Endeavours that way, such things as are discovered or put in practice by others; It is therefore thought fit to employ the Press, as the most proper way to gratifie those, whose engagement in such Studies, and delight in the advancement of Learning and profitable Discoveries, doth entitle them to the knowledge of what this Kingdom, or other parts of the World, so, from time to time, afford, as well of the Progress of the Studies, Labors and attempts of the Curious and Learned in things of this kind, as of their complete Discoveries and Performances: To the end, that such Productions being clearly and truly communicated, desires after solide and useful knowledge may be further entertained, ingenious Endeavours and Undertakings cherished, and invited and encouraged to search, try, and find out new things, impart their knowledge to one another, and contribute what they can to the Grand Design of improving Natural knowledge, and perfecting all Philosophical Arts, and Sciences. All for the Glory of God, the Honor and Advantage of these Kingdom, and the Universal Good of Mankind. (The Discoverer, vol. 3, By Daniel J. Boorstin. New York : Random House, 1983, p. 393).

이 글은 필자의 박사학위논문에 인용된 Henry Oldenburg의 글 〈The Philosophical Transactions〉 창간호(1665)의 서문의 일부이다. 언제 읽어도 명문이라는 느낌을 받는다. 몇 개의 단어는 현대 영어의 스펠링과 다름을 알 수 있다. 원문을 구해야겠다는 다급한 마음으로 범양사 李成範(이성범)사장님께 부탁했더니 선뜻 원문을 보내주셨다.

사랑은 생활을 통하여 서서히 경작되는 농작물입니다. '사랑합니다' 라는 말은 필요하지 않습니다. 사랑이 경작되기 전이라면 그것은 사실이 아니며 그 이후라면 새삼스레 말할 필요가 없기 때문입니다. 인간의 가장 아름다운 능력은 불모의 땅에서도 사랑을 경작한다는 사실입니다. 신영복

초대장, 감사의 글

이방은입니다(1990. 3. 20.)

1990 개관을 알립니다

하나畵廊(화랑)

서울특별시 종로구 관훈동 2-2호 TEL: 736-6550

안내말씀

안녕하십니까?

대망의 90년대 시발점이 되는 이때에

애호가 여러분의 관심에 부응하여 전통문화의 거리 인사동에

작은 전시공간을 마련하게 되었습니다.

하나화랑은 여러분께서 평소 후원하여 주신 덕으로 알고

진심으로 깊은 감사를 드리며 그 뜻에 보답하는 마음으로

품위 있고 격조 높은 문화행사를 마련하여

문화예술전통에 기여함은 물론

작가와 애호가들 간의 폭넓은 가교역할을 다 할 것입니다.

이러한 목적으로 오픈하게 된 하나화랑은

항상 문이 열려 있습니다.

품격 높은 미술품을 저렴한 가격으로 제공하고 있습니다.

전시되어 있는 미술품은 정가가 명시되어 있습니다.

작품 구입 시 책임 있는 보증서를 발부하고 있습니다.

소장품을 위탁판매 및 구입하고 있습니다.

여러분의 가정에 직접 진열하여 드립니다.

뜻있는 전람회를 기획 전시하여 애호가 여러분께

좋은 안목을 갖도록 노력하겠습니다.

애호가 여러분의 많은 사랑과 성원 부탁드립니다.

하나화랑   이방은

감사합니다(1990. 2. 13.)

除煩(제번)

惠送(혜송) 學位請求論文(학위청구논문) 잘 받고 감사하게 생각합니다. 아울러 學位取得(학위취득)도 축하합니다.

꾸준히 努力(노력)을 계속한 결과를 보게 되어 기쁘기 그지없습니다. 앞으로도 계속 圖書館學(도서관학)에 관한 좋은 業績(업적)을 내시기를 축원합니다. 不備禮(불비례) 金致逵(김치규) 拜(배)

김치규 님의 필명은 김종길. 필자의 고려대 은사이시다. 현대시, 시론, 문학비평 등을 강의하셨는데 엘리오트의 『황무지』를 다룬 강의는 가히 명강의였다. '모과'는 이 분의 별명인데 강의 중에 '이제 그만 하시죠'라고 어렵게 말씀드리면 오히려 강의 종료시간까지 빠듯하게 강의를 하는 대단한 고집을 보이셨다. 이 분이 모교 도서관장을 하실 때 필자는 사서로 일했다.

1990. 3. 20.

HANA GALLERY

하나畵廊(화랑)

110-300 서울시 종로구 관훈동 2-2

TEL 736-6550

1990. 4. 1.

원로조각가9인전, 1990. 4. 4(수)-4. 13(금)

東崇美術館(동숭미술관)

110-510 서울시 종로구 동숭동 1번지 28

TEL 745-0011-3 FAX 745-0013

1990. 4. 20.

서울국제방법전-'90

'90 Seoul International Methodology Show

서울방법전운영위원회

에이스아트

110-170 서울시 종로구 견지동 30

PHONE 730-3030, 738-3030 FAX 730-3060

1990. 4. 21.

淸浪(청랑) 鄭駜謨(정필모) 博士(박사) 華甲紀念論文集編纂委員會(화갑기념논문집
편집위원회)

156-756 서울특별시 동작구 흑석동 221

중앙대학교 문헌정보학과

스승의 날에 받은 짧은 편지

스승의 날(1990. 5. 15.)

교수님, 일 년에 한번 정도밖에 찾아뵙지 못하지만 지난 학창시절 함께 한 교수님의 사랑을 늘 기억합니다. 지금은 비록 다른 길을 걷고 있으나 작은 강이 모여 큰 강, 바다를 이루듯 저도 무언가 사회에 한 몫을 차지하여 묵묵히 살아내는 제자이고 싶습니다. 건강하세요. -김기원 드림.

언제나 변함없는 존경과 사랑을 드립니다. 늘 건강하세요. -김다나 드림.

스승의 날을 맞이하여 스승의 은혜에 다시 한번 깊은 감사를 드립니다. -3학년 재학생 일동 드림.

스승님의 은혜에 깊이 감사드립니다.
-4학년 정철호 외 학생 일동 드림.

뜻 깊은 날을 맞이하여 선생님의 은혜에 다시금 감사드립니다. -육군사관학교 이한성 드림.

교수님, 감사합니다. -제자 이미란 드림.

4년 동안 교수님들과 학교의 그늘에서 편안히 지내다가 이제 사회에 나와 보니 교수님들의 고마움을 알겠습니다. 늘 건강하시고 항상 그 자리에 계시는 스승님이 되어주세요. -86학번 김경조, 최경자, 박치숙 드림.

멀리서 선생님의 은혜에 감사드리며 내내 건강하시기를 빕니다. -한국가스공사 정병인, 관동대학도서관 허은 드림.

스승의 날을 맞이하여 교수님의 은혜에 진심으로 감사드립니다. 항상 건강하시고 하시는 모든 일이 주님의 은혜와 사랑 가운데 형통하시길 두 손 모아 기도드립니다. -정옥경 드림.

축하, 감사 인사

축하합니다(1990. 5. 15.)

 보내주신 귀한 자료 감사히 받았습니다. 그동안의 연구 성과에 致賀(치하)를 드리며 앞으로 더욱 도서관학계 발전에 기여하시기를 빕니다. -숙명여자대학교도서관 백항기 드림.

 그동안 얼마나 수고가 많으셨는지요? 낙타가 바늘구멍 통과하기라는 그 어려운 과정을 끝내시고, 학위논문 〈학문분야간의 커뮤니케이션 유형에 관한 연구〉를 보내주신 것에 더욱 고맙고 감사합니다. 이제 師兄(사형)이 되셨군요. 더욱 발전과 성취감 맛보시기 기원하면서 건강에 유의하셔요. 보답으로 보잘 것 없는 논문 〈技術情報室(기술정보실) 發展模型(발전모형) 硏究(연구): 運營(운영), 組織(조직)을 中心(중심)으로〉를 동봉합니다. -청주대 도서관학과 이진영 드림.

 김용성 박사에게(1990. 7. 31.)

 김 교수의 박사학위논문을 받은 지 반년이 훨씬 넘은 듯한데 이제서야 감사의 편지를 쓰게 된 것을 죄송하게 생각합니다. 한번 읽어보고 소감을 곁들인 인사를 한다는 것이 그만 때를 놓쳐 버렸습니다. 정말 좋은 성과를 얻어 소원의 학위를 취득하신 것을 축하합니다. 그동안의 노고도 위로 드립니다. 감사합니다. -리재철 드림

제자 이유준이 보낸 편지

이유준입니다(1990. 9. 23.)

이제는 가을입니다. 아름다운 여름이 이제는 다 지나갔습니다. 결실의 계절이 돌아온 것입니다. 그동안 안녕하셨는지요? 저는 군인의 신분이 돼서 국토방위에 헌신하는 국가의 몸이 되었습니다. 뒤늦게 인사를 드려서 죄송하기까지 합니다.

스승과 제자의 관념 자체가 많이 퇴색되어가고 있는 요즈음 건강하신지요? 뜻하셨던 일들은 하나하나 이루어 나가고 계시는지 모르겠습니다. 불혹의 나이가 넘어서도 정력적인 활동을 해나가시는 점들이 제자의 한 사람으로서 존경스러웠던 것이 사실입니다. 이제 저는 대망의 1992년도에 전역할 날을 손꼽아 기다리는 군인이 되어가고 있습니다. 아직 첫 휴가의 맛을 모르는 군인이지만 말입니다.

우리 학교 본관 건물의 바로 앞길이 생각납니다. 가을에는 노오란 은행잎이 떨어지는 그 벤치에서 저는 지난날 무척 많은 방황과 갈등 그리고 가치관 정립에 온 정력을 투자했었습니다. 그 덕분에 제일 만만했던 아니 어쩌면 제일 부담스러웠던 공부에 대한 열정이 식었던 것이 사실이었습니다.

저희들을 교수하실 때의 그 무표정한, 하지만 어딘가 힘이 담긴 듯한 강의가 다른 분들과 또 다른 독특함을 느꼈습니다. 비록 공부는 못했지만 우리 88학번의 담임교수였던 분이어서 그런지 제일 먼저 펜을 들게 되었습니다. 군에 오니까 생각할 여유가 많아서 정말 다행이라고 생각합니다. 대학생활도 생각하게 됩니다. 야망과 현실과의 차이, '착하게만 자라다오' 라는 부모님의 교육관, 기성세대의 배신감. '훌륭한 사람이 되어야지' 라는 강박관념, 그리고 사랑 등등. 하지만 이것만은 확실합니다. '열심히 하겠다' 라는 말입니다. 그 말을 따르다 보니 제 자랑 같지만 우리 내무반에서도 인정받는 FM 사병이라는 별명이 붙었습니다. 하하하.

교수님께 이렇게 글을 띄우게 될 줄은 꿈에도 생각을 못했습니다. 비록 일방적으로 제 말만 쓰지만 말이죠. 졸필을 이해하십시오. 첫 휴가를 나가면 찾아뵙겠습니다. 10월 중순이 되면 슈퍼맨처럼 날아가겠습니다. 안녕히 계십시오. 전진!

경기도 파주군 파평면 동파리 사서함 16호
제2대대 본부중대 통신대 일병 이유준 올림

저울 추를 권(權)이라 합니다. 권은 권력이 아니라 균형입니다. 가운데를 잡으면 권이 필요하지 않습니다. 신영복

독일의 누이에게로부터 날아온 편지

독일입니다(1990. 10. 10.)

정말 오랜만이에요, 오빠! 오빠 편지 받은 지 벌써 한 달이 지났지요. 답장 드릴 시간이 없었다면 거짓말이겠지요. 정신적인 여유가 없어서 쉽게 답장 드리지 못하는 것 같아요. 이곳은 벌써 짧은 여름이 지나고 아침, 저녁으로 제법 쌀쌀한 가을이 왔답니다. 집 장만을 하고 보니 -집값을 완전히 지불하지 않았음- 이곳 구조는 한국과는 다르기 때문에 -대부분 세금관계지만 직접 집값을 완불하지 않음- 여기저기 보살필 곳도 많고 겨울이 오면 난방용 기름 준비도 해야 하고 겨울 준비가 전부 돈이 들어가는 것이죠. 한국처럼 김장이나 그런 큰일은 없지만.

안녕하세요? 새언니 이하 조카들도요? 오랜만에 펜을 드니 무슨 말을 먼저 써야할지 문장이 갈팡질팡 엉망이네요. 그곳 날씨는 어떤지요?

오빠, 감사합니다. 겨울방학에 한국에 와서 몸조리 하라는 따뜻한 초청. 무어라고 표현해야 좋을지, 적당한 말이 생각나지 않네요. 진심으로 감사드립니다. 하지만 한국에 갈 수가 없어요. 첫째는 아이들이 문제이고(제일 작은 녀석이 4살), 둘째는 이곳의 겨울방학이 2주일로 아주 짧아요. 셋째는 남편 혼자서 아이들 데리고 집안 살림이니 사업이니 굉장히 힘이 들 거구요. 이곳에서도 의사들이 제안을 했지만(4주간 요양소에 가라는 제안. 하루에 10DM, 나머지는 건강보험으로 처리), 쉽게 결정이 나질 않는군요. 그렇다고 건강이 아주 위험한 것은 아니에요. 그저 아이들이니, 집안일이니, 근무니, 하다 보니 너무 힘들어서 그런 것뿐이죠. 그래도 저는 아직 큰 희망을 가지고 열심히 노력하니 걱정 마세요. 남편 사업도 언젠가는 아주 잘 되어 제가 직장을 그만 두게 될 때가 올 것이고, 아이들도 열심히 말 잘 듣고, 공부 잘 하니 그것도 큰 복이지요.

참, 오빠, 내년에 오시겠다고요? 오실 수만 있다면 정말 좋은 일이죠. 오신다면 남편도 정말 기쁘고 좋겠다는 의견이죠. 오빠만 이곳 상황을 이해, 양해할 수 있다면(저희 아이들이 굉장히 활발하고 장난꾸러기들이라서) 언제든지 웰컴이에요. 한국 조카들처럼 조용하지 않아요. 오실 수만 있다면 정말 좋겠어요. 오시는 날을 기대하면서 어머님 이하 모든 새 언니, 오빠들, 왕구네 가족들, 그리고 조카들에게 진심으로 안부 부탁하며, 안녕히 계세요. 건강하세요, 오빠! -용효 드림.

Ich hoffe, dass Du uns mal besuchen kommst. Alexandra, 카탸, Kai, Patrik.

P. S. 편지 쓰는 사이에 큰 오빠에게서 생일 축하카드(Katja 생일)가 왔어요. 큰 오빠 정말 감사합니다. 큰 오빠 정말 정성이에요. 동생, 조카들 생일 항상 잊지 않으시고 꼬옥 소식 주시니 말이에요.

벗, 제자들에게서 받은 연하장

연하장(1990. 12.)

康健多福(건강다복) 萬事亨通(만사형통)

소식 알게 되어 참으로 반갑구나. -전북대학교 법과대학 徐圭錫(서규석) 拜(배).

잘 쓴 글씨는 아니지만 정성스럽게 붓으로 쓴 연하장. 필자의 절친한 중고교 동기 동창인 이 친구의 춘부장께서 가계를 마련하지 못해 시장 입구에서 구둣방을 차리고 자식들을 양육하셨다. 그 정성 탓인지 이 친구는 대학교수가 되었다.

뵙고 싶은 마음 가득한 채 한 해가 갑니다.
사회에서 빛나는 존재, 明知人(명지인)의 마음으로, 교수님의 제자로서 살아가렵니다. 더욱 건강하시고 다복하시길 기원 드립니다. -배재대학교도서관에서, 제자 黃仁夢(황인몽) 드림.

한 해를 보내고 또 한 해를 맞으며 이제야 소식을 드리게 되어 죄송합니다. 새해에도 건강하시길 기도드립니다. -한국전력공사자료실 이재경 드림.

항상 너그러우심에 감사드립니다. 신미년 새해에도 건강 잃지 마시기를 바라며 많은 지도 부탁드립니다. 안녕히 계세요. -권오녀 드림.

잊지 않고 消息(소식)줘서 고맙네. 永遠(영원)한 友情(우정)을 약속드리네. -중구 주자동 內外通信(내외통신), 文致友(문치우) 拜(배).

아쉬움 없는 90년도를 보내셨길 바라며, 91년도는 바라는 모든 일이 이루어지시길 기원합니다. -88학번 이춘배 드림.

한 해 동안 돌보아주신 후의에 감사드리며, 즐거운 성탄과 새해를 맞이하여 교수님의 가정에 행복이 가득하길 기원합니다. -133-060 성동구 사근동 190-21. 제자 홍성철 드림.

1990년의 한 해가 저물어 갑니다. 올해에는 저희에게 아주 뜻 깊고도 슬픈 한 해였습니다. 3월에는 형님이 결혼을 하셨고, 9월에는 저희가 결혼을 했습니다. 그리고도 슬픈 일은 아버지께서 이 세상을 버리고 멀리 하늘나라로 가셨습니다. 不孝莫甚(불효막심)한 罪(죄) 後悔(후회)하면서 살아야겠습니다.

춘천에 있으면서 모든 분들께 자주 연락도 못 드리고, 찾아뵙지도 못하는 저희를 너그럽게 이해해 주시고, 많은 편달 부탁드리겠습니다.

다가오는 새해(양띠)에는 모든 일이 순조롭고, 건강하시고, 축복된 일들만 가정에 가득하시길 축도 드리겠습니다. 즐거운 성탄과 복된 새해 맞이하십시오. -翰林大學校(관동대학교) 王信植(왕신식), 李甲粉(이갑분) 드림.

교수님, 올해도 막바지에 와 있습니다. 새해엔 더욱 건강하시고 하시고자 하는 일 잘 이루어지도록 기도드리겠습니다. -관동대학교 최효경 드림.

한 해 동안 가르쳐주신 은혜에 감사드리고, 즐거운 성탄절을 맞이하시기 바랍니다. -122-050 은평구 갈현동 326-40호. 김동숙 드림.

보살펴주신 은혜에 감사드리며, 91년 새해에도 댁내에 평화와 행운이 깃들기를 삼가 기원합니다. -방명희 드림.

지난날 교수님의 보살핌에 감사드리며, 새해에는 하나님의 은총이 교수님의 가정에 더욱 더 충만하시기를 기원합니다. -제자 안명현 드림.

지난 한 해도 진심으로 감사드립니다. 성탄과 새해를 맞이하여 하시는 일 모두 이루시길 바라옵니다. 자주 찾아뵙지 못해 죄송합니다. -이용례 드림.

사위어가는 未完(미완)과 不得(부득)의 한 해가 아쉬워지는 시점입니다. 올 일년 동안 주셨던 가르침에 대한 인사를 짧은 글로 대신한다는 것이 송구스럽기만 하군요. 겸손과 일관성으로 火(화)를 누르는 水(수)의 비범을 지닌 羊(양)처럼, 용두사미의 안주를 정진으로 극복하는, 소신 있는 3학년이 되어야 하겠습니다. 교수님의 학문의 진보와 건강을 기원하며 신년인사를 드립니다. 평안하고 복된 새해 되십시오. -제자 윤지영 드림.

전율과 자기반성을 한 번에 내려친다는 느낌을 받았다.(김용성)

그동안 안녕하셨는지요? 건강은 어떠신지요? 덕분에 군 생활 충실하게 지내고 있습니다.
바라시는 모든 일들 모두 다 성취하시길 바랍니다. -경기도 파주군 파평면 동파리 제2대대 HQ통신대 육군 일병 이유준 드림.

늘 보살펴 주심에 감사드립니다. 성탄과 새해를 맞이하여 소원하시는 모든 일이 이루어지길 기원합니다. -韓國航空大學(한국항공대학) 임곽식 드림.

늘 격려와 아낌과 사랑으로 보살펴 주신 데 감사드립니다. -미금시 금곡동 167-10. 우용우 드림.

평소 아껴주신 은혜에 감사드리며 새해에도 여전히 건강하시고 하시는 일들이 순조롭기를 기원합니다. -예술의전당 안진모 드림.

새해를 맞이하는 교수님 댁에 행운이 깃들길 비옵니다. 올해에도 건강하심을 기원하며 아울러 새해의 문안을 드립니다. -관동대학교 신명용 배상.

교수님, 그동안 평안하셨습니까? 벌써 한 해를 정리해야 하고 또 저는 그동안의 생활을 정리해야 하는 시간이 왔군요. 다음 달에 귀국한다니 기쁘고 또 믿기지 않아요. 어느 모습에선 또 많이 변해 있을 것을 생각하니 조금 두렵고 초조하기도 하구요. 그러나, 기쁘고 감사드리는 마음이 더 크지요. 뜻 깊고 기쁘신 성탄절과 새해 맞으시길 기도합니다. 건강하시구요. -Bradford에서 최미언 드림.

희망찬 새해가 되시기를! -고려대학교 과학도서관 宋寅泰(송인태) 拜(배).

성탄과 새해를 맞이하여 복 많이 받으시기 바랍니다. -광운대학교 오세훈 드림.

늘 학과 발전을 위하여 애쓰시는 은혜에 무한 감사드립니다. 새해에도 더욱 건강하시며 뜻하시는 모든 일들이 주님의 은혜 가운데서 형통하시어 아름답게 열매 맺히시길 두 손 모아 기도드립니다. -성탄절을 맞이하면서, 鄭玉慶(정옥경) 드림.

91년도 더욱 건강하신 한 해가 되었으면 합니다. -안양전문대학 안경식 드림.

새해 복 많이 받으십시오. 교수님의 가르침으로 인해 지금은 사회의 일원이 되었습니다. 항사 감사하는 마음으로 살고 있습니다. 계속 끊임없는 지도편달을 부탁드리겠습니다. 항상 건강하시기를 진심으로 기원합니다. -新丘專門大學(신구전문대학) 박형림 드림.

지난해의 성원에 감사드리오며 밝고 복된 새해가 되시기를 기원합니다. -육군사관학교도서관 이한성 드림.

항상 보살펴주시고 아껴주시는 교수님의 은혜에 진심으로 감사드립니다. 새해에도 항상 건강하시고 행복하시옵기를 빕니다. -제자 허원태, 권영란 드림.

새해에는 더욱 건강하시고 영광된 한 해가 되시기를 축원합니다. -경기도 광주군 광주읍 직리193 남충현 드림.

지난해의 후의에 깊은 감사를 드리며 새해를 맞이하여 더욱 건승하시고 하시는 일 모두 이루시기를 빕니다. -강남대학 도서관학과 김승환 드림.

성탄과 새해를 맞이하여 만복이 깃드시길 기원합니다. 아주 잊을 수는 없지요. -해태음료(주) 박태권 배.

GBS가 저명한 극작가 George Bernard Shaw의 약칭임을 알자, 박태권 형은 자신을 PTK라고 불러달라고 청했다. 언젠가 전매청에서 수 미터짜리 긴 담배를 얻어다가, 걸어놓고, 피우면서, 이것만 피우고 담배를 끊겠다고 결심했다는데 그 결과가 궁금한 고려대학교 동기동창이다.

조그만 수첩에 흘려 쓴 아내의 글

마음 아파요(1991. 월일 불명)

엄마가 다녀가셨다. 항상 그늘이 드리운 우리 엄마. 전생의 죄가 많아 늘 곤경 속에 사신다는 말씀. 그 전생의 죄는 누가 지어낸 말인지. 우리 엄마 같이 착한 분이 무슨 죄가 그리 많아 항상 시름 속에서 살고 계신지 알 도리가 없다. 엄마의 얼굴에 언제쯤이면 밝은 웃음이 찾아올 수 있을까. 평생을 할머니 모시느라고 다 보내시고 늘그막엔 자식 때문에 말로도 글로도 그 고통스러움을 다 표현할 수가 없다. 어서 중호가 엄마 소원대로 결혼하고 사회생활을 할 수 있었으면 좋겠다. 그런 날이 빨리 올 수 있도록 부처님께 늘 기원하고 매달려야겠다. 인간의 힘으론 역부족인 것 같다.

엄마의 조용함을 닮자. 그림처럼 조용한 여자, 하지만 가끔은 동적이고 싶다. 폭발하고 싶다. 항상 시한폭탄처럼 망설임 없이 발산하고 싶다. 어디론가 떠나고 싶은 마음이 들 때면 터미널로 향한다. 제일 먼저 떠나는 버스를 타고 싶다. 항상 마음은 나그네. 이 세상에서 가장 고독하다고 느끼는 여자. 세상이 모두 노랗게만 보인다. 그리고 어떤 고독한 여자는 자기가 가장 훌륭한 시인이라고 생각한다. 더 더욱 고독한 여자는 온통 세상이 어두움뿐이라고 생각한다.

아침 이슬처럼 잠깐이라는 것이 정말 인생일까? 적당히 보호색을 띄고, 안일무사주의로 살아가는 대다수의 사람들.

오늘 바람 좀 쐬고 오신다고 시골 가셨다. 왜 그런지 요즈음 더 부쩍 엄마 목소리만 들어도 가슴이 갈기갈기 찢겨나가는 것 같다. 죄송스러운 마음뿐이다. 죄를 짓고 있는 것 같다. 아들과 딸 차이, 요즈음 부쩍 갈등을 느낀다. (이정호)

이 글은 조그만 수첩에 흘려 쓴 아내의 글을 정리한 것이다. 내색을 잘 하지 않을 뿐이고 친정 때문에 마음이 늘 아팠던 모양이다.

자동차로 빠르게 지나가는 사람에게 1m의 코스모스 길은 한 개의 점에 불과합니다. 그러나 천천히 걸어가는 사람에게는 이 가을을 남김없이 담을 수 있는 아름다운 꽃길이 됩니다. 신영복

가족들로부터 받은 편지

축하합니다(1991. 2. 14.)

祝(축) 生辰(생신)

항상 건강하시고 쓰시는 논문마다 호평이 뒤따르길 빕니다. -찬중 올림

Ich gratuliere dir zum Geburtstag!

건강하시고 올해는 정교수로 승진하시길 빕니다. -경중 올림

부모님께(1991. 5. 6.)

매일 아침, 저녁으로 뵈오니 인사는 생략하겠습니다. 어머니께서는 항상 일찍 일어나셔서 식사 준비하고, 저녁에 제가 졸지 않나 보고, 간식 준비하시느라 힘드신데, 제가 매일 신경질 내고, 짜증을 내서 죄송합니다. 앞으로 자제하도록 노력하고, 어머니께서 마음을 편안하게 갖으실 수 있도록 노력하겠습니다.

아버지께서는 늘 직장에 나가셔서 저희들을 위해 수고해 주시고, 겉으로는 잘 표현하지 않지만 저희들을 많이 사랑하시고, 아껴주시는 마음에 감사를 표하고 싶습니다.

저는 성적도 아직 5등 안에 못 드는데, 올해 안에 반에서 5등 안에 들도록 하겠습니다. 저의 본분은 학생이기 때문에 공부를 잘 함으로써 부모님께 효도하겠습니다. 그리고 좀 더 착한 아들이 되기 위해 노력하겠습니다.

이제 중간고사 준비를 해야 하니 이만 줄이겠습니다. 안녕히 계십시오. 아

들 경중 올림.

지리산 입장권(1991. 8. 14.)

국립공원관리공단 지리산남부관리사무소장과 천은사 주지의 직인이 인쇄된 입장권(no. 297597)과 화엄사버스공용정류장이 발행한 노란 색종이의 '화엄사 - 노고단' 승차권(no. 018457). 전자는 공원입장료 500원과 문화재관람료 400원, 합계 900원짜리 영수증이고, 후자는 1,100원짜리 영수증이다.

지리산 입장권의 전면은 운해로 덮인 지리산 자락을 촬영한 천연색 사진이고, 후면은 '불, 불, 불조심. 쓰레기는 갖고 가자' 는 자연보호를 호소하는 표어가 머리를 장식한 영수증이다.

지리산은 자주 오르지 못하지만 접할 때마다 탄성을 자아내게 하는 명산이고 좋은 산이다. 산은 우리를 절대로 거부하지 않는다. 그럴수록 산을 대대손손 물려주어야 하지 않을까! 제발 자연을 해치는 행위는 삼갔으면 한다. 산을 해치기는 쉽지만 산을 만들기는 어렵다. 아니 거의 불가능한 일이다.

이정원, 이루시입니다(1992. 2. 26.)

김용성 교수님께

대학 1학년……. 남들에겐 낭만으로 가득 찬 지난날이었을지 모르지만 제겐 자격지심으로 힘들었었기에 아마도 평생토록 이때를 기억할 수 없으리라 했는데…….

여러 교수님과 친구들과의 만남은 예상치 못했던 젊은 날의 선물이었습니다. -이정원 올림

안녕하시와요. 접니다. 이루시! 항상 멀리서만 뵐 수 있는 분이라고 생각했던 적도 있었지요. 리포트 안 내고, 출석 안 하고, 시험 엉망으로 봤을 때……. 그러나 지금은 제가 존경하고, 인간적으로 좋아하는 마음을 사심(?) 없이 들어낼 수 있답니다. 왜냐하면 교수님을 더욱 더 좋아하게 되었기 때문이지요. 교수님, 저희들의 귀여운(우-욱) 모임을 꼭 지켜봐 주세요. -이루시 올림

두 사람의 교우관계를 필자는 잘 알지 못하지만 이들은 재학 중 별로 눈에 띠지 않고 조금은 숨어서 지내는 학생이었다고 기억한다. 물론 성격마저 내성적이라고 하는 말은 아니다. 마지막 학기부터 필자의 눈에 들어왔다. 마음이 아주 영글고 예의를 아는 아름다운 사람들이다.

북극을 가리키는 나침반은 무엇이 두려운지 항상 바늘 끝을 떨고 있습니다. 여읜 바늘 끝이 떨고 있는 한 바늘이 가리키는 방향을 믿어도 좋습니다. 만약 그 바늘

끝이 전율을 멈추고 어느 한 쪽에 고정될 때 우리는 그것을 버려야 합니다. 이미 나침반이 아니기 때문입니다. 신영복

명문연의 순항을 축원함(1992. 12. 29.)

길고 짧음을 막론하고 자신의 행로를 돌이켜보는 일은 여러 모로 의미 있는 일이며 이는 시스템의 측정, 평가와 기본적으로 괘를 같이 한다고 볼 수 있다.

먼저 명지대학교 문헌정보학연구회(약칭 명문연)의 발족과 그에 따른 조사, 연구활동은 적으나마 흐뭇한 성과이다. 이제 걸음마의 수준이고, 소수이지만 모든 회원들이 한결 같이 적극적인 참여와 성실한 활동으로 좋은 성과를 거두었다고 자부해 본다. 그러나 자만은 금물, 끊임없는 연수가 있을 뿐이다.

부끄러움과 자책이 앞서는 필자의 한국도서관상 수상을 회원을 비롯한 주변에 있는 분들이 크게 축하해 주었음을 잊을 수 없다. 여담이지만 전달된 이상의 부상은 두 개의 필기구였는데 이들이 뜻밖에도 모두 외국 제품이었다는 사실에 한국도서관협회를 이끄는 사람들의 의식수준을 확인하는 것 같아 서글픔과 안타까움을 금할 수 없다.

학과동문초청체육대회, 신입생환영연수회, 학과학우의 밤 등의 행사에서 보여준 여러분의 자랑스러운 모습을 잊을 수 없다. 이 기회를 통하여 선후배 간의 관계가 정립되기를 소망해본다.

한국도서관협회 분류위원회에 참여하여 '한국십진분류법'의 개정판을 준비하게 된 일은 개인적으로도 매우 자랑스럽고, 의미 있는 활동이었다. 그로 인하여 학문분류와 문헌분류에 관하여 더욱 큰 관심을 갖게 되었음은 다행이었다.

분기별 학술발표회를 회원들의 가정에서 개최한 것은 의미 있는 일이었고, 더구나 그 기회에 정성과 특색과 맛이 넘치는 음식을 접할 수 있었음을 고맙고 자랑스럽게 생각하면서 시간과 공간을 제공하고, 음식을 준비했던 아름다운 주인공들에게 아낌없는 찬사와 박수를 보낸다.

박형림 회원의 출산, 송승섭 회원의 승진과 출산, 곽병희, 안태경 두 회원의 석사 과정 진학을 비롯한 모든 회원들의 건재는 자아실현을 위한 전진의 소산이라고 믿고 싶다. 모두 자랑스러운 회원들이다.

생애 최초의 산업시찰은 필자에게 조국의 아름다움과 근면의 정신을 일깨워주는 계기가 되었고, 경주를 중심으로 한 불교문화의 역사와 전통은 문화의 전승과 민족정신의 가치를 인식하면서 자신의 무역량을 확인하는 기회가 되었음을 고백한다. 금년에 이루어졌던 주신酒神과의 만남은 젊음과의 접촉과 커뮤니케이션을 빙자한 어리석음과 추태와 카타르시스의 연속이었음을 또한 고백하지 않을 수 없다.

조사와 연구활동의 결과를 발표하는 모임에서 이루어지는 커뮤니케이션은 각양각색, 천차만별이지만 그것들의 총화는 오직 자아확인을 통한 자기발전을 전제한 것이므로 이해와 관용이 있을 것으로 믿는다. 그러나 칭찬과 박수와 격려에 인색하지 말자고 다짐해 본다.

시작이 반이오, 첫 술에 배부를 수 없다는 격언을 음미하면서 이미 닻을 올린 '명문연'의 순항과 회원 여러분의 건투와 영광을 기원합니다.

명문연은 필자의 제안과 몇몇 학구열에 불타는 제자들을 중심으로 1992년에 조직된 아주 조그만 학회이다. 돈독한 선후배관계, 걸음마 단계의 연구활동, 진로 등을 묶어서 소박한 마음으로 출범했다. 학술세미나 개최, 논문집 간행, 수련회 등의 행사를 통하여 조금씩 성장했다. 학과 교수들의 관심과 지원을 기대할 수 없었던 점이 안타깝고 아쉽다. 당시 박사과정이 없던 우리 학과를 생각하면 더욱 그렇다. 초기에 곽병희, 김미양, 김미영, 문희옥, 박형림. 서수석, 송승섭, 안진모, 오세훈, 이만수, 이재경 등이 참여했고, 이후 구내영, 김선영, 백호정, 성명희, 송준용, 신명조, 안태경, 이무진, 이종열 등이 뒤따랐다. 한편에선 또 학회를 만드느냐?, 한편에선 골목대장 하려고 하느냐?, 동창회는 왜 방치하느냐? 등 필요 이상의 질책과 비아냥과 백안시가 필자의 이목을 자극했다.

명대신문 천자단상 '소망' (1993. 1. 11.)

새해에는 모든 명지인들이 한결 같이 건강하여 모든 소원을 성취하소서!

나를 소중하게 생각하고 사랑하는 만큼 다른 사람도 그렇게 하여 진정한 '명지 발전의 해'가 되기를 기원한다.

학생들이 참여하는 행사의 식순에 반드시 교가제창이 포함되고, 본교가 출전하는 운동경기는 진취적인 기상과 자신감이 넘치는 명지인들의 힘찬 응원의 함성이 울려 퍼질 수 있기를 소망한다.

대자보 등은 지정된 장소에만 부착되고, 그것들의 문안은 지성인다운 멋과 지혜가 물씬 풍기며, 상아탑에 어울리지 않는 부착물이라고 판단되면 학생들 스스로 그것을 제거하는 모습을 보여주기를 기대해 본다. 학생들의 집단행동은 좀 더 지성적이고, 미래지향적이길 바란다. 심각한 특정 시기에만 학과 중심 운운하는 풍토를 지양하고, 학과의 장학생 추천권 등을 존중하는 분위기가 정착되었으면 좋겠다. 협조 전 활용, 문서 이첩, 장학생 선발과 통지 등이 원만히 이루어지고, 뜻밖의 단전으로 크게 당황하는 일이 없기를 바라며, 자동판매기의 설치와 그 이용에 좀 더 신중함과 절제된 행동이 따르기를 기대한다.

본교 총동문회는 더욱 단합하여 모교의 발전에 일익을 담당하고, 본 학원 수익사업체들 또한 그 사업이 번창하여 학원 발전에 크게 기여하며, 수년간 도모했던 의과대학과 여러 인문, 사회 계열 학과가 신설되어 교육과 연구의 성과가 넘쳐흐르고, 대학도서관에 대한 찬사와 격려가 만발했으면 좋겠다.

대학에 보직만을 탐하는 교수가 있다는 수군거림이 말끔히 없어지고, 교수회의를 더욱 활성화하여 명지 발전을 크게 도모하고, 그동안 축적된 경영 기법과 창의적 노력이 활용되고, 수용되며, 여름방학은 더위, 겨울방학은 추위라는 원초적인 이유만으로 캠퍼스의 정적을 정당화하지 말고, 개혁과 발전의 의지가 만개하여, '대학 당국은 개혁과 발전의 의지가 있습니까, 없습니까? 라는 응축된 질문이 교수회의 석상에서 다시는 대두되지 아니하기를 빈다. 아무쪼록 잉태 중인 '명지대학교 중장기 발전계획' 이 모두 실현되었으면 좋겠다.

'열린공간' 제7호 '나의 제언' (1993. 3. 29.)

1학기가 시작되기도 전에 신입생을 위한 오리엔테이션이 있더니, 학년별 개강파티, 신입생 및 복학생 환영회, 단과대학 학생회 해오름식이 줄을 이어 열렸다. 학과별 수련회 등이 또 있다고 한다. 대학정신 가운데 낭만정신을 뺄 수 없지만 위와 같은 행사의 연속에서 진정한 낭만정신을 찾을 수 있는지, 한 번쯤 생각해 볼 일이다.

대학의 낭만정신을 'Ambition, Bright Eyes, Clean Voice, Dream' 이라고 표현한다면, 하루 빨리 발상의 전환이 이루어져야 한다고 생각한다.

대학은 예나 지금이나 시간과 공간을 초월하여 숨 쉬고 있는 진리 탐구의 본산이다. 대학은 그 시대 속에 존재한다. 대학은 사회와 유리된 역사적 존재가 아니다. 대학은 그 시대의 표현이오, 현재와 미래에 작용하는 중요한 영향력이다. 그러므로 대학에 거는 사회의 기대는 진지하고 엄숙하다.

대학은 정치, 경제, 사회, 문화 등 모든 분야를 종합적으로 연구하는 장이어야 하며, 동시에 인간 교육의 장이어야 한다. 규모와 성격과 시기를 막론하고, 대학의 행사는 행사위주의 행사가 아닌 사회 발전을 위한 청량제가 되어야 할 것이다. 그것은 대중문화일 수가 없다.

대학의 정신은 자유정신이오, 개척정신이오, 독립정신이며, 낭만정신이다. 그러므로 냉철한 머리와 뜨거운 가슴으로 창조적 지성과 열정적 야성을 배워야 하지 않겠는가. 여러분이 접하고 있는 바로 이 지면이 우리 문헌정보학과 학생들의 진정한 토론의 광장이 되어야 한다는 제언과 함께 힘찬 격려의 박수를 보낸다.

수학여행 엿보기(1993. 5. 5.)

1. 늘 마음속으로 존경하고 있습니다.

2. 교수님께서는 학생에 대한 애정과 배려가 깊으신 것 같아 늘 존경하고 있습니다. 교수님께서 하시는 말씀에 많은 공감이 가며, 늘 감사하고 있습니다. 앞으로도 많은 말씀 부탁해요.

3. 처음엔 너무 무뚝뚝하신 것 같아서 가까이 하기가 힘들었습니다. 지내고 볼수록, 시간이 흐를수록 깊이 생각해주시는 배려와 이해해 주심이 너무 너무 좋습니다.

4. 교수님이라는 권위를 잊게 해주신, 옆집 아저씨처럼 편안한 교수님이어서 항상 존경하고 있습니다. 언제까지나 저희를 아껴주시고, 저희도 교수님을 항상 사랑할 것입니다. 저희들의 영원한 오빠로 남아주세요.

5. 무뚝뚝하지만 세세하게 신경 쓰시는 교수님. 어떻게 이름을 다 외우시는지 좀 가르쳐주시고요. 존경합니다.

6. 멋있는 슈퍼맨. 그대와 따뜻한 차 한 잔 마시고 싶어요. 언제 시간 좀 내주세요. 용성 오빠 파이팅!

7. 인기 좋아 부럽다!

8. 오늘 정말 교수님에게서 많은 새로운 모습을 보았던 것 같아요. 늘 과묵하시지만 그래도 지킬 것은 지키며 사시는 멋진 교수님. 많은 자리 통해 교수님과 대화 나누고 싶어요.

9. 슈퍼맨! 교수님 중에서 제일 멋있고 중후한 분 같아 보입니다. 아부는 아님.

10. 교수님의 자상하신 사모님에 대한 사랑에 전 오늘 교수님께 감격했어요. 사모님 계속 많이 사랑해 주세요.

11. 학생들과의 격의 없는 술자리, 대화 그리고 운동(게임) 정말 좋습니다. 계속 이끌어갔으면 하는 바람입니다.

12. 수업시간에 그리고 학생들에게는 굉장히 전인교육을 하시고 배려를 하시지만 그 이외의 문제들에 대해서도 많은 관심과 배려를 가져주시기 바랍니다.

13. 교수님 수업시간에 졸려요! 그러나 저는 교수님을 항상 존경하고 있습니다.

14. 세계 평화와 지구를 지키는 이 시대의 마지막 슈퍼맨.

15. 명호아.

16. 교수님! 너무 멋져요. 괜히 자료조직이 좋아지는 건 무슨 이유일까요. 그리고 돈 너무 많이 쓰신 것 아네요? 너무 감사합니다.

17. 정말 몰랐어요. 교수님이 이렇게 멋있는 분인 줄은. 대화도 너무 잘 되고…… 수학여행에 함께 해주신 것 감사드려요.

18. 수학여행 동안 교수님의 성격을 완전히 파악했어요. 보기와는 다르시더군요. 정말 호탕하고 인자하신 분이세요. 그런데 때론 너무 내성적이세요.

19. 용성이 오빠! 정말 멋있습니다. 수학여행을 통해서 교수님과 친해진 것 같아 무지 기뻐요. 교수님 항상 행복하세요.

20. 평소에는 좋은 말씀 많이 해주시고 참 좋으신데 수업만 들어가면 조금 졸려요.

21. 수학여행에 함께 오셔서 분위기도 잘 살려주시고 보살펴 주셔서 감사해요. 하지만 수업은 조금 졸리네요. 조금만 재미있게 해주세요.

22. 슈퍼맨맨맨…… 수업은 항상 야외수업을 하시면 정말 좋을 것 같아요.

설악산 수학여행(1993. 5. 5. - 5. 7)에 동참한 학생 21명과 윤영교수 그리고 필자는 속칭 '도마 위의 생선'이라는 놀이를 통하여 익명으로 서로에게 자신의 속내를 짧은 순간 짧게 표현했다. 이 글은 강경화, 강정원, 강희창, 김건, 김선이, 김신미, 김지연,

김현희, 김형선, 김형진, 김효정, 박영두, 방현철, 유은주, 이유준, 이윤희, 이재명, 정용학, 정우연, 한승혜, 한지연 등이 나에게 보낸 책망과 격려이다.

부모님께(1993. 5. 6.)

안녕하세요? 1년 만에 다시 편지를 쓰게 되었습니다. 그동안 너무 놀기만 하여 걱정을 많이 하시게 하여 죄송합니다. 올 1년 공부 열심히 해서 꼭 남 못 지않은 아들이 되겠습니다. 매번 편지를 쓸 때 죄송하다는 말을 쓰게 되는데 다음부터는 그런 말을 쓰지 않도록 열심히 살아가겠습니다. 시험기간이라서 시간이 없으므로 이만 줄이겠습니다. 안녕히 계세요. -경중 배상.

안진모, 김수경입니다(1993. 5. 14.)

교수님 감사합니다. 자주 인사드리지 못해 정말 죄송합니다. 그렇지만 마음만은 늘 교수님의 건강과 평안을 기도하고 있다는 것을 믿어주세요. 약주 너무 많이 드시지 마시고 꼭 건강 유의하세요. -안진모, 김수경 올림.

동굴에서 사는 사람은 동굴의 아궁이를 동쪽이라 생각합니다. 동굴의 우상 (偶像)을 벗어나는 것은 결국 동굴의 선택문제로 귀결됩니다. 사는 곳이 아름다 워야 합니다. 신영복

부모가 자식에게, 자식이 부모에게

충남 논산군 연무읍 죽평리 사서함 76-12호
제28연대 7중대 3소대 92번 훈련병

부모님 전상서(1993. 6. 20.)

더운 날씨에 건강하신지 궁금합니다. 입맛을 잃지는 않으셨는지, 특히 어머님, 에어로빅 잘하고 계신지요? 어머님께서 그 운동하신 이후 예전보다 무척 건강해지셔서 기쁘고, 앞으로도 계속 건강하시길 바라는 마음입니다.

경중이는 어떻습니까? 얼마 안 있으면 학기말 고사를 치루겠지요? 더운데 공부하느라 고생이 많을 겁니다. 특히 그 녀석 몸이 약해 걱정입니다. 조금 있으면 여름방학이 시작되겠지요. 몸조리 잘 하라고 전해주십시오.

저는 식사도 잘 하고, 아주 건강한, 햇볕에 약간 그을린 몸을 하고 있습니다. 들어오기 전에 외할머님을 한 번 더 찾아뵙지 못한 것이 마음에 걸립니다. 외할머님, 외삼촌께도 안부 전해주십시오.

저는 23일에 입소식을 했습니다. 퇴소는 다음달 21일경에 할 것 같은데, 면회제도가 없어졌습니다. 언제 면회가 되는지에 대한 구체적인 소식은, 지금부터 약 4주후 정도가 될 것 같습니다. 급히 쓰느라 글씨가 엉망인 점 죄송합니다.

그럼 아버님, 어머님, 건강하셔요. 이만 줄이겠습니다. 경중이도 건강하기를. 보고 싶습니다. 그럼 안녕히 계십시오. -훈련소에서 찬중 올림.

아들에게(1993. 6. 30.)

김찬중 훈련병, 안녕하시오?

기다리던 너의 편지를 29일 반갑게 받았다. 볕에 그을린 얼굴이라고 하지만 건강하다고 하니 무척 기쁘다. 훈련을 비롯한 병영생활에 잘 적응하리라고 믿는다. 상급자들이나 훈련동료 간의 인간관계에 무리 없기 바란다.

그곳 황산벌은 유서가 깊고, 아버지도 거기서 네가 거쳐야 하는 과정을 밟고, 같은 대기를 호흡하면서 땀 흘린 곳이다. 30여 년 전으로 시간과 공간을 거슬러서 나의 자랑스러운 아들이 내가 겪었던 의식주를 영위하고 있다는 점에 숙연해진다.

서울의 가족들은 모두 너의 입대 전의 모습과 다름없이 물 흐르듯 생활을 이어가고 있다. 네가 염려하는 어머니도 건강한 모습이고, 경중도 입시준비에 여념이 없다. 다만 네 공부방을 지나거나, 거길 들어서면, 자랑스럽고, 믿음직한 네 모습이 보이지 않는다는 변화로 인하여 좀 더 빠른 시간의 흐름을 기대할 뿐이다.

입대 전에 당부한 바와 같이 과욕을 삼가고, 훈련을 통한 심신의 단련에 주력하기 바란다. 몸과 마음이 튼튼하지 아니하면 모든 것을 잃는다는 평범한 진리에 늘 깊은 사려가 있기 바란다.

병영생활에 익숙해지면, 그것처럼 시간의 흐름이 빠름을 느끼게 하는 일이 없다는 것이 나의 경험이다. 우연이겠지만 연대는 다르나 아버지도 7중대3소대 소속이었지. 좌우간 럭키 세븐이라는 숫자에 기분이 좋다.

외할머니를 비롯한 친지들에게 네 소식을 전했다. 한결 같이 너의 건강을 염려하고 있다. 그곳 물 사정이 어떤지 궁금하다. 야외훈련 시에는 꼭 영내의 물을 먹을 수 있는 방법을 찾아라. 물론 먹고 마시는 일에 모두 신경을 써야 하겠지만.

병영생활에서 조금은 신선한 느낌을 받을 수 있기를 기대하면서 신문 만화를 몇 개 보낸다. 아무쪼록 하루하루에 충실하기를 바라면서 다시 소식을 전하겠다. 심신단련의 과정이며, 국가를 위한 직접봉사의 기회임을 명심하기 바라면서 내일을 기약하자. -자랑스러운 나의 아들 찬중에게. 1993년 6월 30일, 아버지 씀.

부모님 전상서(1993. 7. 6.)

두 번째 편지를 씁니다. 아버님께서 보내주신 편지 잘 받았습니다. 동봉하신 영문도 재미있게 읽어보았습니다. 아버님 편지를 뜯어 읽으면서 가슴을 찡하게 만드는 뭔가를 느꼈습니다. 이곳에 부모님과 떨어져 있으면서 가정의 중요성을 절실하게 느낍니다. 입대 전에도 중요성을 느끼지 않은 것은 아니지만 지금 느끼는 것과 예전에 느꼈던 것의 차이는 말로 다 할 수 없습니다. 휴학을 하면서부터 이제는 1, 2학년 때처럼 무절제한 생활을 하지 않으려는 생각, 장남으로서의 역할을 해야겠다는 생각을 했었지만 평소의 습관이 한 순간에 손바닥 뒤집듯 바뀌지는 않았던 것 같습니다. 여기서 절제되고 규칙적인 생활을 또 부모님과 떨어져 모든 것을 저 자신의 판단에 의지해야 하는 상황에 직면하면서 제가 얼마나 성숙했는지를 생각하게 합니다. 군에 갔다 오면 어른이 된다는 말을 조금이나마 이해할 수 있었습니다.

참 아버님과는 비슷한 점이 꽤 많습니다. 생김새, 걸음걸이, 같은 7중대 3소대, 같은 보직. 지난번엔 아버님께서 답장을 하셨으니 이번엔 어머님의 글을 읽을 수 있겠지요.

저는 예상대로 7월 21일에 퇴소식을 갖습니다. 어머님, 아버님, 모두 건강하십시오. 사랑하는 나의 동생 경중이도. -훈련소에서 찬중 올림.

제29연대 7중대 2소대 182번 훈련병(1993. 7. 17.)

그간 안녕하셨습니까? 우선 놀라게 해드린 점, 죄송스럽게 생각합니다. 겉봉을 보셨다면 제 주소가 바뀌었다는 것을 아셨으리라 생각합니다.

지금까지 밥 잘 먹고 건강했던 제가 발뒤꿈치가 벗겨져 그곳으로 세균이 들어가 복숭아 뼈 부위가 많이 부었었습니다. 봉와직염(蜂窩織炎) 말입니다. 그래서 훈련소 병원에 4일간 입원을 했습니다. 그러다보니 자연히 제 훈련소 동기들과 같이 훈련을 받지 못하게 되어 이곳 29연대로 옮기게 되었습니다.

아팠던 당시에는 심려를 끼칠까 염려되어 당분간 편지를 안 할 생각을 했으나 무소식이 희소식만은 아닌 것 같아 이렇게 편지를 띄웁니다. 심려 끼쳐드린 점, 다시 한번 용서를 빕니다. 지금은 완전히 회복되어 예전과 같이 훈련을 받고 있습니다. 퇴소가 자연히 미뤄져 아마도 8월 4일경이 될 것 같습니다. 지금은 무척 건강하니 더 이상 걱정하지 마십시오.

어느덧 입대한지 한 달이 지났군요. 처음엔 낯선 곳이라 시간이 안 가는 것 같더니 시간이 빠르게 흐르는 걸 느끼는 저 자신을 생각해 볼 때, 군 생활에 적응이 된 모양입니다. 항사 명랑한 기분으로 생활하고 있고요. 이젠 아파야 할 일이 결코 없을 것입니다.

그럼 다시 편지 드릴 때까지 안녕히 계십시오. -찬중 올림.

그리운 어머님(1993. 7. 23.)

어머님, 그간 안녕하셨습니까? 용효, 용덕 가족들도 다 평안하겠지요? 김포공항에서 작별한지 벌써 여러 달이 바뀌고, 서울은 7월의 여름입니다.

지난 18일이 초복이어서 세 식구가 처음으로 보신탕을 먹었습니다. 아, 글쎄 경중이 녀석이 하는 말이, 방학도 했고, 시험준비를 하자면 보신을 해야 되겠다는 겁니다. 시험 삼아 먹어보자고 하여 보신탕만 먹었지요. 참, 왜 세 식구만 모였느냐 하면 찬중이는 6월 21일 입대하여 지금 논산에서 군사훈련을 받고 있습니다. 이 소식이 전해질 때는 아마 훈련이 거의 끝나는 시기가 될 것입니다. 부평 형의 배려로 찬중이가 입대하기 전에 부평의 큰 집에서 환송파티를 열었습니다. 오랜만에 참석한 모든 사람들이 노래를 부르는 기회도 있었습니다. 현영, 현경이는 시험 준비에 정신이 없고, 형수 역시 몹시 바쁜 모양입니다. 형은 요즘 교장강습을 받고 있는데, 다음 달에 끝납니다.

사당동 저희 집은 아래 층 난방시설 수리공사를 시작해서 꼭 피난 살림 같은 분위기입니다. 이제 장판과 도배를 마치면 짐을 정리해야 합니다. 처음 겪는 일이지만 너무 복잡하고 어수선하여 짜증이 날 정도입니다. 그래도 주방과 화장실이 말끔히 단장되는 것을 보고 있으니까 신이 납니다. 2층 안방으로 짐을 옮길 수 있어서 퍽 다행이었습니다. 2층 발코니도 방수 겸 시멘트를 발랐더니 깨끗해졌습니다.

어머니, 오줌 싸던 제가 학교 다니고, 군복무를 마치고, 취직하고 결혼하여 자식을 낳고, 그 자식이 군대에 있고, 대학에 가려고 합니다. 남편을 잃으신 어머님이 다 자란 아들의 주검 앞에서 슬퍼하시고, 수십 년 동안 일곱 남매를 눈물과 땀으로 기르신 고초를 생각하면, 집을 수리하고 저희 자식들을 기르는 일 따위는 오히려 사치스러울 정도입니다. 어머님, 생전에 자식들을 위하여 큰 봉사를 하셨고, 좋은 일을 많이 하셨으니 이제 자식들이 그 빚을 갚아야 하겠지요. 효도라는 말은 당치 않고, 말 그대로 빚입니다. 등산이 기여행길에서 우말은 절에 들리면 시주를 하는 경우도 있지만 어머님의 은혜와 봉사에 감사하는 인사를 하는 것이 가장 큰 보람입니다. 이런 일이 무슨 보답이 되겠습니까마는 어머님의 공덕을 기리면서 좋은 자식, 좋은 일 하는 자식이 되기 위한 노력입니다. 못난 자식이, 감정이 풍부하시고, 한이 많으신 어머님 앞에서는 감히 이런 말씀을 드리지 못함을 용서하십시오.

훌륭한 두 딸과 사위, 그리고 손자들과 함께 즐겁고 유쾌한 시간을 많이 가지시고, 화도 많이 내십시오. 어머님이 그렇게 하시는 것은 모두 자식들을 위하는 일이고, 건강에도 좋을 것입니다. 이번에는 어떤 구경을 하시고, 음식은 어떻게 드시는지요? 어머니, 귀국하시면 보신탕집에 꼭 갑시다. 냉면집에도 가고요. 며칠간 가을 날씨처럼 선선하고 하늘이 아주 맑아서 여름 같은 기분이 아닙니다. 그 곳 식구들과 다 함께 이 하늘을 보고 싶습니다. 때때로 단잠을 주무시고, 음식을 조금씩 자주 맛있게 드십시오. 아무쪼록 건강하시고, 재미있는 시간을 많이 가지십시오.

모처럼 소식을 드립니다. 안녕히 계십시오. -아들 용성 드림.

부모님께(1993. 8. 4.)

그동안 안녕하셨습니까? 편지 쓴 지 한참이 지났다는 생각이 듭니다. 그리고 지난번 보내신 등기는 반송이 되었습니다. 돈과 함께 말입니다.

저는 이곳에서 후반기 교육 2주를 받고, 실무부대에 배치될 것입니다. 지난번 아팠던 일을 걱정하고 계신 것은 아니겠지요? 지금은 뒤꿈치도 단단하고 건강합니다.

여기는 조교들이 잘 해주고 아주 자유롭습니다. 어제 퇴소식을 하고 이등병 계급장을 달았습니다. 작대기 3개, 4개 단 상병이나 병장에 비하면 초라한 한 줄이지만 교육과정을 무사히 마친 탓에 또 동료들 덕에 외롭지는 않습니다. 한번은 어머니 노래를 불렀는데, 눈이 왜 자꾸 하늘의 부드러운 뭉게구름을 향하는지! 하지만 아들은 울지 않았습니다. 씩씩하고 강한 장남 장손이 되고 싶었기에 말입니다.

참, 이곳에서 2주 훈련을 마치는 날, 면회가 된다고 들었습니다. 언제 오시라는 소식이 부대에서 별도로 갈 것입니다. 꼭 오십시오. 무척 그립습니다.

지금 TV에서 강변가요제를 하는 걸 보니 8월인가 봅니다. 시간이 흐르는 지도 잊고 삽니다. 그게 잘 하는 것이겠지요.

경중이는 지금 한참 수학능력평가준비에 열심이리라 믿습니다. 격려한다고 전해주십시오. 또 항상 배포를 갖는 동시에 침착하게 임하라고 말입니다. 경중아, 이 형이 네 등을 툭툭 두드려주고 있다고 생각해라.

아마도 17일에 퇴소가 될 것입니다. 건강하시고, 이만 줄입니다. 찬중 드림.

추신: 퇴소식 날, 면회 오실 때 문성이와 기웅이와 함께 오셔도 무방함. 사람은 많은 수록 좋음. 초청장 지참.

제10차 산행 공고(1993. 10. 14.)

산행지: 백운산(포천군 이동면. 해발 904m)

일시: 10. 24(넷째 일요일)

출발 장소: 상봉 터미널 팔각정에서 오전 8시40분

코스: 광덕재 - 정상 - 삼거리 - 홍릉사 주차장(4시간 소요)

안내: 날씨가 차갑습니다. 두툼한 점퍼를 준비하시기 바랍니다. 귀경 길이 막힐 것으로 예상되오니 출발시간을 지켜주시기를 부탁드립니다. 식사는 따뜻한 라면을 준비하오니 별식(?)을 준비하시면 풍족한 점심이 되리라 생각합니다. 감기가 무섭습니다. 건강에 주의하시기 바랍니다.

서수석 드림

서 군은 명문연 회원이면서도 이경현 군과 함께 별도의 산행 모임을 주관했다. 시간이 갈수록 호응도가 낮아 안타깝다.

어머님께(1993. 10. 25.)

날씨가 점점 추워집니다. 혹 감기 몸살 걸리지 않으셨어요? 해도 점점 짧아
지고 있습니다. 저번에 외박 나갔을 때, 기침을 많이 해서 걱정을 끼쳐드렸는
데 면회 이후 3, 4일쯤 지나서 완전히 나았습니다. 물론 그때 주신 약이 한 몫
했지요. 그때보다 날씨는 더 추워졌는데 몸은 더 건강합니다.

세종문화회관에서 합창대회가 있었다는 이야기도 들었습니다. 귀대하고
곧 편지를 썼습니다. 그때 편지 쓰라는 어머님의 말씀을 듣기 전에, 입대 후 한
번도 큰집에 편지하지 않은 일을 후회하고, 써야겠다는 생각을 하고 있을 때
였습니다. 다른 사람으로부터 그런 말을 듣기 전에 편지를 써야 했는데…….
제가 생각은 하고 있었지만 결과적으로 얘기를 들은 후에 행동을 보였기에 아
직도 철이 들려면 멀었다고 생각을 했습니다.

현재의 아버님의 위치가 누구의 것이냐고 묻는다면 당연히 아버님의 것입
니다. 하지만 누구의 도움이 있었느냐고 묻는다면 첫째가 어머님이오, 둘째가
큰아버님입니다. 우리 집안이 궁핍한 상태에서 이만큼 자리를 잡은 데는 큰아
버님의 공이 절대적이었기 때문입니다.

경중이는 8일부터 중간고사를 봤다구요. 지지난 주말쯤에 끝났을 것 같습
니다. 사실 저도 그 녀석 걱정이 꽤나 됩니다. 경중이가 고등학생이 아니고 대
학생이라면 만나볼 수 있을 텐데……. 요즘은 누구한테 속 이야기를 하고 있
는지……. 제가 집에 있을 때면 가끔 저한테 와서 음악도 같이 듣고, 얘기도 했
습니다. 경중이가 겪고 있는 고3으로서의 생활도 저는 경험했고, 이해할 수 있
으니까요. 물론 아버님이나 어머님께서 경중이와 대화를 할 수 없을 정도로
유리되지는 않았지만 -다른 가정에 비하면 대화의 통로는 상당히 개방적이라
고 생각합니다 -대화의 대상에 따라 대화의 방식과 내용이 달라지기 때문입니
다. 이런 걸 생각해보면 형제가 많다는 건 좋은 일입니다. 생각난 김에 경중에

162

게도 편지 한 통 띄우겠습니다. 시간이 아무 때나 나는 게 아니기 때문에 편지 한 통을 쓰기 시작해서 다 쓸 때까지, 짧게는 이틀, 길게는 일주일 이상 걸립니다. 짬이 날 때, 편지를 쓰다가 일이 생기면 그 일을 해야 하고, 그러다 보면 편지 쓰는 걸 깜빡하는 경우도 많으니까요.

외할머니, 외삼촌께 안부 전해 주십시오. 외가에도 편지 한 통 쓸 생각이지만……. 건강하시구요, 제 걱정 너무 하지 마십시오. -찬중 드림.

P. S. 추석 때 공동으로 차례를 지낼 때 찍은 사진 한 장과 막사 뒤쪽에서 찍은 사진을 동봉합니다. 원주 출장 두 번 갔다 오니 돈이 떨어졌습니다. 조금만 보내주십시오. 군에서까지 가산을 축내어 죄송합니다.

격려사(1993. 11. 13.)

멀리 관악과 청계의 하늘이 파랗게 열려, 단풍의 모자이크 축제가 무르익고, 우리 캠퍼스의 은행나무 잎이 노랗게 물들어 떨어질 때면 어김없이 '문헌정보학과 학우의 밤'이 개최됨을 여러분과 함께 기뻐하고 자랑스럽게 생각합니다.

과거와 달리, 한 해 동안 여러분들은 여러 차례, 다양한 모임을 통하여 선후배간의 친목과 협동을 다지고 젊음을 불태웠습니다. 줄기찬 노력과 가혹한 반성을 거듭하면서 많은 변화와 자기발전을 시도하였습니다.

이제 노력의 성과를 결산하고 1994년을 설계하기 위하여 여러분은 오늘 이 모임에 참석한 것입니다. 시간과 공간 그리고 모두의 존재를 공유하고자 기꺼이 모인 것입니다.

학과의 연륜이 14년에 접어들고, 11회 졸업생의 배출이 다가오고 있습니다. 동문 선배들은 다양한 분야에 진출하여 각자 능력을 발휘하면서 우수한 후배의 배출을 크게 기대하고 있습니다.

여러분, 달리는 말에 채찍을 가하듯 더욱 노력합시다. 행동으로 분발합시다. 그리하여 내년의 이 모임에서 우리 모두 더욱 자랑스러운 모습으로 만납시다. 자랑스러운 모습은 젊음의 낭만과, 정열이 넘치는 노력, 그리고 구체적인 행동을 전제합니다. 그를 위한 한 방안으로 가칭 '문헌정보학과 구호'의 제정을 제안합니다.

멀리 관악과 청계의 하늘이 파랗게 열리듯, 여러분 모두의 가슴을 활짝 열고, 부디 오늘의 향연을 만끽하시기 바랍니다. 여러분의 건투를 빕니다.

전민우 군 등이 문헌정보학과 응원가와 구호를 각각 제정하여 크고 작은 행사에서 사용했다. 필자는 개인적으로 학생들과 회식을 마치고 헤어질 때 손에 손을 잡고 '문헌정보학과 파이팅!'을 외쳤다. 통쾌한 순간이었다.

산행공고

서수석입니다(1993. 11. 30.)
100-523 구로구 오류1동4-30호.

산행공고

일시: 93. 12. 5(일요일) 오전10시

장소: 도봉산

출발지: 망월사역(1호선 의정부 방향) 1층 로비

준비물: 회비, 아이젠, 방한복, 기타.

P.S. 93년도 마지막 산행입니다. 많은 참여 부탁드립니다.

부모와 자식이 주고받은 편지

부모님께(1994. 1. 19.)

강릉도 강원도라 그런지 눈이 녹질 않습니다. 도로나 보행로 등 꼭 눈을 치워야 할 곳은 말끔히 치워져 있지만 그 외의 곳은 눈이 쌓여 있습니다. 또 지금 창밖엔 바람이 불고 있습니다. 온도는 그리 낮지 않은데 바람이 많이 붑니다. 그래도 참모부 요원(본부중대 포함)들은 외곽 근무가 없으니 추위에 떨며 서있는 일은 없지요. 예하 부대 병사들은 추위에 떨고 있는 사람이 있습니다. 지금도, 그래서 행정병들 좋겠다고 말들을 하지만 그런 것만도 아닙니다. 육체적인 고통이 적은 대신 정신적 스트레스가 많으니까요.

그간 안녕하신지요? 정말 오랜만에 편지 띄웁니다. 계절 인사를 하려다가 얘기가 삼천포로 빠졌습니다. 오늘 낮에 간부(중사) 심부름으로 그 사람 집에 갔는데, 그분 어머님께서 추운데 수고한다고 유자차를 한 잔 주셨습니다. 집에서 먹던 것과 같은……. 찻잔을 손으로 감싸 쥐고 온기를 느끼며 차를 마실 때 집 생각이 났습니다. 입대 전에는 그저 차라고만 생각하고 마셨는데 오늘 마신 유자차는 그냥 단순한 차가 아니었습니다. 잠시나마 집에 있는 것 같은 착각에 빠질 정도였으니……. 휴가 복귀 후 편지 못한 점은 정말 죄송합니다. 바빠서 그랬는지는 모르겠지만 편지를 그렇게 오랜 동안 하지 않았다는 사실조차 잊고 있었습니다. 현영이의 합격소식은 들었습니다. 이제 경중이 소식만 들으면 되지요. 꼭 열흘이 있으면 면회도 하겠지요. 경중이가 웃는 얼굴이었으면 좋겠는데……. 그리고 들으셨는지 모르지만 누나 졸업식 때쯤 해서 휴가 나가려던 계획은 좌절되었습니다. 여건이 그렇게 안 되네요. 3월 초에 나갈 수 있을 것 같습니다. 3월부터는 제가 선택하기에 달렸으니 봐서 저 좋을 때 나가 겠습니다.

벌써 겨울도 절반이 지나갔습니다. 봄이 기다려집니다. 진달래가 피면 저는 휴가를 갈 겁니다. 봄이 되면 괜히 좋은 일이 생길 것 같습니다. 12시가 다 되어갑니다. 저도 내일을 위해 자야 할 것 같습니다. 겨울 감기 조심하시고요. 또 편지 드리겠습니다. -건강한 아들 찬중 올림

저의 미래를 가다듬으며(1994. 2. 11.)

연휴의 마지막 날입니다. 물론 내일이 토요일이고 보면 거의 5일간의 연휴라 해야겠지요. 연휴 잘 보내셨는지요? 어제는 아마 외가에 다녀오셨으리라 생각합니다. 외할머니께서 건강하신지 궁금합니다.

매우 바쁘게 생활하다가 모처럼 연휴를 맞아 모두들 쉼이란 것을 기꺼이 받아들이는 분위기였습니다. 물론 가슴 한 구석엔 고향과 집과 부모님과 친구들에 대한 그리움으로 그늘져 있지만요, 잘들 이겨내고 있는 것 같습니다. 저도 마찬가지고요. 그저께 -연휴의 입구- 눈이 왔습니다. 전투화가 쑥 들어가는 걸 보면 30센티 정도 왔습니다. 우리는 또 눈을 치웠습니다. 만약 밖에서라면 젊은이 특유의 낭만이랄까, 세상이 하얗다며 가슴이 설레었을 것입니다. 사람이 처한 상황이라는 것이 사물에 대한 관점을 180도 돌려놓을 수 있다는 걸 배웁니다. 따지고 보면 편견이 많은 것 같습니다. 세상이란. 그러면서도 저 자신도 어떤 집단을 리드할 때는 하나의 편견을 절대의 가치인 것처럼 주장해가며 나아갔었습니다. 부조리지만 그럴 수밖에 없겠지요? 일단 나아가고 그러면서 수정 보완해 가는 것이 사람이 해야 할 일이라고 -특히 젊은이가- 생각합니다. 비록 현재의 제 생활이 자라던 날개를 숨기고 때론 꺾기는 아픔을 겪을지라도 때가 되면 예전보다 더 커진 날개를 달고 높이 날아오르고 싶습니다. 그 날을

기약하며 이만 줄이겠습니다. 부디 건강하십시오. 새해 복 많이 받으십시오. -부모님의 건강을 기원하고 저의 미래를 가다듬으며, 찬중 드림.

아버님께(1994. 2. 27.)

그간 안녕하셨는지요? 어제 낮에 전화했는데 집에 아무도 없어서 통화를 못 했습니다. '부모님께 혹은 어머님께' 라는 제목으로 편지한 적은 있어도 아버님께는 처음인 것 같습니다.

아버님, 지난번 보낸 생신 축하카드는 받으셨는지요? 물론 열흘 정도만 있으면 정기휴가를 가지만 불현듯 아버님이 뵙고 싶습니다. 아버지로서, 제가 거쳤던 과정을 먼저 겪으신 인생 선배로서. -건방진 표현은 아닌지요?- 이제 저도 흔히 말하는 짬밥(소리 나는 대로; 잔반) 좀 먹은 모양입니다. 물론 병장들이 들으면 피식 웃겠지만 지루함을 느낍니다. 제가 하는 일이 다른 사람에 비해 복잡한 편인데도 이젠 거의 베테랑이 되어가고 있습니다. 그래도 시간가는 줄 몰랐습니다. '이젠 매일 똑 같다' 는 생각이 듭니다. 물론 아버님도 지금 하고 계신 일이 그렇다고 생각하실지 모르지만 차원이 다른 것 같습니다. 한 고참은 그러더군요. 그것도 주기가 있다고. 얼마간 시간이 지나면 또 예전처럼 돌아갈 것이라고 했습니다. 또 그 외에 제가 느끼는 것 중에 조직 속에서 -특히 군대라는 전근대적이고 비이성적인 요소가 많은- 인간에게 있어서 과연 무엇이 옳고, 무엇이 그른 것인지, 때론 진리와 소신이 깨질 때, 어떻게 자기를 지켜나가야 할지를 생각하게 합니다. 갈등이 많은 것 같지요? 그래도 다른 사람의 눈에는 표시가 나지 않는답니다. 이런 면을 배우는 건가요. 군대에선?

푸념을 많이 했습니다. 고등학교의 단순한 생각과 생활 속에서 벗어난 조금씩 머리가 깨이기 시작하는 나이에 군대생활을 하는 것이 절 그렇게 만드는 모양입니다. 이러다가 조금씩 조금씩 철이 들겠지요.

어머님과 경중이, 두 할머님께도 안부 전해주시고요, 젊은 날의 아버님의 생각이 하나로 체계화되기를 바랍니다. 학자로서의 월계관이라고 해야 하나요?

이만 줄이겠습니다. 건강하십시오. -찬중 올림

부모님께(1994. 4. 4.)

그간 안녕하셨는지요? 꽤 시간이 지난 것 같다는 생각도 듭니다. 복귀한 지 아직 열흘도 안 되었는데……. 얼마 전 전화를 드리기로 했지만 전화와 편지는 명백히 다른 것입니다. 못할 말이 어디 있고 쓰지 못할 이야기가 어디 있느냐고 말할 사람도 있겠지만 그 차이는 분명한 것이기에…….

오늘 병력보고와 병적전산화교육을 받으러 인제에 다녀왔습니다. 육본 소속의 대령이 교육을 했지요. 선임하사와 둘이서 행정과의 지프를 타고 오가면서 한계령을 보았습니다. 처음 가보기도 했지만 경치가 좋았습니다. 아름답고……. 나중에 가보고 싶은 곳이 하나 생긴 셈입니다. 인제라는 곳은 예전에 전해 듣던 '인제 가면 언제 오나, 원통해서 못 살겠네'라는 것보다는 덜하더군요. 골짜기이긴 하지만 도로가 제법 나있는 걸 보니.

교육이란 목적을 띠고 오랜 시간, 차에서 시달리긴 했지만 좋은 여행이었습니다. 군대생활 할 만 하지요? 또 휴가 복귀할 때 답답하던 기분과는 달리 하루하루를 보낼 때마다 집으로, 사회로, 그리운 사람들의 품으로 한걸음씩 다가가고 있다는 걸 느낍니다. 시간은 관념이거든요.

건강하시고요. 또 편지드릴 때까지 안녕히 계십시오. -건강한 아들 찬중 올림

아이들과 공기놀이를 하다 져주려 해보면 이기는 길도 보인다. 이철수

제자들로부터 온 짧은 편지, 연하장

이루시입니다(1994. 5. 11.)

교수님, 안녕하셨습니까? 제자 루시아입니다. 너무 오랜만이어서 드리고 싶은 얘기가 쏟아질 듯이 저를 바쁘게 만듭니다. 우선 저희들 모습을 담아 인사를 대신합니다.

지난 12월, 눈이 가득 쌓인 인수봉을 뒤로 하고 하루재 고개에서 사진을 담아 봤습니다. 전화로 인사드리려고 가끔씩 전화를 합니다만 부재중이신 때만 고르는 모양입니다. 오늘(5. 11)도 학교로 찾아뵈려고 들렀지만 안 계셨습니다. 다음엔 꼭 뵙겠습니다.

120-132 서대문구 북가좌2동 301-6(30/3) -이루시아 드림

이정원입니다(1994. 5. 12.)

어제는 아카시아 꽃이 핀 길을 지났습니다. 숨을 들이마실 때마다 아카시아 향기가 답답한 마음에 위로가 되었습니다. 그러나 아침에 일어나 시작하는 내 삶의 자세는 여전히 삶의 애증을 다 지우지 못하고 있습니다. 글쎄요, 교수님 말씀처럼 제 삶이 더 큰 고생을 안 해보아서 그럴까요? 아니면 세상과 타협을 할 것이냐, 말 것이냐 하는 거창한 명제 아래 사소한 감정 소비를 하는 걸까요? 저도 대충 살까요? 세상과 어우러질 통속적인 삶의 자세가 있는 것도 아니고 세상과 저를 완전히 분리시킬 만한 강한 신앙이 있는 것도 아닌 사람은 어떻게 살아야 하나요?

그동안 연락도 못 드리고, 스승의 날, 불쑥 보내드리는 카드에 제 삶의 고민만 잔뜩 늘어놓았네요. 교수님, 정말로 이런 얘기들을 할 수 있는 사람들이 제 주위에 많이 있었으면 좋겠어요. 그러면 극복할 수 있을 것 같아요.

이렇게 긴 글을 쓸 수 있는 그리고 받아주실 분이 계심을 감사드리며. -이정원 올림

일상의 작은 즐거움, 보람……. 개울을 건너는 징검돌일 뿐. 때론 슬픔, 아픔도 우리를 지켜주지만 그것을 그대로 인생인줄 여기지는 마시기를……. 이철수

이동철입니다(1994. 5. 15.)

교수님, 저에게는 올해가 더욱 더 기억되는 한 해입니다. 작년에 그렇게도 열심히 지도해주신 덕택으로 이렇게 홀가분한 한 해가 되어서 말입니다. 더욱 열심히 하겠습니다. 건강하시고 계속 많은 지도 바라옵고 작은 정성을 올립니다. -제자 이동철 올림.

이 군은 우리 학과 첫 입학생이자 석사 출신이다. 톱날 연주, 사진 기술 등 특별한 재능을 지녔으며, 청주 한 잔에도 취한다고 엄살(?)을 부리는, 그러나 미식가이다. 안타깝게도 박사과정을 중도하차.

이루시입니다(1994. 6. 8.)

교수님, 그동안 안녕하셨죠? 전 벅찬 감동으로 글을 띄웁니다. 제자 루시는 6월 6일 동문체육대회가 있으리란 연락을 뒤늦게 받아 그만 불참을 하게 되어

내심 섭섭했답니다.

6월 3일 금요일 새벽에 친구와 배낭을 메고 지리산행을 감행했습니다. 친구가 지리선생인 덕택에 지도 보고 찾아가는 산행이 너무나 손쉽게 느껴졌습니다. 10kg이 훨씬 넘는 배낭을 메고, 이 산행이 장난이 아닌 생존문제라는 것도 실감했습니다. 단 둘이 짐을 지고 목적한 산장까지 가는 동안, 그동안 연습했던 북한산 오르기가 정말 큰 도움이 됨을 깨달았습니다. 그곳에 오르는 동안 떠오르는 얼굴들. 교수님, 정말 山(산)에서 만나 뵙고 싶은 분이라고 생각하며 안부 엽서 드립니다. 안녕히 계셔요. -이루시 올림

안경을 맞추었다. 또렷하게 보인다.

-너무 쉽게 세상이 분명해졌습니다.

-더 쉬워도 나쁠 것 없다. 마음 본래 조석변朝夕變이라

뚜렷해질 때도 자반 뒤집듯 하지. 이철수

모시는 말씀(1994. 6. 8.)

삼가 아뢰옵니다.

栗巖(율암) 리재철 교수께서 지난 2월 말로 그간 재직하신

연세대학교에서 정년을 맞이하셨습니다. 이에 기념논문집

〈文獻情報學論叢〉(문헌정보학논총)을 간행하여 헌정하고, 선생님의 논저집 〈韓國文獻情報學(한국문헌정보학)의 문제들〉을 출판하여 기념하는 모임을 마련하였습니다.

부디 참석하셔서 자리를 더욱 빛내주시기 바랍니다.

일시: 1994년 6월 17일(금) 오후4시

장소: 연세대학교 동문회관 3층 대연회실

회비: 없음

리재철 교수 정년기념논문집간행위원회

리재철 교수 논저집출판위원회

배금표 선생에게(1994. 9. 8.)

때때로 잊지 않고 소식을 전해 준 점, 매우 기쁘고, 대학에서 생활한다는 보람을 느끼게 합니다.

사서직에 있다 보면, 때도 없이 자극을 많이 받을 것입니다. 그것을 자아실현에 보탬이 되도록 승화시킬 수 있는 노력이 큰 의미가 있다고 생각합니다. 석사학위를 받았으므로 우리 분야의 전문인이오, 연구자라고 생각하고, 크게 분발하십시오. 물이 맑고 깊으면, 큰 배가 뜰 수 있고, 멀리 갈 수 있지 않습니까.

아무쪼록 건강에 유의하면서 관심 분야에 집중적으로 노력하면, 그것이 삶의 가치라고 봅니다. 간단히 안부와 함께 고마운 뜻을 전합니다.

배 군은 국립순천대학의 사서이며 우리 학과에서 석사학위를, 중앙대에서 박사학위를 각각 취득했다.

엄영희입니다(1994. 11. 3.)

곱게 물든 단풍을 보면서 또 한 해가 갔구나 하는 서글픈 생각이 드는 계절입니다.

교수님, 안녕하셨어요? 늘 교수님을 생각하면 고개를 들지 못하는 저를 용서하세요. 인생의 지침을 가르쳐주신 주례 선생님이신데 감사의 뜻을 전하지 못했습니다. 얼마나 죄송스러운지……. 교수님, 지면을 빌어 늦게나마 감사의 뜻을 전해드립니다. 교수님 감사합니다.

'부부는 컴파스다' 라는 말씀에 동감하고 있습니다. 결혼하여 처음에는 싸움도 잦았고 고민도 많이 했는데 어느 날 조용히 커피를 마시며 이것저것 생각하다 문득 교수님 말씀이 떠올라 '그래 맞다' 하며 수긍을 하게 되었습니다. 이제는 의견충돌이 생겨도 나름대로 해결하는 서로가 되기 위해 노력하고 있습니다. 부부란 참 묘한가 봐요. 교수님도 부부싸움 하시며 지내셨어요?

아직도 꿈 많은 대학시절을 생각하면 설레는 마음을 주체하기 힘든데 벌써 두 아이의 엄마가 되었다는 게 때론 낯설기도 합니다. 아이를 데리고 나가면 쑥스럽기도 하고 어정쩡한 모습으로 사람들의 눈을 피하기도 하는데 아직도 저는 엄마 될 자격이 없는 것 같아요. 저 아직도 철부지인가 봐요.

교수님, 건강하세요. 그리고 또 연락드릴게요. -엄영희 올림

엄 양은 순박하고 차분하면서도 당차게 일을 잘 했다. 정이 많은 학생이다.

차는, 한 모금으로 맛을 알고... '멀리서 비 오는 소리' 이철수

'학우의 밤' 격려사(1994. 11. 12.)

지난 여름은 지독한 더위였습니다. 그러나 우리 대학 교문 앞의 가로수에 단풍이 들고, 낙엽이 지면서, 더위는 오래 전에 있었던 일인 듯 착각에 빠져듭니다. 그렇게 시간이 흐르면 어김없이 '문헌정보학과 학우의 밤'이 열립니다.

이 모임은 처음부터 끝까지 여러분의 기대와 참여 속에 이루어지고, 그렇게 시간과 공간을 공유하면서 나를 다스리고, 상대를 응시할 수 있는 활력소가 되기를 소망합니다. 이 모임을 준비하고, 주관한 권동연 학회장을 비롯한 여러 학생들의 노고를 위로하면서, 아울러 건강한 미소와 당당한 모습으로 이 모임에 참석한 우리 졸업생 제군에게 반가움과 고마운 뜻의 환호를 보냅니다.

지금은 흥겨운 '학우의 밤'이 시작되는 순간이므로 저의 은사 김종길 님의 시, '주점일모'를 인용하여 축제의 분위기를 돋우어 볼까 합니다. 아무쪼록 이 모임이 큰 성과를 거두어, 나와 너, 모두에게 건강과 사랑이 넘치게 하고 그것을 반석 삼아 큰 발전과 공헌이 있기를 기대합니다.

酒 店 日 暮(주점일모)

김종길

불빛 노을
이제 쇠처럼 식어가고
황량한 나의 청춘의 일모를
어디 메 한구석

176

비가 내리는데
맨드라미마냥 달아오른 입술이
연거푸 들이키는 서느런 막걸리.
진실로 나의 젊음의 보람이
한잔 막걸리에 다했을 바에
내 또 무엇을
악착하고 회한하고 초조하랴
무수히 스스로의 이름을 부르며
창연한 노을 속에
내 다시 거리로 나선다.

아들, 제자들이 보낸 편지들

어머니!(1994. 11. 27.)

유격훈련을 무사히 마치고 돌아와 편지를 씁니다. 제가 전화를 하지 않고 편지를 하지 않는다고 하여 저를 무심한 아들이라 생각하지 마십시오. 제가 비록 군대에 있지만 저는 제가 일하는 시간 이외의 시간에, 그것이 공부를 위한 책이든 아니면 소설이든, 책을 손에서 놓아본 적이 없습니다.

무언가를 하나씩 알게 된다는 생각이 들 때마다 전 가장 소중한 것은 가족이며 항상 가족을 생각하게 됩니다. 곧 저는 어머니의 아들이며 가족과 가문을 기꺼이 짊어진다는 다짐을 하곤 합니다. 제가 피 끓는 젊은이이기에 비록 부모님께서 원하는 길을 택하지 않는다 하더라도 무언가를 꿈꾸고, 무언가를 쌓고 있다는 것을 생각하시고 안심하시기 바랍니다.

그럼 가까운 시일 내에 뵙겠습니다. 안녕히 계십시오. -강릉에서 큰 아들 올림.

이태희입니다(1994. 12. 19.)

Happy Christmas!

교수님, 그동안 안녕하셨는지요? 해마다 연말이 되면 연하장이라도 보내야지, 하면서도 제대로 못해온 것 같습니다. 교수님은 여전하시겠지요? 저희들만 나이 들어가는 것 같아요. 엊그제인 것 같은 대학 시절인데 벌써 아들이 11개월 됐습니다. 결혼하고 미국에 온 지는 2년째 되었구요. 잘 적응해 가고 있어요. 이곳은 조용하고 지내기 좋습니다. 기회가 되면 열심히 못한 공부도 더 하려고 해요. 즐거운 성탄절과 연말이 되시기를 바랍니다(사진 동봉). - Virginia에서 이태희 드림

Mr. & Mrs. Seong S. Chung

6925 Compton Lane

Centreville, VA 22020

U. S. A.

연변과학기술대학교(1994. 12. 21.)

135-080 강남구 역삼동 772

구세주 예수님의 탄생과 희망찬 새해를 맞이하여 지난 한 해 동안 우리 대학의 발전을 위하여 베풀어주신 후원과 사랑에 진심으로 감사드립니다. 새해에도 여러분의 가정에 하나님의 축복이 항상 함께 하시기를 기원합니다.

'95년도 더욱 건강하시고 계획하신 일들이 잘 이루어지기를 빕니다. -도서관설립위원회위원장 김병선 드림.

필자는 이 대학이 현지에 설립될 때까지 사단법인 중국연변과학기술대학후원회 자문위원이었다.

상명여자대학교

110-743

새해에는 보다 건강하시고 바라시는 모든 일이 성취되시기를 기원하며 지

난해에 베풀어주신 덕에 감사드립니다. -金丙柱(김병주) 拜(배).

홍성철입니다(종로구 세종로 77)

새해에는 더욱 건강하시고, 뜻하시는 모든 일들이 뜻대로 이루어지기를 기원합니다. -제자 홍성철 올림.

부모님께
강원도 강릉시 담산동 사서함 11-1호

그간 안녕하셨는지요?

지난번 어머님을 못 뵙고 나온 것이 마음에 걸립니다. 할머님께선 아직도 우리 집에 계신지요? 마음고생이 많으실 줄 압니다. 한편으론 이런 생각도 듭니다. 사실 그거야 할머님께서 늙으셨으니 어쩔 수 없는 일이지만 설을, 올해의 시작을 모두들 모여서 맞을 수 없다는 게 더 큰 문제입니다. 그것이 단 하나의 사실일 뿐만 아니라 우리 집안의, 어쩌면 지금껏 곪아있었던 부분이 터진 것인지도 모른다는 생각이 스칩니다. 아무리 현대가 산업화되고, 개인주의화하며, 모든 책임을 개인에게 묻는다지만 싫든 좋든 집안의 문제입니다. 아무튼 빠른 시일 내에 해결되기만을 바랄 뿐입니다. 가족이든 집단이든 개인이든 하나의 개념으로 묶일 수 있는 것에는 항상 문제가 있고, 걱정거리가 있게 마련이라는 걸 느낍니다. 저는 저 나름대로, 어머님은 어머님대로, 아버님은 아버님대로, 할머님에게도 걱정은 있을 것입니다. 그래서 인간의 삶을 고해라고…….

해가 바뀌고, 좋지 못한 모든 것은 1994년 12월 31일의 해와 함께 바닷물 속에 용해되었으면 하고 빕니다. 새해에도 건강하십시오. -찬중 드림.

연하장(1994. 12. 29)

150-703 영등포구 여의도동 1번지

국회도서관

새해에도 하시는 일마다 다 잘되고 더욱 건강하시기를 빕니다. -박원식 올림.

예술의 전당

137-070 서초구 서초동

자주 찾아뵙지 못해 죄송했습니다.

'95년에는 교수님댁이 평안하시고 소망하시는 바람이 모두 성취되었으면 합니다. -안진모 김수경 올림.

P.S. 교수님 건강 유의하시고 새해 복 많이 받으셔요.

박진환

404-250 인천시 서구 가좌동 143-203 대한빌라 2-102호.

지난해 베풀어주신 은혜에 진심으로 감사드리며 밝아오는 새해를 맞이하여 교수님과 사모님의 건강과 행운이 가득하시길 기원합니다. -박진환 배상.

건강하시고 뜻하신 일이 꼭 이루어지는 한 해가 되시길 기원합니다. -株式會社 三養社(주식회사 삼양사) 이계홍 드림.

경기도 군포시 산본동 신11단지 신안모란Apt 1154-103호 새해에도 교수님 건강하심과 하나님의 은총이 함께 하시길 기도하옵니다. - 이종문 드림.

이 선생은 한양대학교 교육대학원에서 석사학위를, 상명대학교에서 박사학위를 각각 받았다. 필자가 그 석사논문을 심사했다.

연하장(1995. 1. 24.)

지난해에 보여주신 교수님의 따뜻한 배려에 감사드리고, 새해에도 건강하시고 즐거운 한 해가 되기를 빕니다. -개포동에서 이명희 드림.

교수님, 여러 가지로 베풀어주신 모든 은혜에 감사드립니다. 새해에는 복 많이 받으시고, 건강하시고, 행복하시길 소망합니다. -91학번 윤정 드림.

어울려 노래하고(1995. 3. 2.)

나는 방과 후 학생들과 곧잘 어울렸다. 특히 금요일이 오면 그들과 밥도 먹고 술도 마셨다. 그러다 흥이 나면 학생들과 노래방에서 어울렸다.

1993년 5월 25일, 명지대 앞의 '백련노래방'에서 필자와 어우러진 김미영, 김연희, 나문호, 오경선, 천정은 등은 때론 목청껏, 때론 조용히, 때론 음정 박자를 무시하며 앞서거니 뒤서거니 노래를 불렀고, 그 노래들은 지금 녹음테이프로 남아있다.

내가 학생들과 어울려서 노래를 부르기 시작한 초기엔 '그네'를 애창했고, 한때는 '사우: 벗 생각'을, 다음엔 '토요일 밤에'를 거쳐 '도시여 안녕'을 열창하다가, '그대와 나', '고래사냥', '젊은 그대' 등으로 이어졌다. 그러다 보면 자정을 넘기거나 여름밤을 꼬박 새는 경우도 있었다. 어떤 학생은 집으로 돌아갈 차비가 없어서 함께 어울린 친구 혹은 나에게 손을 내미는 경우도 있었고, 자신의 주량을 견디지 못하여 쓰러져 잠이 들거나 친구들의 부축을 받아 겨우 집으로 돌아가는 학생도 있었다. 물론 여학생들은 9시가 넘기가 무섭게 스스로 귀가하거나 내가 귀가를 종용하여 돌려보냈다. 그렇다고 시간과 상관없이 돌아가겠다는 남학생을 붙잡은 경우도 없었다.

어쩌다 기타를 치는 학생이 합석하게 되면 그날은 거의 틀림없이 자정을 넘겨 귀가하거나 철야하는 날이 되었다. 기억나는 대로 이때의 학생들을 열거하면 이렇다.

곽병희, 권동연, 권명규, 기유화, 김다나, 김미영, 김수경, 김영진, 김영학, 김영호, 김은경, 김장현, 김주연, 나종복, 남향옥, 박달호, 박명환, 박인철, 박준영, 박진환,

박현나, 방현철, 배성우, 서수석, 성기문, 송영훈, 송승섭, 신상범, 신춘섭, 안경식, 양문석, 엄강옥, 오세훈, 오충희, 왕신식, 우용우, 이강윤, 이경현, 이국희, 이방은, 이유준, 이재경, 장혜원, 전민우, 정경순, 정권, 정병인, 조영달, 최미언, 최향숙, 허원태, 허은, 홍기남, 홍상필, 황정수.

방과 후 학생들과의 만남은 한 잔 술에 대한 유혹만은 아니고, 강의실에서의 만남이 교육의 전부는 아니라는 생각이 언제부터인가 들었기 때문이다. 또 젊은이들과 만남이 얼마나 소중한가를 깨닫고 싶었다.

송영훈 군+신부 김희순 '주례사' (1995.)

유서 깊은 헌인릉에서 양가의 어른들과 하객 여러분을 모신 가운데 신랑 송영훈 군과 신부 김희순 양의 결혼식을 거행하게 되었음을 여기 참석하신 모든 분들과 함께 진심으로 축하하면서 양가의 어른들과 하객 여러분에게 감사의 말씀을 드립니다.

아름다운 신부, 당당한 신랑. 이 두 사람은 훌륭한 가정교육과 우수한 고등교육을 받았으며, 지금은 각각 패기만만하고 전도가 유망한 직업인으로써 성실과 근면의 표상이 되고 있습니다. 이 두 사람은 여러분이 주시하시고 증인이 되신 가운데 이 순간부터 모든 것을 함께 설계하고 그것을 실천하기 위하여 영원한 동반자요, 평생의 반려자가 될 것을 굳게 약속하였습니다. 이 약속은 희망과 영광, 발전과 행복을 위한 맹세의 의식입니다. 이제부터 신랑 위한 부의 사랑을 밑거름으로 하여 위동고동락하면서 양가 부모님과 친인 약속 그리고 신랑의 주변에서 항상 두 사람을 주목하고 격려하는 수많은 사람들의 기대와 소망을 저버리지 말기를 간절히 바랍니다. 우리들의 기대와 소망은 두 사람의 영원한 사랑과 인내와 용기이며, 끊임없는 발전입니다. 물론 두 사람은 우리들의 기대와 소망을 저버리지 않을 것입니다. 따라서 여러분들도 지금까지 보여주셨던 사랑의 채찍질을 아끼지 마시고, 더욱 더 두 사람을 지도편달해서 이들이 설계하고 도모하고 실천하려는 모든 일이 하나하나 성취될 수 있도록 이끌어주시고 성원하여 주시기를 간절히 청합니다. 그렇게 하여 이들이 성취하려는 크고 작은 일들이 이웃과 사회 발전에 공헌할 수 있는 주춧돌이 되도록 이들을 지원하고 격려합시다.

신랑 신부가 평소에 절대로 소홀히 할 수 없는 것은 두 사람의 건강입니다.

건강을 잃으면 모든 것을 잃는 것이며, 따라서 금은보화, 미래의 설계, 탁월한 식견, 영광과 행복이 모두 무용지물이 되고 맙니다. 건강은 생명의 원천입니다. 건강은 사랑의 근원입니다. 건강은 인내와 용기의 자원입니다. 특별히 건강을 당부하면서 결혼에 관한 몇 가지 의견을 말씀드릴까 합니다.

동서양을 막론하고 결혼의 초기 형태는 달콤하고 낭만적인 사랑의 관계보다 경제적 소유가 중시되는 관계였다고 합니다. 영어의 Wed는 본래, 신랑이 신부에게 바치는 가축이나 재산을 의미했던 점으로 보아 결혼이 거래관계였음을 보여줍니다. 따라서 밀월여행이라는 것은 지금처럼 아기자기한 것이 아니고, 경제적 종속관계 그 자체였습니다. 결혼을 로맨스의 흔적으로 느끼는 사랑의 관계임을 시인한 민족은 그리스 민족이었습니다. 강제적 거래관계에서 발전된 사랑의 상징적 징표를 교환하는 관습을 전승해 온 것도 그들이었습니다. 결혼반지가 그렇고, 신부들이 결혼할 때 입는 흰 옷이 그러합니다. 흰 옷은 순결과 환희의 색상입니다. 결혼을 긍정적으로 보는 어록은 수없이 많이 있습니다.

좋은 결혼의 시금석, 그 참된 증거는 결합이 계속되는 시간에 따른다.

결혼이란 남자의 권리를 반분하여 의무를 두 배로 하는 것이다.

결혼의 열매는 애정이다.

결혼은 사랑의 시를 산문으로 번역한 것이다.

결혼은 적절한 치료가 된다. 결혼은 인간의 가장 자연스런 상태이다. 따라서 사람은 결혼함으로써 진정한 행복을 찾게 된다.

신중하고 건강한 아내를 얻고 자기직업에 충실하면 그녀의 절약과 더불어 그것으로 충분한 재산이 된다.

결혼의 행복은 부부간의 마음의 화합에서 비롯된다.

결혼은 개인을 고독으로부터 구하며 그들에게 가정과 자식을 주어서 공간 속에 안정시킨다.

결혼의 성공은 합당한 짝을 찾는 데 있는 것이 아니라 합당한 짝이 되는 데 있다.

결혼은 가정생활의 즐거움 이외에 성생활의 부정을 제거하고 무의미했던 생활에 의미를 부여한다.

결혼은 문화의 시작이며 으뜸이다. 그것은 난폭한 자를 온화하게 하고 교양이 높은 자에게 그 온정을 증명하게 하는 최상의 기회이다.

결혼은 참다운 연애의 시작이다.

국가는 여러 가정을 합한 것이다. 좋은 가정이 합하면 그 나라는 훌륭하고, 좋지 못한 가정이 합하면 그 나라는 퇴보한다. 따라서 국가를 다스리는 도는 반드시 가정에서 시작해야 하며 가정을 다스리는 도는 결혼에서 시작해야 한다. 사람의 일은 모두 결혼에서 근원되어 여러 가지로 흘러가는 것이다.

결혼은 애정의 구속이 아니라 애정의 보장이고, 평범의 연속이 아니라 깊은 안정과 조화 속에서 이루어지는 무한한 변화, 참신하고 생명적인 애정의 창조 형태이다.

그러나 이런 어록들보다 간결 명료한 것은 건강과 사랑의 맹세입니다. 이것을 잘 지킨다면 만사형통이라는 사실을 강조하면서 다시 한번 신랑 신부의 건투를 기원합니다. 여러분 감사합니다.

모시는 말씀(1995. 5. 12.)

삼가 아뢰옵니다.

斗筆(두필) 鄭亨愚(정형우) 博士(박사)께서 지난 2월 말로 그간 재직하시던 연세대학교에서 정년을 맞이하셨습니다. 선생님의 정년을 기리기 위하여 선생님의 논저집 〈朝鮮朝 書籍文化硏究〉(조선조 서적문화연구)와 동학과 재자들의 기념문집 〈斗筆先生과 延世〉(두필선생과 연세)를 출판하여 헌정하는 모임을 마련하였습니다.

부디 착석하셔서 자리를 더욱 빛내주시기 바랍니다.

일시: 1995년 5월 12일(금) 오후4시

장소: 연세대학교 동문회관 3층 대연회실

회비: 20,000원

斗筆(두필) 鄭亨愚(정형우) 博士(박사) 定年紀念論文集刊行委員會 委員長(정년기념논문집간행위원회 위원장) 한상완

유종희입니다(1995. 7. 14.)

안녕하세요, 교수님.

간단한 전화 한 통으로도 얼마든지 인사드릴 수 있었을 텐데 무심함으로 인해 이제야 인사드릴 생각을 했습니다.

저의 시아버님 장례식 때 제일 먼저 와주시고 아무 것도 준비되지 않은 상가를 지켜주신 교수님께 감사의 전화 한 통 드리지 않은 저의 무성의를 용서해 주십시오. 그리고 사모님의 소식을 들었음에도 인사드리지 못한 몰염치를 용서해 주십시오. 그렇지만 항상 교수님과 사모님에 대한 감사와 건강을 기원하는 마음을 가지고 있다는 것을 알아주세요. 사모님도 많이 회복되셨다니 정말 다행이고요. 교수님 또한 건강에 조심하시고 '난 아직 괜찮아' 하는 자만심(?)은 버리세요. 술 너무 과하게 들지 마시고요.

제가 교수님께 한 가지 여쭈어 볼 것이 있네요. 사모님께서 교수님 건강을 위해서 특별히 어떤 내조를 하시는지, 그리고 교수님 스스로 어떻게 몸 관리를 하시는지 너무 너무 궁금해요. 전 요즘 기찬 아빠 때문에 걱정이에요. 워낙

기본 체력이 부실한데다 한 사람이 여러 몫을 하려니까 몸이 말이 아니네요. 따라주지 않는 체력, 전공과 전혀 다른 회사 분위기, 하려고 하는 욕심과는 반비례하는 시간의 부족으로 인한 갈등, 나이 때문에 포기해야 하는 교직생활 등등. 이런 문제들을 안고 그 체력에 허우적대는 모습을 보면 너무 속이 상해서 부모님 원망도 해봅니다. 오죽하면 제가 회사 그만두고 따로 살면서 하고 싶은 것 실컷 해보라고 했겠어요. 그건 제가 경제력이 없어서 안 된대요. 기찬 아빠에게 위로가 될 말씀을 좀 일러주세요. 다른 누구의 얘기도 안 듣는 사람이지만 교수님 말씀은 잘 듣는 사람이에요. 지난번 회사 안 옮기고 말 안 들은 것 후회하고 있거든요. 제가 너무 수다를 떨어서 죄송합니다.

엎드려 인사드리고 식사라도 한 번 대접해야 하는데 주변머리가 없어서 항상 감사하는 마음, 죄송한 마음 담은 채 이렇게 대신합니다. 건강한 거목으로 어리숙한 저희들을 지켜봐 주십시오. 장마철 습한 날씨에 건강 유의하시고 저도 건강한 모습으로 다시 인사드리겠습니다. -유종희 올림

92학번 졸업 인사(1995. 11. 23.)

[가로 글] 지성이라는 것과 인성이라는 것 두 가지를 배우고, 스물네 살 동안, 아니 스물하나에서부터 넷까지, 그리고 그 이후에도 저희에게 보여주신 것을 간직하고 살아가겠습니다. 지금 이 순간에는 교수님께서 보여주신 것을 가끔 잊어버리고, 시간이 흐른 뒤에는 가끔 생각하겠지만, 행동만큼은 교수님이 보여주신 인생에서 살아가는 방법을 닮아가도록, 습관처럼 되도록 하고 싶은 것이 제 바람입니다. 쓰다 보니 앞뒤가 맞지 않는 편지가 되어버렸네요. 정말 하고 싶은 말은 딱 한 가지인데, 감사합니다!

[세로 글] 특이하게 보이려고 가로로 썼는데 파일 정리가 어려우실까봐 세로로 다시 씁니다. 말씀보다는 행동을 보여주신 교수님, 전 그런 교수님의 모습을 닮아갈 겁니다. 지금은 성숙한 열매가 되지 못한 저이지만 계속해서 잘 익고 맛과 향기와 보기가 좋은 열매가 되도록 노력하겠습니다. 또한 그런 모습 지속적으로 지켜봐 주세요. 지식의 스승이셨던 분들은 많았지만 지식과 인생의 스승을 일생동안 만나 뵙기가 어려운 것 같습니다. 24살 동안 한 분 뿐이었으니까요! 못 만나는 사람도 있겠지요! 그래서 전 인생과 지식의 스승을 만나 뵐 수 있어서 무척 행운이라고 생각합니다. 다른 사람을 행복하게 만드는 일이 무척이나 어렵겠지만 전 꼭 다른 사람들이 행복하도록 노력하겠습니다. 교수님께 방법을 배웠으니까 잘 할 수 있을 것이라고 생각합니다. 꼭 그렇게 할게요! 행복한 순간순간이 모여서 세월이 흘러 추억거리가 될 때 그리움이 남겠지요. 먼 미래에 흐뭇한 웃음과 함께 더 없이 보고 싶은 마음이 될 것 같아서 생각에 잠겨 있는데 지금 내리는 창밖의 눈이 제 마음을 더 감상적이게 하

네요. 그만 쓸게요.

93, 94, 95(年) 해는 보람된 나날들이었습니다. 그동안 교수님이 주신 사랑으로 그나마 지금의 성숙한 모습으로 자랄 수 있지 않았나 합니다. 교수님과 함께 할 수 있는 정을 이제야 조금씩 느껴 갈 때, 졸업하게 됨이 못내 아쉽습니다. (사람은 지나고서야, 늦게나마 깨닫게 되는 모양입니다.) 하지만 마지막이라 생각지 않습니다. 지난해보다 더 많은 시간과 교수님의 사랑을 앞으로 더 기대해 보렵니다. 남들보다 한 해 적게 받은 교수님의 사랑을 앞으론 남들보다 두 배씩 받으렵니다. 그리고 영원히 교수님의 광대의 끼를 사랑하고 간직하렵니다. 교수님! 제 삐삐는 항상 대기 중이에요!! 번호를 잊은 건 아니시겠죠?

1995년 11월 23일, 92316032
박미경 올림

어느새 4년이라는 시간이 흘러버렸다는 것이 정말로 믿어지지 않습니다. 이제 1995년도 한 달여 밖에는 남지 않았고 비록 졸업은 내년이라지만, 오늘의 이 수업의 종강 이후에는 아마 실질적인 졸업이겠지요. 갑자기 취업이 결정되어 지난 마지막 학기는 정신없이 보내버리고 마지막에야 간신히 논문을 시작해서 오늘에야 제본을 맡겼습니다. 그러고 나니, 지금 정말로 많이 허망하기만 한데⋯⋯. 오늘 이 수업조차 종강이라고 하니⋯⋯. 뭐라고 말할 수 없이 착잡합니다.

교수님, 지난 4년간 정말로 감사했습니다. 말도 많고, 탈도 많고, 일도 많았지만 언제나 교수님께서 저희를 아껴 주셨기에 지금 이 날에 이른 것 같습니다. 정말 감사합니다. 건강하세요.

마지막까지 논문으로 속 썩인 김수아 씁니다.

교수님! 어찌 보면 공식적인 만남으로는 마지막이 될지도 모르는 이 시점에서 교수님께 하고 싶은 말도 많고, 힘들었던 일, 어려웠던 일에 대해서 어리광도 부리고 싶고……. 정말이지 저에게는 이 4년이라는 시간이 짧지만은 않은 시간들이었어요. 교수님도 아시다시피 저는 남들과 신체적인 조건, 건강 면에서 남달랐기 때문에 저에게 대학생활이라는 것은 하나의 도전대상이었지요. 고등학교 시절에 저는 남들과 다르다는 피해의식 속에서 제대로 된 학창시절을 영위할 수 없었기에 처음에는 교수님께 저에 대해 밝히는 것을 꺼리고 망설이게 되었고 그 때문에 교수님과의 만남도 어색하고 망설이게 되었지요.

하지만 교수님, 지금 와서 저는 다른 아이들보다도 수십 배, 수천 배, 졸업에 대한 남다른 감회를 갖게 되고, 또한 남들에게 저에 대한 모든 것을 밝히기 싫어하는 마음을 이해해주신 말 없는 배려에 대해 뭐라고 감사하다는 말씀을 드려야 할지 모르겠어요.

교수님! 이제는 저의 목표도 바뀌었어요. 이제는 직장이 바로 제 도전대상이 되었지요. 열심히 최선을 다해서 극복할 거여요. 누구에게도 뒤지지 않도록. 저는 이제 졸업을 하지만 지금까지보다도 더 많은 도움을 앞으로 바라게 될 것 같아요.

교수님은 내리사랑이잖아요. 앞으로 제가 교수님 귀찮게 해드리고, 찾아와도 교수님, 변함없이 저 기억해 주시구요, 지금처럼 돌봐주셔야 해요. 저에게 지식 이외에도 신뢰감과 믿음을 심어주신 교수님께 진심으로 감사드리고요, 건강하셔야 해요. 저도 건강할 게요. 우리 약속해요. -92학번 강성윤

92학번 학생 가운데 강성윤 양은 무엇이 그리 바쁜지 가장 먼저 내 곁을 떠나 저세상으로 갔다.

교수님, 그동안 저희 모두를 위해 애쓰시고 많은 관심을 베풀어주신 교수님

께 감사드립니다. 이제 이 수업시간이 교수님과의 마지막 수업이라 생각하니 더더욱 쓸쓸해집니다. 교수님과 친하기도 하고 대화도 많이 나누는 친구들을 매우 부러워했습니다. 저는 교수님과 많은 대화도 나누고 싶었고, 더 교수님 께 잘 하고 싶었고, 공부도 더욱 열심히 해야겠다는 생각도 했었지만, 그러한 것들이 제 마음대로 잘 되지 않아 아쉬움이 많습니다.

교수님, 그동안 정말 감사했습니다. 졸업을 하고, 취직을 하고……. 기쁜 일 이 있을 때마다, 자주 연락드리겠습니다. 제가 나중에 꼭 훌륭한(멋진) 사람이 되어서 교수님의 은혜에 반드시 보답할 것입니다. 교수님 감사합니다. 앞으로 제 자신의 앞날을 위해 최선을 다해 노력하겠습니다.

교수님, 먼저 감사드립니다.

대학에 들어와서 교수님과 같이 좋은 선배님을 만나 뵙게 된 것을 정말 기 쁘고 행운이라 생각해요. 때로는 저의 아버지와 같은 포근하고 따뜻한 느낌을 받기도 했고, 때로는 마음이 잘 통하는 선생님 같기도 했어요.

교수님, 지금까지의 그 모습 영원히 간직하셨으면 좋겠어요. 졸업해서도 늘 마음속에 교수님을 간직하고, 자주라고 약속은 못드리지만 그래도 자주 찾아 뵐게요. 혹시 귀찮아하시지는 않겠지요?!

졸업해서 교수님과 자주 만날 수 없게 된다고 생각하니 너무너무 섭섭해요. 그동안 너무 잘 해주셔서 감사하고요, 교수님의 사랑에 재대로 보답도 못해드 려 죄송합니다. 앞으로 자주 많이많이 찾아뵐게요. 교수님, 전에 혜원이랑, 경 순이랑, 저랑 한 약속 잊지 않으셨죠?

교수님! 마지막으로 하고 싶은 말은요, 건강하게 오래오래 즐겁고 행복하게 사셔야 되요. 그동안 많은 도움 주셔서 정말 감사해요. 교수님!! 정말 love 해 요. 많이 교수님이 보고 싶을 거예요! -1995년 11월 23일 교수님의 제자 은경 올림.

교수님, 정말 감사합니다.

4년 동안 저희 92학번 예뻐해 주시고 사랑해 주셔서 저희들에게 많은 추억을 간직하도록 도와주신 교수님을 아마 평생 잊지 못할 것입니다. 졸업을 앞두고 아쉬운 게 참 많은 것 같습니다. 특히 좀 더 학과공부를 열심히 하지 못한 점과 사서로서의 매력을 뒤 늦게야 깨달았다는 점을 아쉬움으로 남긴 채 학생의 신분에서 이제 사회인으로 진출한다고 생각하니 두려움이 먼저 다가옵니다. 과연 회사에서 상사가 교수님처럼 저희들의 응석을 얼마나 받아줄까요? 냉정한 조직사회이기 때문에 꿈도 꿀 수 없을 것 같습니다.

작년 수학여행 생각나세요? 한라산 백록담까지의 등반, 교수님께서 안 계셨다면 도중에 포기하고 돌아설 뻔했어요. 비록 힘들고 괴로웠지만 지금 생각하면 제 인생의 큰 추억거리를 만들 수 있었던 계기가 되었던 것 같습니다. 그 당시에는 산이란 말만 들어도 몸서리를 쳤지만, 이젠 정상 정복의 통쾌함을 알 것 같습니다. 그래서 교수님을 더 존경한다는 사실, 기억해 주시길 바랍니다.

4년 동안 배운 것 중 자료조직 수업 중에 배웠던 분류번호를 결정하며 재미있게 보냈던 것이 가장 기억에 남습니다. 앞으로 어느 분야에서 일하게 될지는 잘 모르겠지만, 취업이 되면 교수님께 좋은 소식 알려드리겠습니다.

그리고 저희 92학번 잊지 마시고, 몇 년 후가 될지는 모르지만 청첩장 보내드릴 테니 결혼식 때 꼭 오셔서 축하해 주세요. 교수님, 저희 이만큼 가르쳐주시고 지도해 주셔서 정말 감사합니다.

어느 덧 지나가 버렸습니다. 4년이…….

처음에 입학했을 때에는 '학문의 깊이를 한 번 느껴보자. 사람을 사귀는 법과 교육을 통해 나라는 하나의 존재를 완성시켜보자'라고 이 문턱을 들어섰는데 그게 좀처럼 쉽게 이루어지거나 빠른 시일 내에 되지 않는다는 것을 알게 되었고 앞으로 해야 할 일이 많다는 걸 알면 알수록 늘어만 갑니다.

평생을 생각하면 4년은 짧은 기간이지만 현재의 나로서는 너무나 소중한 시간이었는데 솔직히 굉장히 아쉽고 나 자신을 원망하지 않을 수 없는 시간입니다. 저도 누구 못지않게 술을 좋아했고, 교수님께서 가끔 내비치는 사람의 삶에 대한 이야기도 하고 싶었지만 교수님과 따로 만나는 게 좀 그렇다는 편협된 생각에 몸을 사리게 된 점, 죄송하게 생각합니다.

아마도 저라는 존재를 일면, '날라리'로 치부하셨을지도 모릅니다. 매 학기마다 수업을 3-4회 결석하는 게 습관화되어 버렸고, 시험공부도 고등학교 때와 같이 벼락치기 하고, 학과 행사는 1학년으로 끝내고……. 무엇을 해왔는지 잘 모르시겠지만 그래도 저 나름의 성과를 매김할 수 있는 것도 있었습니다. 학과활동은 안했지만 동아리에서 이리저리 뛰어다니며 고민도 많이 했고, 전공은 적성에 맞지 않았지만 3학년부터 내가 정말 하고 싶은 학문에 들어갈 수 있었으며, 사람에 대해 정말 가장 많이 생각했던 시기였으니까요. 제가 이런 글을 쓴 것은 제가 교수님에게 지금까지 보여 왔던 모습을 조금이나마 좋게 보이고 싶어서인데 이해해 주시기 바랍니다.

네 분의 교수님 중 가장 친하게 지낼 수 있는 선생님이었음에도 불구하고 계속 피하기만 했던 것이 죄송스럽기만 합니다. 우리들을 위해 많이 노력하신 모습 또한 보기 좋았고요. 그럼 앞으로 10년, 우리 같은 학생들과 여전히 변함없는 모습으로 지내시길 바라며 줄이겠습니다. 그리고 저는 잘 살아갈 것입니다. 아름답게……. - LEJ

다른 교수님들에 비해 교수님과 가까워질 수 있는 기회가 많이 있었던 것 같습니다. 그럼에도 불구하고 제 자신은 실지로 그렇지 못해서 아쉬움이 많이 그럼에도 강의실 밖에서의 교수님과 학생들 간의 만남도 수업 그 이상으로 중요하다고 믿습니다. 그런 면에서 강의실 감사드립니다. 대학생활을 마감하면서 돌이켜보니 학과 일에서나 교수님과의 관계에서나 항상 소극적이고 주위를 맴도는 저였던 것 같습니다. 이런 저런 많은 일들을 남겨 둔 채 졸업을 하게 되었습니다. 언제나 교수님 가까이에 있는 제자가 아니더라도 저처럼 주변에서 서성거리는 못난 제자도 있다는 것을 아는 제자가 술자리에서, 또 노래방에서의 교수님의 모습을 잊지못할 것 같습니다. 취직하고 사회인이 되고 난 후 교수님을 꼭 찾아뵙겠습니다.

교수님, 4년 동안 정말 감사했습니다. 여러모로 보살펴주신 마음, 깊이 간직할게요. 사회에 나가서도 자주 뵐 수 있었으면 좋겠네요.

참, 그리고 수업을 원서로 하지 않으면 안 될까요? 물론 영어를 자주 접할수 있고, 학과 특성상 원서가 필요하다는 것은 알고 있습니다. 사회과학서지나 자연과학서지는 원서를 보고 하는 것이 좋겠지만 분류, 편목을 배울 때는 먼저 그것을 확실히 해야 한다고 생각합니다. 영어보다는 그 내용을 확실히 아는 것이 더 중요하지 않나요? 사실 제가 영어 실력이 좀 모자라서 이런 소리를 하는 것이지만 분류 배울 때 잘 따라가지 못했거든요. 죄송합니다.

교수님, 앞으로도 지금처럼 계속 건강하시고 멋진 모습 보여주시리라 기대할게요. 그리고 저도 열심히, 성실히 살아가는 사회인이 되겠습니다.

교수님! 감사합니다. 건강하세요.

막상 졸업을 앞두니까 지난 대학생활이 후회만 남고, 아쉬움만 남습니다. 앞으로, 소홀했던 만큼 학교와 교수님, 동기들, 후배들, 선배님들 잊지 못할 거여요. 자주 찾아뵙지는 못하겠지만 새로운 환경에서 최선을 다하여 살겠습니다. 건강하시고, 저희 92학번 잊지 마세요.

교수님! 4년 동안의 가르치심, 평생 실천하며 살겠습니다.

건강하시구요, 감사드립니다. -정주영 올림

4년 동안 지도교수로서 저희 92학번을 가르쳐 주신 데 대해 감사합니다. 1~2학년 때는 그럭저럭 학교생활을 보냈고, 3~4학년은 조금 바쁜 생활을 하다 보니, 교수님을 별로 찾아뵙지 못했던 것 같고, 우리 동기들과 교수님과의 모임에도 많이 참석하지 못했습니다. 4년 내내 교수님에 대한 생각이 같았던 것은 아닙니다. 3학년 말부터 4학년 초까지 취업에 대한 관심이 한참 많을 때, 약간의 서운함과 반감을 갖기도 했었습니다. 그러나 졸업을 앞둔 지금 심정은 그때와는 많이 달라졌습니다. 자신의 앞길은 스스로 개척해야 한다는 것을 뒤늦게 깨달은 탓인 것 같습니다. 졸업한 뒤 자주는 아니라도 동기들과 함께 찾아뵐 때는 꼭 참석하겠습니다 4년 동안 지도해 주셔서 감사하고, 몸 건강히 계세요.

너무나 멋진 우리 교수님께!

교수님! 우선 4년 동안 이끌어주신 것 정말 감사드립니다. 많지는 않았지만 교수님과 같이 했던 자리들은 늘 기분 좋고 즐거운 시간이었습니다. 교수님이 알고 계신지 모르겠지만 저는 1학년 때부터 교수님 강의시간이나 교수님이 풍기는 분위기가 정말 좋았습니다. 이제 이렇게 교수님과의 마지막 시간을 보내려고 하니 무척 아쉽고 서운한데요. 1996년도 교수님께 늘 좋은 일만 있길 바라고……. 건강하시고 항상 행복하세요. -교수님을 무척 존경하는 정민 올림.

p.s. 지금 끝나는 분위기라 더 못쓰겠는데요. 나중에 꼭 찾아뵙겠습니다.

명지대학교 문헌정보학과 92316006 박현나가 교수님께 드리는 글

4년이라는 시간이 얼마나 빠르게 지났는지 새삼 뒤를 돌아보게 됩니다. 촌스럽게 코흘리개로 지방에서 올라온 저에게는 서울생활과 친구들과 선배님들, 그리고 교수님들까지도 모두 두렵기만 한 지가 엊그제 같습니다. 그때,

O.T와 첫 M.T를 따라가서 뵌 교수님께서는 저의 4년 동안, 아니 앞으로도 계속 마음 속 스승님으로 자리매김을 하고 계실 것입니다.

항상 친정아버님, 시아버님과 같은 우스갯소리를 한다고 하지만 정말이지 저는 교수님이 정말 친근한 우리 아버님 같다는 생각을 하곤 했답니다(이것도 또 농담으로 들으시고 웃지 마세요!!). 저희 집에서도 저를 가르치는 교수님이 김용성 교수님 한 분 밖에 없는 걸로 알 정도로 교수님에 대한 지의 사랑(?)이 크다는 걸 알아주셨음 합니다. 물론 알고 계시겠지요?

우리 학과에서 제일 목소리 크고 시끄러운 저에게 항상 관심을 가져 주신 점, 마음 깊이 감사드립니다(아직까지도 그 목소리는 여전하지요?). 목소리 큰 사람치고 인간성 나쁜 사람 없다고 하지 않습니까? 보기에는 곰 같지만, 생각과 행동은 여우같이 살아갈 생각입니다. 이런 글을 쓰는데 그다지 마음이 좋지만은 않습니다. 그냥 마음이 싸~ 한 게……. 콧물도 나오려고 그러네요……. 교수님과 쌓은 추억, 사진과 기억으로 잘 간직하고 있을게요. 교수님께서도 저 잊지 마시고, 이 '박현나'가 어디에 박혔나, 저기에 박혔나? 여기에 박혔나? 걱정 마시고 '박현나' 이름 석 자와 저에 대한 추억을 가지고 계시길 바랍니다(나쁜 기억은 꼭 지워 버리세요!!!).

마지막으로, 저 잊지 마시라고 사진 붙여 놓았으니까 제 생각이 간절(?)하실 때마다 이거 읽으시면서 저 생각하세요. 항상 건강하시구요(이게 제일 큰 바람이에요), 어머! 교수님. 지금 눈이 오네요……. 보셨죠? 즐거운 마음으로 오래오래 사셔야 돼요. 아셨죠? -우리 학과 92 학번 중 가장 목소리가 큰 박현나 올림.

p.s. T. 336-9687; 삐삐: 012-827-9687 -) 혹시나 잊지 마시라고요.

교수님 안녕하세요. 저, 혜원인데요.

코 찔찔 흘리면서 이 대학의 문을 들어선 게 엊그제 같은데 벌써 교수님 수업을 듣는 것도 이 시간이 마지막이네요. 저희 학년을 맡고 계셔서인지 4분 교수님들 중에 교수님과는 특히 사적으로도, 또 여러 행사에서도 자주 뵐 수 있었기 때문에 더 친근하게 느껴지나 봐요. 또 저희가 느끼기에도 교수님께서 저희 학번을 많이 예뻐해 주신 것도 같고요(저만의 착각은 아니겠죠?).

이제 2학기가 끝나고 내년 2월, 이 교정의 문을 나서면 저나 저희 92학번들은 모두 각자의 길을 가게 되겠지만 저희가 함께 할 수 있는 추억은 참 예쁘게 남을 것 같아요. 4년 동안의 문헌정보학과 생활에서의 갖가지 일들과, 재미있고 힘들었던 여러 행사, 시험, 수업 등등과 교정에서 함께 막걸리 잔을 드시던 교수님 모습⋯⋯. 특히 교수님께서 저희 한 사람 한 사람에게 그렇게 세심하게 신경을 쓰고 계신지 몰랐는데, 저희의 행동, 성격 같은 걸 꼬집어 말하실 땐 얼마나 놀랐다고요. 4학년 들어 교수님과 어울리는 자리가 재미있고, 좋아서, 뒤늦게야 가끔씩 그런 자리를 만들곤 하는 철없는 제자를 용서해 주시겠죠.

차차 많이 그리울 것 같아요. M.T 때 밤새 교수님과 동그랗게 앉아서 노래하던 일, 체육대회, 수업하기 싫어서 야외수업 하자고 떼쓰던 일, 쉼터에서의 수업, 학우의 밤, 수학여행, 또 교수님의 노래방 단골 레파토리인 조용남 노래 등등⋯⋯.

교수님 졸업한 후에도 저희 학번 잊지 마시고요, 또 저번 경순이, 은경이랑 정한 정기모임 날짜엔 꼭 찾아뵐게요. 물론 그때뿐만은 아니겠지만요. 교수님도 그 날짜 꼭 기억하고 계셔야 해요(약속!).

그럼 저희들을 많이~ 많이 예뻐해주신 교수님께 정말 감사드리면서, 교수님 늘 건강하세요!!!(95. 11. 23. 목)

교수님! 지난 4년 동안 가르쳐 주신 것에 대해 깊이 감사드립니다. 처음 맞는 대학생활에서 제일 처음 뵈었던 분이 교수님이셨고 담임 교수님도 되셨기에 교수님과의 인연은 남다르다고 생각됩니다.

자유로운 대학생활과는 달리 사제지간은 중고등학교 시절보다 더 서먹서

먹할 것이라 예상했었는데, 학생들과 스스럼없이 어울리시는 교수님을 통해 저의 예상은 보기 좋게 빗나갔습니다. 그런 교수님과의 술자리는 기분 좋은 것이었습니다. 특히 졸업여행은 4년 동안의 대학생활 중 가장 기억에 남을 것 같습니다. 1박 2일의 짧은 기간이었지만 친구들과 교수님과 함께 했던 그 일들은 오랫동안 즐거운 추억으로 남을 것입니다.

1학년 '새내기'로 불리던 것이 엊그제 같은데 벌써 졸업반이 되어 교수님과 후배들 곁을 떠나게 되었습니다. (평소 글재주가 없어 글 쓰는 것을 좋아하지 않았는데 교수님께 제 마음을 글로 적는 것이 무척 힘이 드는군요. 이해해 주세요.) 아무쪼록 몸 건강하시고, 92학번에 이재경이 있었다는 사실을 꼭 기억해 주세요.

1995. 11. 23 목 14:45

쓴 사람 : 교수님을 사랑하는 호정이 92316029 백호정
받으시는 분 : 제자를 사랑하는 김용성 교수님

이젠 교수님의 강의시간에 이 번호와 이 이름은 남겨지지 않을 것이라 생각하니 많은 아쉬움과 여운이 맴도는 듯합니다. 대학에 들어와서 O.T를 갔을 때 교수님의 모습은 그저 아련하기만 합니다. 그러나 대학 4년을 지내는 동안 뵈었던 교수님의 모습은 여러 가지로 새겨져 있습니다.

처음에는 교수님 너무 무서웠습니다. 정말이지 교내에서 마주쳐 인사드리기도 무척이나 어려웠습니다. 하지만 여러 사람을 통하여 교수님을 알고, 또 많은 행사를 통하여 교수님을 알고 나서는 제게 쌓였던 벽이 무너졌답니다. 정말 교수님을 좋아하게 되었답니다. 하지만, 교수님과의 사이에 적극적이지 못했던 저는 가끔 혼자서 가지는 서운함 때문에 교수님 미워도 했었답니다. 모르셨죠? 그리고, 혼자 힘은 아니었지만 교수님과의 사이가 어느 정도 편하

게 되었는데 이젠 졸업이네요. 졸업이 끝은 아니지만 그래도 학교를 다니던 시절보다는 교수님 뵙기가 힘들겠죠? 연락 자주 드릴게요. 항상 건강하셔야 돼요. 교수님…….

참, 더 드릴 말씀이 있네요. 제가 진학에 대해 갈팡질팡 고민할 때, 교수님의 관심과 제게 해 주신 한마디 한마디가 용기가 되었습니다. 결과가 어떻게 되던지 열심히 해 보겠습니다. 누군가 그러던데요, 좌절과 실패를 염려하면서 공부를 한다면 진정으로 공부하는 것이 아니래요. 정말 공부하는 건 좌절을 맛보며 해나가는 거라나요. 교수님, 이 말이 맞는 것 같으세요? 앞으로도 계속 교수님의 지도 받을 수 있길 바랍니다. 그리고 교수님 마음속에는 제가 항상 대학 입학 때처럼 그리고 이 펜의 색깔처럼 푸릇푸릇 돋아나는 새싹 같길 바라고요. 그리고 쑥스러운데 이 다음에 제 결혼식 때 주례로 모실 수 있을까요? 그냥 그랬음 하는 제 마음이에요. 눈 오네요. 싸라기눈이지만…….

4년을 다 지내고 나니 후회되는 점도 있고, 후련한 마음도 있습니다. 대학에 들어와서 문헌정보학이라는 새로운 학문과 모든 것이 새로운 환경 때문에 어려운 점도 있었지만 교수님, 친구들 때문에 잘 적응할 수 있었던 것 같습니다.

제가 여러 행사에 자주 참석하지 못해서 교수님을 자주 뵙지는 못했지만 저희 지도교수님이셔서 그런지 몰라도 여러 면에서 다른 교수님보다 친근감이 듭니다. 교수님, 4년 동안 감사했습니다. 시간이 없어서 다 못 쓴 이야기는 나중에 꼭 하지요. -고은주 드림

교수님, 감사합니다.

어제는 잘 들어가셨지요? 그나저나 교수님의 체력은 놀랍고도 신비롭습니다. 항상 건강하세요. 졸업하고서도 찾아뵐게요. (소주 한 병 사들고요.) 교수님을 지도교수로 만나서 정말 즐겁고 행복한 날들이었습니다. 4년이란 시간

이 너무 빠르고 아쉽지만 밖에 나가서도 교수님 제자로 열심히 살게요. 행복
하세요. -92 학번 이신영 드림.

　＊늦게 와서 많이 쓰질 못했는데요, 못 다한 이야기는 다음번에…….

군에 간 아들이 부모님께 보내는 편지

1995. 11. 23.

경기도 의정부시 용현동 사서함130-28호

5소대 6내무반 133번

안녕하세요? 저 아들 경중입니다. 날씨가 점점 추워지는데 건강하신지요? 저는 잘 지내고 있습니다. 21일 처음 부대에 들어와서는 생활에 익숙하지 않아 잠도 잘 안 오고 음식도 잘 안 맞아서 힘들었지만 지금은 어느 정도 익숙해졌습니다. 첫 날은 사복을 입고 행동해서 제가 정말로 군인이 되었다는 것이 실감이 나지 않았는데 어제 군복과 기타 보급품을 받고 오늘 건빵까지 받으니까 비로소 제가 군인임을 실감했습니다.

아직 훈련소에 입소하지 않아 힘들 것은 없습니다. 드디어 내일 입소합니다. 이제 779일 남았습니다. 며칠이 남았는지 모르고 있었는데 어제, 같은 내무반 녀석이 자기 전에 '780일 남았다'고 외쳐서 알았습니다. 참 많이 남은 것 같지만 나름대로 열심히 생활하면 금방 지나갈 것 같습니다. 참 오늘은 군용 담배도 지급되었습니다. 여기서는 흡연도 마음대로 할 수 없어서 힘들었지만 잘 적응하고 있습니다.

두서없이 이것저것 쓰게 되었는데 부디 건강하십시오. 형도 잘 있었으면 하고요. 그럼 또 연락드리겠습니다. 안녕히 계십시오. -경중 배상

1995. 12. 10.

경기도 포천군 이동면 노곡1리 사서함103-24호

신병교육대대 교육1중대 2소대 1내무반 50번

날씨가 점점 차가워지는데 건강하신지요? 둘째 아들 경중입니다. 지금 경기
도 포천에 위치한 제8사단신병교육대대에서 잘 지내고 있습니다.

제가 이곳에 온지도 벌써 16일. 6주의 삼분의 일이 더 지나갔습니다. 처음엔
집과 너무 대조적이고 규칙적인 생활에 잘 적응이 안 되어서 힘들었지만 이젠
적응 잘하고 있습니다. 밥도 더 많이 먹고, 운동도 많이 해서 살도 좀 찐 것 같
습니다.

참, 12월 1일이 어머님 생신이었는데……. 어머님, 생신 축하드립니다. 그리
고 이곳 8사단은 자대가 아닌 그냥 신병교육만을 하는 곳입니다. 자대는 3군
지사라고 하는데 자세한 것은 정확히 알지 못하고, 지역은 경기도 근처라고
하는데 잘 모르겠습니다. 자세한 것은 후에 알려드리겠습니다.

벌써 식사시간이 되어 이만 줄입니다. 건강하십시오. -아들 경중 배상.

P.S. 참, 형에게 3군 지사에 대해 물어봐 주십시오.

제자가 스승에게 띄우는 글

1995. 12. 10.

김정현입니다

벌써 한 해의 끝인 12월입니다. 한 일도 별로 없는데 새해를 맞이하려니 왠지 서글프고 자신이 초라하게 느껴집니다.

저번 방현철의 결혼식 때 교수님을 뵈었는데 건강하시고 변함없이 젊으신 모습이셔서 정말 기뻤습니다. 변변한 인사 한번 드리지 못하고 이렇게 일 년에 한번, 카드로 대신하니 송구스럽습니다. 카드에 편지를 쓰려니 자꾸 초라한 문장만 만들어집니다. 건강하시고 안녕히 계세요. -관동대학교 도서관 김정현 올림

1995. 12. 19.

송승섭, 유종희입니다

다사다난하다는 말이 실감나는 한 해였습니다. 저 자신 부정적이고 소극적인 모습, 너무 많이 보여드리지 않았는지요. 선이 굵고 뼈 속 깊은 데가 있는 그런 모습! 바로 존경하는 김 교수님의 모습 많이 배우려고 했는데 아직 수양이 너무도 덜 된 것 같습니다. 다시 시작하는 한 해, 열심히 살겠습니다. 더욱 건강하시고 다복하시길 빕니다. -송승섭, 유종희 드림

1995. 12. 23.

방현철입니다

저에게 커다란 의미로 남을 95년을 보내며 교수님과의 뜻 깊은 시간을 항상 잊지 않고 저를 아껴주시는 모든 분들께 기대에 어긋나지 않는 방현철로 성장하겠습니다. 새해 복 많이 받으시고 건강하십시오. -항상 교수님 곁에 있는 제자 방현철 올림

1995. 12. 25.

김형선입니다

학교를 졸업하고 사회 초년생이 된지가 벌써 1년이 다 되었습니다. 학생 때가 가장 좋다고 하시던 말씀이 새삼 실감이 납니다. 회사에 적응하느라 너무 정신이 없어서 연락도 자주 못 드렸습니다. 하지만 감히 제가 가장 존경하는 교수님이시고 가장 좋아하는 교수님이라고 자신 있게 말씀드리고 싶습니다. 새해 첫 아침같이 밝고 아름다운 한 해가 되시기를 소망합니다. -한진투자증권주식회사 제자 김형선 올림

1995. 12. 25.

한승혜입니다

가장 멋쟁이이시며 왠지 분위기가 있으신 교수님(맞나요? ‥). 저 학교 다닐 때 공부 정말 안 했죠? 하지만 나름대로 사회생활 잘 하고 있습니다. 교수님은 어떠하신지 궁금합니다. 졸업을 해도 저만큼은 편지도 자주 드리고 찾아뵈려고 했는데 마음만큼 쉽지가 않습니다.

새해에도 복 많이 받으시고 건강하십시오. -91학번 한승혜 드림

1995. 12. 26.

차현주입니다

지난 한 해 동안의 근심, 고민, 걱정을 앓던 이가 빠진 것처럼 시원하게 벗어 던지고 깨끗하게 한 해를 시작하세요. -대진대학교 도서관 차현주 드림

1995. 12. 26.

정철호입니다

교수님, 올 한해도 가내 두루 평안하시며 건강하셨는지요? 이렇게 글로나마 인사드림을 용서하시고 내년 한 해도 교수님의 뜻하신 바 모두 성취하시길 바랍니다. -배재대학교 도서관, 제자 정철호 올림

1995. 12. 28.

최미언입니다

한 해를 마무리하는 이 시간이 조금은 아쉽지만 새해를 기대해 보며 정리해 봅니다. 교수님은 어떻게 지내시는지요? 평안하세요? 저는 터키에 다시 온 후 왠지 마음의 변화가 많이 있었습니다. 혼자 세월을 보낸다는 허전함이 유난히 크게 느껴져서 속으로 '이 일도 오래 하지는 못 하겠구나' 하는 생각을 해보았습니다.

지금은 집 근처에 사무실을 얻어서 나름대로 제가 하는 일에 밤낮 열심히 하고 있답니다. 그런데 이상한 것은 내 마음에 재미가 하나도 없다는 것입니다. 집 생각이 더 나는 거 있지요! 정착이 안 되나 봐요. 호호, 너무 염려마세

요. 그래도 저 열심히, 가끔 재밌게 지내요. 김순례, 이성애 언니랑 가끔 만나시는지요? 두루두루 안부 전해주세요. 기쁜 소식 곧 보내드렸으면 좋겠네요. 복된 새해 맞으시고 늘 편안하시기를 기도드립니다.

Mee Un Choi

Altintepe Degirmenyolu Cad.

No 36/4 Kucukyali

Istanbul - Turkey

1995. 12. 30.

이진희입니다.

추운데 건강하신지요? 왠지 쓸 데 없는 인사를 한 기분이에요. 왜냐하면 교수님은 너무 건강해 보이시거든요. 왠지 강직하고 강한 이미지세요. 남자 동기들의 이야기 속에 등장하는 교수님은 너무 멋지세요. 함께 술자리를 하면서 젊은 저희들보다 더 술이 세시고, 대화도 너무 잘 되고……. 꼭 TV 드라마에 나오는 로맨틱한 교수님 같으세요. 강의시간에 뭔가 생각하시는 듯한 말투, 그로 인해서 상대방을 그 속으로 빨아드리는 듯한 말투가 참 좋아요. 졸릴 땐 자장가처럼 들리기도 하지만요. 새해에도 건강하시고 하시고자 하는 일이 모두 잘 되시길 바래요. -94학번 제자 이진희 올림

1995. 12. 30.

백호정입니다

4년간 바른 길로 이끌어주신 교수님께 감사드립니다. 새해에는 더욱 건강

하시기를 바라며 남은 학업 기간 중에도 더욱 많은 지도를 부탁드립니다. -서울시 노원구 월계3동 미성아파트 8동 209호 백호정 드림

쌀독에서 쥐면 늘 쌀 쥐어지듯 빈 데서 쥐면 늘 빈손이지 마음에 손 넣어보시겠는가? 이철수

늘 그리운 이춘재 선생님께(1996. 1. 19.)

선생님, 그간 안녕하셨습니까?

1996년 새해에도 선생님의 연하장을 먼저 받게 된 무례함을 용서하시기 바랍니다.

수년 전부터 선생님의 친필 연하장을 접하면서, 많은 사람들이 익히 알고 있는 터이지만, 우선 아름답고, 부드러운 필체에 감탄을 금치 못하며, 동시에 寸鐵殺人(촌철살인)이랄 만큼 간단명료한 축하와 격려의 글을 읽으면서 참으로 많은 것을 생각하게 됩니다.

과거 십여 년간 선생님께서 저에게 베풀어주셨던 물심양면의 은혜에, 해를 거듭하면서 감사의 마음이 쌓여 갑니다. 예나 지금이나 탁월한 창의성과 용기가 부족한 것을 절감하면서 이를 극복하려고 많은 노력을 경주하고 있습니다. 얼마나 성과가 있을지는 알 수 없으나 저를 향한 선생님의 은혜와 깊은 배려를 反芻(반도)하면서 남부끄럽지 아니한 학구열을 불태워 보겠습니다.

아무쪼록 병자년 새해에는 더욱 강건하시어서 선생님의 높으신 소망을 모두 이루시기를 축원합니다. 가내 모두 평안하소서.

이춘재 님은 필자가 고려대학교 도서관 사서로 일할 때 사서장(司書長)을 지낸 분이다. 경성제국대학 중퇴. 평소 당신 자신이 학력을 밝힌 일이 없다. 글도 잘 짓고 글씨도 잘 썼다. 미식가이며, 속 깊게 아래 사람들을 아꼈다. 1970년 어느 날, 도서관 숙직실에서 숙직을 할 때, 불쑥 찾아와 '김 선생, 도서관에 오래 있을 작정이 아니라면 하루라도 빨리 떠나시오' 라고 충고했다. 국무총리를 지낸 현승종 도서관장 재직 중 외국 서적 구입에 관한 잡음이 있었을 때, 필자가 수서계를 떠나겠다고 말

211

하자, '당신이 우수해서 수서업무를 맡긴 줄 아시오?'라고 직격탄을 날렸다. 벼락이 치는 것 같았다. 이후 한참 뒤에 고려대 총무부 차장을 끝으로 정년퇴임했는데 갑상선암으로 70세를 넘기지 못하고 세상을 떠났다. 한국사립대학도서관협의회 창설 멤버이고, 고대닐. 증된 고서에 대한 증도서목록을 여러 차례 간행했으며, 을유문화사의 청탁을 받아 『링컨 전기』를 한였수해번역했다. 당퇴임권정남(재미), 김기동(삼성전자), 김덕신(독일 유학 중무를통사), 김종무(한진건설 차장), 박돈영(재능대학 사무처장), 박옥화(충남대 를), 박인웅(부산대 를), 박천규(단국대 를), 박해종(고대 사서장), 박후용(경희대 사서국장), 손홍렬(청주대 를), 송인태(고대 사서장), 신화식, 심우진, 윤병태(충남대 교수), 장사옥(한국항공대 사서부장), 최혜순, 황귀룡(고대 교수) 등이 함께 일했다. 참으로 아까운 분이 일찍 타계했다.

다듬이 돌 하나, 다듬이 소리를 들어보시겠는가? 김용성

제자들로부터 온 짧은 편지, 연하장1

감사합니다(1996. 1.)

김근배(경남 울주공공도서관) 김근종(충남 연기공공도서관) 김익중(충남 논산공공도서관) 김종한(경북 봉화공공도서관) 김판석(전남 해남공공도서관) 김학현(충북 증평공공도서관) 문진수(충남 천안공공도서관) 박성표(강원도 인제공공도서관) 박순규(충남 공주공공도서관) 박종만(경남 양산공공도서관) 박진성(전남 화순공공도서관) 박희열(강원도 화천공공도서관) 방흥규(강원도 양구공공도서관) 안후영(충북 영동공공도서관) 엄갑도(충청북도중앙도서관) 오경주(제주도 송악공공도서관) 유경원(강원도 철원공공도서관) 이상준(충북 중원공공도서관) 이안정(경북 영주공공도서관) 이종식(강원도 강릉시 포남동) 이종월(충남 금산공공도서관) 이택균(강원도 횡성공공도서관) 정태화(충북 진천공공도서관) 조규열(전남 벌교공공도서관) 조동순(강원도 동해공공도서관) 최명렬(경북 문경공공도서관) 최복규(강원도 태백공공도서관) 최봉섭(경북 청송공공도서관) 최숙영(경북 고령공공도서관) 최정호(충남 성환공공도서관) 최창집(인천광역시 서구도서관) 추연익(대전시립도서관) 한상수(충남 서산공공도서관) 홍진표(충주학생도서관)

교수님의 가르침을 밑거름으로 삼아 도서관이 보다 튼튼히 성장할 수 있도록 노력하겠습니다.

지난해 교수님께서 가르쳐주신 지식과 베풀어주신 정성에 깊이 감사드립니다.

새해에는 더욱 큰 행운이 교수님의 가정에 깃들기를 빕니다. -황용문(경남 진영도서관)

이들은 모두 국립중앙도서관이 주관한 사서연수과정을 수료한 분들이다. 출강한 필자에게 고맙게도 잊지 않고, 연하장을 보냈다.

새해 인사가 너무 늦은 것 같습니다. 새해 복 많이 받으시고요. 새해에도 건강하시고, 하시고자 하는 모든 일들이 잘 되기를 기원합니다. 저는 이곳에서 열심히 일을 배우고 생활하고 있습니다. 한번 찾아뵙고 인사드리도록 하겠습니다. 감사합니다. -강릉에서 이재명 드림.

1996. 8. 6.

유종희입니다

연일 계속되는 더위에 교수님 어떻게 지내세요? 그래도 오늘은 한줄기 바람이 위안을 줍니다. 문득문득 또 가끔씩 꿈에서라도 뵈면 교수님 안부가 궁금해서 연락을 하고 싶어도 연구에 방해가 될까 삼가 합니다.

明文研(명문연) 모임 때 교수님께 안부 좀 전해달라고, 그리고 다녀오면, '교수님 어떠서?' 하고 묻는 정도로 일방적인 안부를 대신했습니다. 제가 생각날 때마다 교수님께 연락드리면 교수님 귀찮으실 걸요. 이 더위에도 뭔가에 열중인 기찬 아빠를 볼 때마다 참 성실한 사람이다 싶은 생각이 듭니다. 조금만 건강하면 좋을 텐데, 의욕에 못 미치는 체력이 안타깝습니다.

교수님, 더위에 건강 조심하시고 운전도 조심하세요. 멋쟁이 사모님께도 안부 전해 주시고요. 살짝 불어오는 바람에 이 엽서를 보냅니다. -유종희 올림

214

1996. 8. 11.

배금표입니다

그렇게도 갈망하던 비는 오지 않고 폭염으로 온갖 농토를 다 갈라놓으며 농민들의 가슴을 그토록 아프게 하더니 이제는 '더그'라는 태풍이 금방이라도 온 세상을 삼킬 듯 우리들의 마음을 조이게 합니다. 순천 저의 고향은 그래도 물 사정이 조금은 나은 곳이라 큰 피해는 없었지만 이번 태풍이 어떤 영향을 줄지 모르겠습니다.

그동안 하시는 일들은 모두 잘 되고 계신지요? 그리고 댁내 모두 건강하신지요? 여름휴가 또한 잘 보내셨으리라 믿습니다. 저는 덕분에 건강하게 열심히 살아보려고 노력하고 있습니다. 교수님께 자주 연락드림이 도리인 줄 알면서도 자주 연락드리지 못한 부족함을 용서하십시오.

국내외적으로 조용한 날이 없는 시국에 교수님께서는 또한 학생들을 어떻게 지도하실 것인가에 대한 생각에 심려가 많으시리라 생각합니다. 세상이 어수선하여 생각들을 많이 할 기회를 주는 것은 좋지만 복잡한 세상에서 또한 제 길을 찾아야 하는 저로서는 앞길을 서두르게 합니다.

교수님, 항상 연락드리며 곁에서 지도편달 받고 싶지만 주어진 생활이 있기에 쉽지 않음을 안타깝게 생각합니다. 항상 좋은 소식들로 넘치는 생활이 되시길 빌겠습니다. 건강하십시오. -전남 순천에서 제자 배금표 올림

기찬 엄마에게 보내는 편지(1996. 8. 14.)

우리나라 여름날씨는 말 그대로 무더위이지만 그 무더위에 안부를 전하는 편지를 쓸 수 있다는 여유와 온정과 멋이 엽서의 행간에 넘쳐흐름을 느낀다. 그 느낌이 사라지기 전에 회답을 보내기로 하였다.

염려해주는 덕분에 잘 지내고 있으나 역시 세월의 흐름을 막을 장사가 없다는 말과 같이 나의 기억력과 체력도 조금씩 힘을 잃어가고 있음을 일에 접할 때마다 절감한다. 그러나 일의 추진력이나 끈기가 과거와 같지 않다는 점이 훨씬 두렵고 부끄러운 일이다.

남편의 건강을 걱정하는 값진 마음씨와 그의 열심히 일하는 모습에서 신뢰와 믿음직스러움을 느끼는 정서는 종희의 장점이자 대견스러운 생활자세라고 생각되어 부러울 정도이다. 그렇게 사는 것이 평범하게 보일지 모르나 참된 삶의 모델이라고 한다면 과찬일까?

연령이나 사회적 위치, 지연이나 학연 등을 떠나 마음과 마음을 주고받을 수 있는 사람은 흔치 않고, 그 자체를 번거롭게 생각하는 사회풍조가 있음에 비추어, 특히 나이에 어울리지 않게 젊은 사람들과 어울리는 나의 행동이 먼 훗날 어떤 결과를 보일 것인지는 나 자신 궁금한 일 중의 하나로 꼽고 있다.

지금과 같은 종희의 생활자세가 꾸준히 유지되고 더욱 발전되기를 빌면서 참으로 오랜 만에 짧은 편지를 보낸다. 이 더위가 가고 나무 그늘이 제법 시원하다는 말들을 주고받을 때가 오면 가까운 계곡이나 잔디밭을 찾아 서로의 건강한 모습을 확인하기로 하자.

보내준 엽서의 행간에 흐르는 느낌과 종희를 비롯한 세 식구의 건강을 비는 마음을 담아 우표를 붙인다.

학부모님에게 보내는 편지 (1996. 9. 19.)

660-860 경남 진주시 일반성면 창촌 729-5

정명화 본가입납

학부모님께

안녕하십니까? 서면으로 인사를 드리게 되어 마음이 가볍지 못하나 한편으로 기쁘게 생각합니다. 명화 양이 우리 학과에 입학한 이후, 저 자신 남다른 지도를 하지 못하였으나 마음씨, 용모, 학업 성적 등이 빼어나고 우수하여 학과 교수들의 관심의 대상입니다. 훌륭한 자제를 우리 학과에 보내주신 점을 고맙게 생각합니다. 우수한 자질을 가진 명화 양의 발전을 위하여 마지막 학기까지 저의 본분을 다하려고 합니다.

학과 교수들의 관심과 지도 이외에도 명화 양 자신이 시간을 아껴서 여러 가지 과외활동을 열심히 하고 있음을 잘 압니다. 객지에서 여학생으로서의 여러 가지 어려움을 스스로 극복하면서 자신의 미래를 위하여 해야 할 일을 다 한다는 것은 쉬운 일이 아닐 터이고, 부모님들의 염려와 배려도 그런 점에서 높이 평가하면서 위로와 치하의 말씀을 드립니다. 저 역시 두 아들을 대학에 보냈으므로 학부형의 고뇌와 어려움을 알고 있지만 여식을 객지에 보낸 경험은 없기 때문에 그러한 학부모님의 마음을 헤아리지 못하는 점을 부끄럽게 생각합니다.

명절이 돌아오면 어김없이 다른 품목이 아닌 우리 고유의 전통 한과를 보내주시는 아름다운 배려와 귀한 정성에 감사의 말씀을 전하면서 '과연 나는 나의 본분을 다 하고 있는가'를 자문하고 있습니다. 배우고 깨닫는다는 것은 반드시 정규교육의 몫이 아닐 것이라는 점과 교육은 만남에서 비롯된다는 생각에서 가능한 한 학생들과 어울리는 기회를 자주 가지려고 스스로 노력해 왔습니다. 훌륭한 자제를 우리 학과에 보내주신 점에 비하여 훌륭한 교수가 아님을 부끄럽게 여기면서 우리 학생들에게 '노력하라'는 격려를 보내듯 자신도 그렇게 할 것입니다.

다시 한번 감사의 말씀을 드리면서 아무쪼록 강건하시고 가내평안하시며 도모하시는 모든 일이 모두 성사되기를 진심으로 기원합니다. 뜻있는 중추절을 맞으시고 안녕히 계십시오.

아들의 병영편지

1996. 9. 28.
부모님께

휴가와 면회를 통하여 자주 뵙기도 하였지만 편지로는 정말 오랜만인 것 같습니다. 건강히 잘 지내시죠?

제가 군에 온 지도 어느덧 10개월이 더 지났습니다. 아주 오래된 것 같은데 아직도 16개월이 남았네요. 남은 시간을 어떻게 보내야 할지 깜깜하기도 하고, 마음 같아서는 보람 있게 공부하면서 보내야지 하면서도 마음만 앞서고 생각처럼 되질 않는군요. 왜 이렇게 생각처럼 되는 일이 없는지……. 때로는 답답하기도 하고 이런 자신이 한심하기도 합니다.

하지만 그렇다고 꼭 그런 생활만이 전부는 아닙니다. 이제 군에서 나름대로 보람 있게 하루를 보냅니다. 그러니 너무 걱정 마십시오. 이제 유격훈련을 다녀오면 공부도 시작하고 사회생활 준비도 하려고 합니다. 이제 11월에나 밖에서 뵐 수 있겠습니다. 매번 나갈 때마다 너무 밖으로만 돌아다녀서 죄송합니다. 그럼 다시 뵐 수 있는 날까지 건강히 지내시길 빕니다. -아들 경중 드림

내 집 어항에 물고기 기르지 않는다. 맑은 개울에 가서 보시도록... 이철수

아들의 낙서(1996. 10. 21.)

여성이 언제부터 순결을 경시하게 되었나? 왜 근자에 와서 성 문란이 제기되는가? 남성은 순결을 오래 전부터 지키지 않았다. 가부장적인 사회 탓도 있고 남성 우월주의 탓도 있다. 더구나 남자는 여자처럼 처녀막이 없다. 남자는 순결을 지키지 않아도 되고 여자는 지켜야 된다는 것은 앞뒤가 맞지 않는다.

과거 농업사회에서의 여자는 남자에 종속된 존재였다. 농경사회, 수렵사회에서의 남자는 여자보다 양질의 노동력을 보유하였고 경제권이 있었다. 그러나 산업혁명 이후 직업을 수단으로 여성은 스스로를 부양할 수 있게 되었다. 그리하여 여성은 남성의 버림을 받더라도 살아갈 수 있게 되었다. 이것이 순결을 중요시하지 않는 둘째 근거이자 경제적 근거이다.

이 글은 잡기장 한 구석에 써놓은 큰 아들 찬중의 글을 정리한 것이다. 꺼벙한 대학생이 되더니 어느 사이 많이 커버렸다.

제자들로부터 온 짧은 편지, 연하장 2

1996. 12. 31.

감사합니다.

작년에는 교수님과 술자리도 함께 했었는데 올해는 행사에 참여하지 않은 탓인지 교수님과 같이 있었던 적이 없는 것 같습니다. 오늘 같은 날은 과음하시는 거 아니시죠? 사모님과 함께 즐거운 연말이 되길 기원합니다. 항상 건강하시길 바랍니다. -제자 김수연 올림

새해에는 더욱 건강하시고 가정에 평안함과 기쁨이 가득하기를 기원하며 가르쳐주심에 감사드립니다. -박은순 드림

P.S.교수님 전화를 드려도 통화를 할 수가 없었답니다. 저의 내용물 다 보셨으면 전화 부탁드립니다. 걱정이 태산입니다.

박 양은 당시 우리 교육대학원생이었고 석사논문을 준비하느라 여간 애를 태웠다. 유감스럽게도 학위를 받지 못하고 중도 하차했다. 소식도 없다. 내가 논문지도를 한 학생 중 유일하게 학위논문 작성에 실패했다. 안타깝다.

1996년 한 해 많은 가르침 주셔서 정말 고맙습니다. 새해에도 좀더 많은 가르침과 질책을 부탁드립니다. 교수님 건강하시고 복 많이 받으세요. -제자 95학번 황정분 올림

짧은 글로 남은 사은회(1996. 12.)

4년간 고생 많으셨습니다. -곽병학

진심으로 감사합니다.-김문성

건강하시고 제자들에게 주신 많은 사랑에 감사드립니다. -양문석

교수님, 항상 건강하시고 감사드립니다. -이명자

감사드립니다. 건강하세요. -김경란

항상 건강하시고, 4년간 가르치심에 감사드립니다. -송대영

교수님의 은혜에 감사드립니다. -김웅회

가르침에 감사드리며 은혜 잊지 않겠습니다. -조규용

교수님 감사합니다. 행복하세요. -공보성

교수님 그동안 감사했습니다. -정옥주

교수님 감사합니다. -박영진

4년 동안 정말로 감사합니다. 항상 건강하세요. -박효숙

교수님에 대한 감사의 마음을 간직한 채 떠나갑니다. 건강하세요. -임희경

교수님 고맙습니다. 건강하세요. -김정진

4년간의 은혜 깊이 감사하며 앞으로의 건강을 빕니다. -오수자

항상 건강하세요. -김희균

이 글은 1996년도 사은회 때 당시 졸업예정자들이 남긴 글이다. 곽병학, 김문성, 양문석, 송대영, 조규용 등이 가끔 소식을 보낸다.

폭포 물을 대접으로 받으면 대접에 물 없기 마련, 떠오르는 해는 크게 밝으라 하고

사람은 살살 조심스럽게……. 이철수

아들의 편지(1997. 2. 7.)

부모님께

추운 날씨에 건강하신지 궁금합니다. 그간 평안하시지요?

　제가 군에 온 지도 15개월이 다 되어 갑니다. 이제 남은 군 생활이 1년도 안 남았고 이 곳 생활에 익숙해서 편안하게 잘 지내고 있습니다. 이곳에서 생활하다 보니 그동안 부모님께 효도는 못하고 폐만 끼쳐서 죄송한 마음이 자꾸 듭니다. 제대하면 그동안 철없이 지낸 지난날을 반성하고 믿음직한 막내아들의 모습을 보여 드리도록 노력하겠습니다. 참, 내일 외박을 나가는데 오늘 편지를 쓰려니까 상당히 어색합니다. 그간의 생활은 나가서 말씀드리겠습니다. 그럼 이만 줄이겠습니다. 안녕히 계십시오. -막내아들 경중 드림

　교육대학원장 임명을 축하합니다(1997. 2. 14.)

　교육대학원장에 임명되신 것을 다시 한번 축하드립니다. 그러나 교수의 참다운 모습이란 연구실과 강의실에서의 모습이라고 생각합니다. 훌륭한 제자와 논문은 영원한 것이고 직책은 유한한 것입니다. 감투를 탐내지 않는 분이기에 아버님을 더욱 존경합니다.

　교육대학원장으로서 교육행정에 이바지하시고 언제나 푸른 소나무의 모습으로 서 계시기를 바라는 저의 조금은 건방진 말씀을 올립니다. -찬중 올림

짧은 글

교수님의 생신을 진심으로 축하드립니다. 제 날짜에 축하인사를 드렸다면 기쁨이 더 하였을 텐데 죄송합니다. 늘 젊은이 못지않은 배움의 자세와 연구열에 뜨거운 박수를 보내며 많은 도전을 받습니다. 세상의 어느 것도 건강보다 앞설 수 없다는 것을 잊지 마시고 계획하시는 모든 일이 주님 안에서 아름답게 열매 맺게 되시기를 축도 드립니다. -필자불명

아빠! 이 세상에서 제일 많이 사랑하고 사랑을 받고 싶어요. 건강하세요. -또띠

자주감자를 삶았다. 잘 익은 놈은 젓가락 끝이 쉽게 들어간다. 사람처럼. 이철수

1997. 2. 20.

감사합니다

안녕하십니까?

연구활동에 정진하시고 항상 정중하신 교수님과의 교분을 큰 기쁨으로 생각하면서 늘 감사하고 있습니다. 교수연수회에서 만났을 때 말씀드렸던 명현관 입사에 관하여 그 학생의 인적사항을 알려드리니 기회가 오면 명현관 입사가 이루어질 수 있도록 관장님께서 선처하여 주셨으면 합니다. -생활과학부 (가정학) 4학년 93152007 조진아(여)

부디 건강하시고 더욱 큰 영광이 있으시기를 기원합니다.

1997. 2. 20.

안녕하십니까? 우선 승진을 진심으로 축하합니다.

오랜만에 소식을 전하려니 과거 흑석동 시절이 그리워집니다. 여러 가지 이유와 그로 인한 어려움 때문에 어둡고 힘든 생활이었지만 오히려 저는 김 과장님과의 만남에 남들의 해석과 달리 많은 의미를 부여하면서 이 점을 항상 감사하고 있습니다.

다음의 학생은 서울에 거주하는 저의 조카인데 명현관 입사를 희망하고 있습니다. 무리하지 마시고 기회가 있으면 선처하여 주셨으면 합니다. 박명규 관장께도 같은 부탁을 드렸습니다. -생활과학부(가정학) 4학년 93152007 조진아(여)

참, 큰 아이 찬중은 4학년에 진급하고 작은 아이 경중은 과천의 한 부대에서 근무 중인데 금년 말에 제대할 것으로 예상합니다. 아시는 바와 같이 허물이 많은 제가 교육대학원의 책임을 맡았습니다. 변함없이 지도 편달하여 주시기를 부탁드립니다.

큰 일, 작은 일, 가리지 마시고 좋은 일을 많이 하셔서 큰 영광 있으시기 바라며, 부디 강건하십시오. -필자

주례사(1997. 3. 16.)

지금 우리는 신랑 백승규 군과 신부 이은경 양의 결혼을 축하하고 두 사람을 격려하기 위하여 이 자리에 모였습니다.

두 사람은 한국 사회의 격동기였던 1980년대 중반을 관통하면서 대학시절을 보냈고 그 속에서 진정한 자유, 진정한 정의, 진정한 진리가 무엇인지를 확

인하고 그것을 실천하기 위하여 東奔西走(동분서주)하였던, 제가 사랑하는 제자들입니다. 두 사람은, 양가 부모님들의 땀과 눈물과 지극한 정성이 밑거름이 되어 성장한 소중한 아들과 딸입니다.

이제 두 사람은, 여러분이 증인이 되신 가운데 이 순간부터 모든 일을 함께 설계하고 그것을 실천하기 위하여 意氣投合(의기투합)하고 사랑으로 뭉쳐서 영원한 동반자요, 평생의 반려자가 될 것을 여러분 앞에서 굳게 다짐하였습니다. 이 다짐은, 희망과 행복, 화합과 기쁨, 인내와 용기, 발전과 영광을 위한 神聖(신성)한 의식입니다.

그러므로 이 순간부터 두 사람은 사랑과 건강을 원천으로 삼아 一心同體(일심동체)가 되어서 부모님과 친인척, 그리고 신랑과 신부의 주변에서 항상 두 사람을 주목하고 격려하는 소중한 사람들의 기대와 소망을 저버리지 말기를 간절히 부탁합니다. 우리들의 기대와 소망은 앞에서 밝힌 바와 같이 두 사람의 영원한 사랑을 바탕으로 하는, 희망과 행복, 화합과 기쁨, 인내와 용기, 발전과 영광입니다.

물론 두 사람은 우리들의 기대와 소망을 저버리지 않을 것이라고 굳게 믿습니다. 따라서 여러분들 역시 지금까지 신랑과 신부에게 베풀어 주셨던 격려와 지원을 아끼지 마시고 더욱 더 指導鞭撻(지도편달)하시어서 두 사람이 설계하고 실천하려는 모든 일이 순조롭게 성취될 수 있도록 성원하여 주시기를 간절히 청합니다. 그렇게 하여 두 사람이 도모하는 크고 작은 일들이 이웃과 사회 발전에 공헌할 수 있는 한 장의 주춧돌이 되도록 합시다.

국가는 수많은 가정의 總和(총화)라고 합니다. 가정을 훌륭하게 다스리는 사람은 크고 작은 일에 상관없이 가치 있는 인물이 될 것입니다. 따라서 국가를 다스리는 길은 반드시 가정에서 시작해야 하며 가정을 다스리는 길은 결혼에서 시작되어야 할 것입니다. 결혼은 구속이 아니라 사랑의 보장이며 무한한 발전과 신선한 생명이 약동하는 사랑의 창조 형태입니다. 이제 두 사람에게 독일의 시인 쉴러의 시 한 구절을 축하의 선물로 전하면서 저의 所任(소임)을 다하려고 합니다.

"생명이 있는 만물은 자연에서 환희를 갈구하고, 태양이 영광스러운 하늘을 달리듯, 우리도 기쁨에 넘쳐, 勝戰(승전)의 勇士(용사)같이 환희에 찬 길을 달립시다."

참석하신 신사, 숙녀 여러분들에게 다시 한번 감사의 말씀을 드리면서 신랑과 신부의 건투를 진심으로 기원합니다.

만남의 의미(1997. 3. 24.)

-명대신문 1997. 3. 24. 교육대학원 특강 1997. 4. 1.

　대학의 전통적 의미와 기능, 그리고 인문학의 표류를 우려하는 목소리가 높아지는 오늘의 상황에서 일의 선후 혹은 그 우선순위를 진단하기란 무척 쑥스럽고 고달픈 작업의 하나라고 생각된다. 이러한 와중이지만 만남의 의미를 생각하는 일은 필요하다고 여긴다.

　시인 박목월의 4월의 노래는 '목련 꽃 그늘 아래에서 베르테르의 편지를 읽노라'로 시작됩니다. 그러한 4월에 여러분과 함께 만남의 의미를 생각해 보겠다. 다음과 같은 성서구절은 독자들에게 만남의 의미를 일깨워주기에 충분하다.

　에서가 또 가로되 나의 **만난** 바 이 모든 떼는 무슨 까닭이냐? 내 주께 은혜를 입으려함입니다(창세기 33:8).

　그 사람이 가로되 그들이 여기서 떠났느니라. 내가 그들의 말을 들으니 도단으로 가자 하더라.

　요셉이 그 형들의 뒤를 따라가서 도단에서 그들을 **만나니라**(창세기 37:17).

　여호와께서 아론에게 이르시되 광야에 가서 모세를 **맞으라** 하시매 그가 가서 하나님의 산에서 모세를 **만나** 그에게 입 맞추니, 모세가 여호와께서 자기에게 부탁하여 보내신 모든 말씀과 여호와께서 자기에게 명하신 모든 이적을 아론에게 고하니라(출애굽기 4:27-28).

아비가일이 나귀를 타고 산의 은밀한 곳으로 좇아 내려가더니 다윗과 그의 사람들이 자기에게로 마주 내려오는 것을 **만나니라**(사무엘 상 25:20).

그 즈음에 여로보암이 예루살렘에서 나갈 때에 실로 사람 先知者(선지자) 아히야가 길에서 저를 **만나니** 아히야가 새 의복을 입었고 그 두 사람만 들에 있었더라(열왕기 상 11:29).

오바댜가 길에 있을 때에 엘리야가 저를 **만난지라**. 저가 알아보고 엎드려 말하되 내 주 엘리야여 당신이시니이까(열왕기 상 18:7).

엘리야가 거기서 떠나 사밧의 아들 엘리사를 **만나니**……. (열왕기 상 19:19).

예후가 거기서 떠나 가다가 레갑의 아들 여호나답이 **맞으러** 오는 것을 **만난지라** 그 안부를 묻고 가로되……. (열왕기 하 10:15).

랍사게가 돌아가다가 앗수르 왕이 이미 라기스에서 떠났다 함을 듣고 립나로 가서 왕을 **만났으니** 왕이 거기서 싸우는 중이더라(열왕기 하 19:8)

바나바가 사울을 찾으러 다소에 가서 **만남**에 안디옥에 데리고 와서 둘이 교회에 일 년간 모여 있어 큰 무리를 가르쳤고 제자들이 안디옥에서 비로소 그리스도인이라 일컬음을 받게 되었더라(사도행전 11:25-26).

내가 내 형제 디도를 **만나**지 못하므로 내 心靈(심령)이 편치 못하여 저희를 작별하고 마케도니아로 갔노라(고린도 후서 2:13).

…… 저가 나를 자주 유쾌하게 하고 나의 사슬에 매인 것을 부끄러워 아니하여 로마에 있을 때 나를 부지런히 찾아 **만났느니라**(디모데 후서 1:16-17).

불교는 **만남**의 의미를 다음과 같이 말한다. 서로의 옷깃을 스치는 것도 인연이다. 인연은 결과를 만드는 직접적인 원인과 그 원인으로 말미암아 얻을 수 있는 간접적인 힘이다. 일체 중생은 因(인)과 緣(연)에 의하여 生滅(생멸)한다.

세수하고 머리 빗고 화장하는 것은 만남을 위한 것이다. 화장품의 종류가 다양한 이유는 아름다움을 추구하는 면이 있는가 하면 이것 역시 만남을 위한 것이다. 꽃이 아름답다는 것은 만남이 있기 때문에 가능한 표현이다. 누구와 잠자리를 같이 한다는 것, 보고 싶어 죽겠다는 말도 만남을 전제로 한다. 원소 자체보다도 원소와 원소의 결합이 의미가 있는 것도 만남과 상통한다. 매스 게임의 아름다움은 많은 사람의 화합된 만남으로 가능하다. 문학작품의 가치는 독자와 작품의 만남에서 싹튼다. Round table 이라는 회의 형태 역시 효과적인 만남을 위한 것이다.

우리가 살고 있는 주변의 이곳저곳에 '만남의 광장'이 있고, '광화문 만나'라는 상호도 있다. 복덕방은 집을 비롯한 부동산 매매를 원하는 사람들의 만남을 돕는 사회적 장치이다. 텔레비전을 비롯한 각종 매스 미디어는 사람과 생활정보의 만남을 돕는 전자장치이며 현대사회의 총아라고 불리는 컴퓨터는 정보의 생산, 처리, 저장, 검색, 제공 등 일련의 활동을 효율화함으로써 사람과 정보의 만남을 돕는 전자장치이다. 도서관이 운영하는 목록은 문헌과 그 이용자의 만남을 돕는 서비스 도구이다.

인간의 지식과 경험을 재구성하여 기록한, 다양한 형태의 자료는 사람과 지식의 만남을 돕는 지식 전달 매개체이다. 지식을 생산하고 전달하고 그것을 획득할 수 있는 방법은 사람과 사람의 만남, 사람과 자료의 만남, 사람과 조직의 만남이다. 이러한 맥락에서 교육은 이들 세 가지의 만남으로 이루어진 통합체이며, 만남의 방법, 만남의 도구, 만남의 수단, 만남의 기회, 만남의 광장, 만남의 촉매, 만남의 신분증, 만남의 징표, 만남의 거울, 만남의 과정이라고 할 수 있다.

교육도 이와 같이 여러 가지 의미를 함축하고 있다. 교육은 한 나라의 미래를 준비하는 국가 최대의 공공사업일 뿐만 아니라 오늘, 우리들 스스로에게 삶의 방법과 지혜를 일깨우고 가르치는 큰 일이라는 점에서 그것은 윤리성뿐만 아니라 실용성에서도 매우 중요한 소임을 가지고 있다. 모든 나라들이 교육의 성패는 국가의 장래를 판가름하는 기준이 된다고 인식하고, 교육개혁과 교육투자에 정책의 최우선 순위를 두는 등 교육발전을 위한 노력을 범국가적 차원에서 기울이고 있는 것이 오늘의 현실이다.

고도의 정보사회로 예견되는 21세기는, 단지 기술혁신, 산업구조, 정보유통, 국제관계, 탈이념 등의 혁명적 변화뿐만 아니라 인간의 의식구조, 가치관, 사회형태까지 변화할 것으로 전망된다. 인류가 일찍이 겪어보지 못한 이와 같은 변혁은 새로운 도전 양상이며 따라서 교육에 대한 더욱 큰 기대와 개혁을 요구하고 있다.

그렇다면 우리는 과연 어떻게 학습하고, 어떻게 연구하고, 어떠한 자세를 가지고 사람들을 만날 것인가를 심사숙고할 필요가 있으며 그렇게 하여 만남에 대한 확고한 신념과 가치관을 정립하고 그 소유자가 되어야 할 것이다.

의심할 여지도 없이, 여러분은 이미 석사과정에 몸을 담았다. 석사과정은 학위취득을 위한 연구활동의 본산이며 이 연구활동은 사람과 사람의 만남, 사람과 자료의 만남, 사람과 조직의 만남이 효과적으로 이루어질 때 가능하다고 생각한다. 왜냐하면 사람과 자료와 조직은, 여러분 모두에게 중요한 정보원(information source)이기 때문이다.

대학원생 여러분, 아무쪼록 만남의 가치를 깊이 터득하여, 여러분 모두가 우수한 연구성과를 거둘 수 있기를 기대한다. 여러분의 건투를 기원한다.

주례사 요약(1997. 5. 24.)

하늘과 땅이 온통 아름다움과 기쁨을 자아내는 5월의 '늘봄공원'에서 지금 우리는 신랑 석성준 군과 신부 김준희 양의 결혼을 축하하고 두 사람을 격려하기 위하여 이 자리에 모였습니다.

두 사람은 아시아경기대회와 서울올림픽이 개최되었던 발전과 영광의 시대를 관통하면서 학창시절을 보냈고 그 속에서 진정한 자유, 진정한 정의, 진정한 진리가 무엇인지를 확인하고 그것을 실천하기 위하여 동분서주하였던 패기 넘치는 젊은이입니다.

이 세상에서 가장 무서운 병은 스스로 포기하는 병이며, 이 세상에서 가장 행복한 사람은 가까이 있는 사람들로부터 인정을 받고 사랑을 받는 일이므로 두 사람은 앞으로 어떠한 어려움에 직면하더라도 포기하지 말 것이며, 가까이 있는 사람들로부터 인정을 받고 사랑을 받는 사람이 되어주기를 기대합니다.

우리는 흔히 결혼식 주례를 선다거나 본다고 말한다. 왜 그럴까? 결혼식의 주례는 자세를 바로 하고, 질서를 유지하고, 주례사를 말하는 등 식장의 리더이어야 하기 때문이라는 생각이 든다. 그래서 필자는 대학의 제자들에게, '50세가 되면 주례를 맡겠다'고 공언했다. 이런 자신과의 약속은 82학번 박진환 군에 의하여 깨지고 말았다. 최초의 주례사를 비롯한 초기의 주례사는 이런저런 고민 끝에 주례사를 작성하여 읽는 형식을 취했고 자신은 아무런 감흥이 없었다. 시간이 지남에 따라 이런 형태의 주례사에 회의를 가진 끝에, 아주 간단하고 평범하면서도 느낌이 강한 문구를 부담 없이 전달하는 형태로 바꾸었다. '아이들은 학교에 갈 때 걸어갑니다. 그러나 집에 돌아갈 때 그들은 뛰어갑니다'가 하나의 예이다. 초심자를 벗어난 필자는 이 순간을 자신을 되돌아보는 계기로 삼음과 동시에 주례를 부탁한 제자에게 감사하는 마음을 가지게 되었다. 필자에게 주례를 부탁한 제자들에게 진심으로 감사하면서 기억나는 대로 그 명단을 밝힌다. 사선이 있는 이름은 우리 학과 커플을 말한다. 어디까지나 기억의 편린이다.

권명규, 김관영, 김선영, 김영학/기유화, 김윤택, 긴형선, 남진우, 박달호, 박진환, 방현철, 백승규, 백호정, 서수석/김미영, 석성준, 송대영, 송영훈, 안진모/김수경, 엄영희, 오치환, 이강윤/홍정민, 이유준, 장혜원, 정권/서은숙, 정용학/문우영, 조규용, 조유진, 진이영, 최수진, 홍기남.

양지공원 관리(1997. 6.)

다음 자료는 양지공원을 낀 채 같은 마을에 사는 사람들의 뜻에 따라 필자
가 만들어서 그들에게 배포한 〈우리소식〉 창간호이다.

우리 소식 제1호. 1997. 6.
사당동220번지 공원관리위원회 발행

안녕하십니까?

여러분의 적극적인 성원 속에 주민의 친목을 도모하고 우리 마을의 공원을
효율적으로 관리하기 위하여 발족한 '공원관리위원회'의 그간의 활동결과와
활동계획을 다음과 같이 알려 드리게 됨을 기쁘게 생각합니다. 여러분의 적극
적인 참여와 지원을 부탁드리면서 『우리 소식』 제1호를 발행합니다. 여러분
대단히 감사합니다.

1. 공원 내 주차장 설치 반대를 위한 진정서 제출

여러분의 적극적인 참여 속에 서명을 받아 '공원 내 주차장 설치 반대'를
위한 진정서를 작성하여 그것을 동작구청장과 사당3동장을 비롯한 관계 기관
및 인사들에게 제출하고 그 결과를 기다리고 있습니다. 좋은 소식이 있기를
여러분과 함께 기대합니다.

2. 회비 지출 내역(1997. 5. 31 현재)

구분	수입	지출	잔액
회비 수입	150,000		
현수막 제작		60,000	
자료 복사비		11,250	
필름 및 현상료		21,830	
교통비		6,000	
회식비		10,000	
낫 3자루(미화 작업용)		9,000	
음료수(미화 작업 3회)		11,240	
합계	150,000	129,480	20,520

3. 매주 일요일은 공원 미화 작업의 날

아름답고 쾌적한 환경보전은 우리들의 몫입니다. 이를 위하여 '공원관리위원회'는 매주 일요일을 '공원 미화 작업의 날'로 정하고 이미 실천하고 있습니다. 오전 8시부터 시작되는 두 시간 동안의 미화작업에 여러분의 자발적인 동참을 기대합니다.

4. 거주자 우선 주차제도 시행 타진

거주자를 위한 주차공간은 공간확보 자체뿐만 아니라 주차 질서, 주민 친화, 공원 미화 등의 차원에서도 속히 해결되어야 할 것입니다. 따라서 '공원관리위원회'는 거주자 우선 주차제도를 자치적으로 운영하기 위하여 그 가능성을 관계 기관과 협의할 것입니다. 여러분의 성원과 건설적인 아이디어를 기대합니다.

5. 공원 정자 및 방범초소 설치 계획

우리의 공원을 미화하고 그 기능을 높이기 위하여 공원 내에 아담한 정자를 설치하면 좋을 것이라는 의견과, 우리의 안전과 거주지의 질서를 위하여 방범 초소를 설치하자는 의견이 있습니다. 이 일을 추진하느냐의 여부 역시 여러분의 결정에 따를 것입니다. 이상

진 정 서

동작구 사당3동220번지 일대에 주차장을 건설하고자 동작구청이 기초자료를 수집하고 있다는 점에 관하여 주민 일동은 반대 서명과 함께 그 부당성을 지적하는 바입니다.

1. 주택지역에 주차장을 설치한다는 것은 상식에 어긋나는 발상일 뿐만 아니라 공해 없는 쾌적한 환경을 향유한다는 것은 국민의 기본권의 하나이므로 우리는 주차장 건설 계획을 단호하게 반대합니다.

2. 자연을 보호하고 쾌적한 환경을 조성하기 위한 노력의 일환으로 기존의 녹지시설을 확충하기에 앞서 그 시설을 유지, 보존한다는 차원에서 볼 때, 현재의 쉼터(소공원)를 축소하거나 폐쇄하려는 발상은 지방 자치제 하의 주민의 기대와 요구에 역행하는 것이므로 우리는 주차장 건설 계획을 단호하게 반대합니다.

3. 인접한 사당중학교 학생들의 등하교 시의 혼잡과 교통사고의 위험은 상존하므로 우리는 주차장 건설 계획을 단호하게 반대합니다.

4. 주차장 설치로 인한 환경파괴와 그로 인한 환경권 침해는 어느 누구도 보상할 수 없을 것이라고 판단하므로 우리는 주차장 건설 계획을 단호하게 반대합니다.

5. 우리는 현재의 쉼터(소공원)를 소중하게 보존하고 이를 효과적으로 관리하

기 위하여 자치적으로 이미 '소공원관리위원회'를 구성한 바 있음을 밝히면서 우리는 주차장 건설 계획을 단호하게 반대합니다. 이상.

공원관리위원회 위원

구분	성명	주소	전화번호
회장	최병호	220-40	536-8733
부회장	김육헌	220-79	591-1931
상동	김용성	220-78	535-1369
상동	이종원	220-25	591-8587
총무	이은종	220-31	591-1653
부총무	김기홍	220-89	536-7734
서기	정종기	220-25	536-7021

＊주차장 건설 반대를 위한 서명록(195명) 첨부.

명지대학교 문헌정보학회 특강 'KDC 제4판에 관하여'
(97. 7. 12.)

1. 서 론

도서관은 문헌을 수집, 정리, 보존하여 당대와 후세의 이용자에게 그것을 효율적으로 제공함으로써 사회와 문화 발전에 공헌하는 사회적 장치의 하나이다. 따라서 도서관의 궁극적 목표는, 문헌과 거기에 담겨진 정보의 효율적 유통에 있으며, 이 목표를 달성하기 위한 방안의 하나로 문헌을 분류하고 편목한다. 이때 문헌의 주제를 분석하여 인위적이며, 의도적으로 특정문헌에 특정 분류기호를 부여한다. 특정문헌에 특정 분류기호를 부여하기 위한 활동을 체계적으로 수행하려면 도구가 필요하며, 이 도구가 다름 아닌 문헌분류법이다.

사회가 변화, 발전하고 학문이 진보함에 따라 지식체계는 변화하며, 이에 따라 문헌분류법 역시 변화, 진화한다. 즉 문헌분류법은 개정된다. 문헌분류법은 도구이며 연장이다. 도구와 연장은 필요에 따라 개량되고, 그 결과, 기능이 향상된다.

인류가 창안한 각종 도구를 인체의 기능의 확장이라는 관점에 따라 다룬다면, 승용차는 발과 다리의 확장이며, 문헌분류법은 두뇌의 확장이다. 즉 기억력, 식별력, 분석 능력, 검색 능력 등의 확장이라고 할 수 있다. 이러한 능력의 확장에 관심을 가진 우리들에게 1964년에 간행된 KDC 초판의 서문은 하나의 길잡이가 될 것이다.

2. KDC 제3판의 개정 방침

KDC 제3판을 개정하기 위하여 한국도서관협회 분류위원회가 결정한 개정 방침은 다음과 같다.

(1) 유, 강, 목의 변경은 가능한 한 피한다.

(2) 학문 발전의 추세를 충분히 반영하여 새로운 항목을 배정한다.

(3) 제3판의 정신을 가능한 한 살리되 세목부분은 개정 또는 전개한다.

(4) 구 표목 중 적절하지 못한 항목은 신 항목으로 대치한다.

(5) 과학기술 분야 등 급변하는 주제는 필요한 세목을 과감하게 전개, 세분한다.

위의 개정 방침을 기본으로 하여 1989년에 간행된 DDC 20판과 日本十進分類法(일본십진분류법) 9版(판)(試案) 등을 참고하고, 도서관 현장의 분류 담당 사서들의 의견과 그들이 지적한 문제점을 최대한 수용하였다.

3. KDC 4판의 구조

도구의 구조를 이해하는 정도는 도구의 이용 효과를 좌우한다는 의미에서 KDC 본표의 구조를 간추려서 제시한다.

서설	조기표
1. 분류법의 해설	1. 표준구분표
(1) 주제 서열	2. 지역구분표
(2) 분류번호의 조직	3. 한국지역구분표
(3) 조기성	4. 한국시대구분표
(4) 주의 설명	5. 국어구분표
(5) 이자택일	6. 문학형식구분표
(6) 상관색인	7. 언어공통구분표
	8. 종교공통구분표

2. 사용법

(1) 표의 선정

(2) 기초 지식

(3) 도서기호

(4) 문자의 사용

(5) 도서의 배가

3. 주류표, 강목표, 요목표, 본표.

4. KDC의 활용법

메꿈, 잘라냄, 땜질 등은 일상생활에서 흔히 볼 수 있고, 또 그것을 활용하는 것은 생활의 지혜이다. 이러한 지혜는 원형을 보존하면서 적어도 경제성, 편의성 및 신속성을 고려한 조치이며, 활동이다. 그렇다면 KDC와 DDC가 개정되어 그 최신판이 간행, 배포되었을 때, 이들을 문헌분류의 도구로 사용하는 도서관 현장의 분류 담당 사서들은 이에 어떻게 대처할 것인가에 대한 답변을 이러한 생활의 지혜에서 찾을 수 있을 것이다.

5. KDC 3판의 개정작업의 과정과 그 소감

KDC 4판의 내용을 짧은 시간에 소개하는 일은 장님이 코끼리 만지는 격이며, 주마간산(走馬看山)이라고 생각하지만, 코끼리를 만져본 사람과 그렇지 않은 사람, 비록 말을 탔으나 구경을 한 사람과 그렇지 못한 사람과는 차이가 있을 것이다. 그런 고집을 가지고 이 기회에 KDC 개정작업의 과정을 간단히 소개한다.

(1) 분류위원회 구성과 위원의 요건

위원회는 위원장을 포함하여 15명으로 구성되었다. 초기의 위원장은 당시 한국도서관협회 회장이며, 분류위원회 위원장이신 이춘희 성균관대학교 문헌정보학과 교수가 위촉되었으나, 회장 임기가 만료됨과 동시에 동 대학의 권기원 교수로 바뀌었다.

위원의 요건은 대학에서 문헌분류를 강의하는 전임교수이거나 도서관 현장에 종사하는 석사 학위 이상의 소지자로 제한하였다.

초기의 위원 가운데 연세대 도서관의 임 과장 및 김 과장과, 필자가 추천한 박후용(경희대 도서관) 과장이 추가로 위촉되었으나 당시 박 과장은 회의에 전혀 참석하지 않은 채 '공학일반' 과 '토목공학' 분야를 담당하여 그 개정 초고만을 제출하고, 자퇴하였고, 임 선생과 김 선생은 권기원 교수가 위원장으로 위촉된 후 자퇴하였다.

15명으로 구성된 위원들의 출신 대학을 살펴보면, 7명은 성균관대학교이고, 8명은 다른 대학이다. 도서관 현장에 종사하는 위원은 백항기(숙명여대), 김성원(한국통신), 임승양(경희대), 조길숙(국립중앙도서관) 등 4명이며, 11명은 현직 대학교수들이다. 소수의 현직 사서들만이 이 작업에 참여한 이유는 복합적이겠으나 결과적으로 유감스러운 일이다.

위원의 위촉과 관련하여 또 하나 밝힐 일은, 이 시기에 간행된 『도서관문화』에 '문헌 분류에 관한 논문을 한 편도 발표하지 않은 위원이 있다' 는 내용의 컬럼을 현직 대학교수가 썼다는 사실이다. 참으로 유감스럽다.

논문은 연구결과를 발표하는 하나의 형식이고 방법에 불과하다. 더구나 우리들의 은사들 가운데는 과거에 전공분야에 관한 논문을 한 편도 발표하지 않은 분들도 상당수 있다. 그러나 그 분들을 우리는 지금도 존경한다. 현직 대학교수가 논문이라는 형식의 연구실적을 빌미 삼아 대학교수를 비하하는 일은 매우 유감스럽기 짝이 없다.

(2) 작업과정

개정작업의 과정을 간단히 소개하는 목적은, 이러한 과정을 우리 회원들이 이해함으로써 이 분야의 활동에 도움이 되기를 기대하기 때문이다.

첫째, 위원들을 3팀으로 나누어 개정작업을 담당할 KDC 분류번호를 배당하였다. 그 범위에서 다시 위원 개인별로 배당하여 각기 개정 초안을 작성하고, 팀별로 수정, 보완하였다. 이를 팀별로 종합하여, 지상공청회의 형식으로 『도서관문화』에 발표하고, 다시 전국도서관대회에 발표하였다.

둘째, 지상공청회와 전국도서관대회에 발표된 내용에 대하여 도서관 현장의 의견을 공문서를 통하여 수렴하고, 분류위원회 전체 회의에서 개정 초고를 검토하였다.

셋째, 편집위원회를 별도로 구성하여 검토된 개정 초고를 축조심의하였다.

넷째, 편집위원회가 수정, 보완한 개정원고를 분류위원회 전체 회의에서 전반적으로 검토, 보완하고, 그 원고를 KLA에 제출하였다.

다섯째, KDC 본표의 개정 원고가 준비되는 동안, 색인작업에 착수하였다. 각 위원들이 담당한 분야에 따라 표목과 분류번호를 제시하는 방법으로 개인별 색인작업을 행하고, 그 초고를 색인담당위원회에 제출하여 통합하였다.

6. 소 감

지금까지 소개한 개정작업의 과정에 대한 느낌은 우리 회원 각자의 몫이다. 개정작업에 참여한 필자의 느낌을 여기에 첨가한다.

첫째, 명지대 문헌정보학과 출신을 중심으로 국가 차원의 연구활동과 작업을 감당할 수 있을까? 라는 의문과 회의와 함께 '명문연'의 위상을 심각하게 생각할 필요가 있다.

둘째, 지금까지 선후배간의 관계는 잘 유지되었고, 괄목하다고 하겠으나, 과연 선후배간의 우정, 배려, 격려, 질책은 어떤 수준인가? 라는 회의이다. 예를 들면, 지난 전북 무주에서 개최된 문헌정보학 관련 국내 4개 학회 공동의 전국학술대회에 소수이지만 우리 회원들이 참여하였다. 이들을 비난할 생각은 추호도 없다. 다만 '명문연'의 위상과 선후배간의 관계라는 관점에서 음미할 필요가 있다.

끝으로 서두에서 밝힌 바와 같이 KDC는 하나의 도구에 불과하다. 따라서 이 도구를 어떻게 쓰느냐 하는 일은 전적으로 여러분의 몫이라는 점을 밝힌다.

모시는 말씀(1997. 10. 31.)

후학양성과 문헌정보학 연구에 평생을 헌신하신 행간 윤영대 박사께서 화갑을 맞이하셨습니다. 은사님께서 평소 저희들에게 베풀어주신 학덕에 감사드리고자 『화갑기념논문집』을 발간하고 봉정식을 다음과 같이 갖고자 합니다.

바쁘신 줄 아오나 부디 오셔서 자리를 더욱 빛내주시기 바랍니다.

일시: 1997년 11월 14일(금) 오후 6시30분

장소: 올림피아호텔 2층 임페리얼 홀(02/287-6200)

회비: 20,000원(기념논문집 증정)

연락처: 상명대학교 문헌정보학과(전화 02/287-5064)

상명대학교 문헌정보학과 동문회, 대학원문헌정보학과동문회
행간 윤영대 박사 화갑기념논문집간행위원회

대전전문대학 최성진 학장(1997. 12.)

302-210 대전광역시 서구 복수동

금년에 저의 생활에는 많은 변화가 있었습니다. 무엇보다도 지난 24년 동안 몸담아 왔던 성균관대학을 떠나 대전전문대학의 학장으로 부임하여 이제 1년이 되어갑니다. 지난해 여름, 1년 후면 평생 섬겨온 성균관대학교에서 정년퇴임하고 명예교수로서 학문적 정리를 하면서 조용히 여생을 보낼 것을 생각하고 있었는데 뜻밖에 대전전문대학의 부름을 받아 많이 망설였습니다만 결국이 곳에 오게 되었습니다.

우리나라의 전문대학은 대체로 그 역사가 짧아, 각 대학의 행정이나 학사운영 상에 적절한 규범이나 관행이 정착되지 않은 부분이 아직도 있습니다. 그런 의미에서 제가 무슨 행정능력 같은 것은 없지만 좋은 대학에서 일하며 보고 들은 경험들이 유용할 때가 있습니다. 그런 때에는 여기 오길 잘했나보다 하고 보람을 느낍니다.

대전에 와서 깨달은 사실이지만 작은 대학에는 작은 대학에서 일하는 재미가 있습니다. 그것이 결코 큰 대학에서 일하는 재미보다 못하지 않습니다. 사람들이 다 한 가족처럼 다정하게 이야기하며 일합니다. 여기서는 사람들이 화도 안 내고 말도 느리게 합니다. 공기는 좋고 길도 언제나 시원하게 비어있어 많은 것이 마음에 듭니다.

대전전문대학은 대전 시내에 위치하고, 현재 학생 수로 보면 17개 학과에 3천6백 명이라는 그리 크지 않은 대학이지만 시설 면에서는 16만 평의 넓고 매우 아름답게 조성된 캠퍼스 위에 연건평 1만5천 평에 달하는 7개 동의 최신 교육시설이 계획에 따라 들어선 꽤 큰 대학입니다. 10년 전에 한 기독교 실업인이 기독교 정신을 가진 전문직업인을 양성하여 사회 각 분야에 내보내고 싶다는 좋은 뜻으로 세운 대학입니다. 대학의 발전을 위하여 저도 재임기간 중 힘껏 일하겠지만 주위에서도 많이 성원해 주시기를 바랍니다.

제 가정 이야기로, 우리는 금년에 결혼 40주년을 맞았습니다. 아내도 나이가 들어 이전 같지는 못하지만 아직도 건강한 편이고 여전히 교회의 봉사활동에 분주합니다. 낯선 곳에 와서 살고 있으므로 좀 외로워하지만 다행히 둘째 아들 가족이 가까이 살고 있어 한결 덜하고, 또 그동안 떠나 있던 막내가 공부를 마치고 지난 여름 유학지에서 돌아와 큰 위로가 되고 있습니다. 우리의 삶을 늘 예비하시고 인도하시는 하나님께 감사할 뿐입니다.

즐거운 성탄절을 보내시고 다복한 새해를 맞으시기 바랍니다.

-평화의 왕으로 우리의 마음속에 오시는 예수 그리스도를 기리며, 최성진 올림

Dear

It may come as a surprise to you to ,learn that I left Sung Kyun Kwan University where I had taught since 1973. I received an invitation to the office of president of Taejon College, a Christian institution of higher learning in the City of Taejon, in the summer of 1996, when I had been looking forward to retiring from teaching career at Sung Kyun Kwan a year later. After much prayer and thought I felt it right to accept the invitation as from the beginning of 1997.

After a quarter of century of teaching at Sung Kyun Kwan, it was not easy to move, but I looked to our gracious Lord to help me cope with the change and to serve Him faithfully in the future at Taejon. I value your prayers for this venture of faith.

After the move I have quickly adjusted myself to the new surroundings at the college. My wife and I live in a comfortable apartment provided by the college. My wife is still in good health and is keeping busy with various activities in the church. Our address is now 103-703 Clover Apartments, Dunsan-dong, Taejon. Do not hesitate to call on us if ever you are in the area. The kettle boils quickly!

Jaeha, our second son, and his family live in the same town, so we see them frequently. Jaeha is a college teacher. Jinyong, his daughter, is now aged five years. She is making rapid strides with her reading and writing. She is a born artist, which causes some problems for her parents. I am now a grandfather in plurality. Jaewhang, our youngest son completed his study for Ph. D. in information science at the Florida State University in the United States and returned home last summer. He works with the National Centre for Science Information Systems in Seoul.

We have much cause to praise the Lord for our family, for their loving support over the years and our oneness in the Lord Jesus Christ.

We assure you of our love and best wishes for Christmas and the New Year. The Lord with you, wherever He may lead you.

Your sincerely,

Sung Jin Choi

최성진 님은 필자가 성균관대학교에서 석박사과정을 이수할 때 도서관협동론, 정보검색론, 정보시스템분석평가론, 문헌정보학연구방법론 등을 지도하셨고, 특히 박사논문의 지도교수이셨다. 다수의 논문과 저서가 있으나 특히 『정보학원론』과 『도서관학통론』은 당시나 지금도 명저라고 필자는 평가한다. 어휘선택과 표현의 정확성, 정연한 논리와 학구적인 자세를 연구자들에게 늘 강조하고 실천한 선생님은 사진 속의 랑가나단을 연상시킨다. 이 분의 장수를 믿고 또 기대했으나 일찍 타계하셔서 안타깝다.

제자들로부터 온 짧은 편지, 연하장 3

1997. 12. 15.

감사합니다

지난 한 해에도 보잘 것 없는 사람을 따뜻하게 해주심에 감사드립니다. 언제나 꼿꼿한 뒷모습을 건강하게 유지하시고 새해에는 하시는 모든 일에 기쁨이 있으시기를 기도드립니다. -이성애 드림.

1997. 12. 24.

한진투자증권주식회사

생각 없이 분주한 일상에 쫓기다 돌아보니 多事多難(다사다난)했던 정축년 한 해가 이렇게 빨리 지나가고 있습니다.(나이에서 오는 중압감?)

무엇보다 건강하시고요. 내년에도 새로운 소망과 기대로 가득 메워질 한해가 되시길 빌며, 항상 교수님에게 기억되는 제자로 남고 싶습니다. 교수님! 새해 복 많이 받으세요. -제자 김형선 올림

1997. 12. 28.

133-071 성동구 행당1동 301-12(501호)

그저 춥지 않은 겨울이 난방비 절약되어 좋고, 새해가 오는데도 설레는 계획들보다는 챙겨야 할 시댁 일, 친정 일을 따지고 또 그저 그렇게 보내야 하는

한 해로만 느끼는 저의 모습……. 이젠 점점 아줌마가 되어가나 봅니다. 이래 저래 힘들 거라는 98년……. 모두들 마음이라도 풍족하고 따뜻한 새해가 되었으면 합니다. 늘 건강하시고 새해 복 많이 받으세요. -박준영 올림.

어머님을 그리는 시 '세모' (1997. 12. 30.)

歲 暮 (세모)

해질 녘 우리 집 西窓(서창) 밖 작은 풍경은
저녁노을에 채색되어 잔잔한 감동을 전해 온다.

하루, 이틀, 사계절, 내내 그랬는데
세모의 서창 밖 작은 풍경은
어머님의 모습인 양 마냥 그립다.
관악의 봉우리에 耳目口鼻(이목구비)를 그리면
누구의 얼굴인가!

세모의 저녁노을은 까치의 날개짓을 안고
동해의 해돋이를 찬란하게 잉태한다.

제자들로부터 온 짧은 편지, 연하장 4

1997. 12.
동대문구 이문1동90-3 삼익APT 101동2007호

조미경입니다
교수님! 새해에는 더욱 행복하시고 원하시는 모든 소망이 이루어지시길 바라오며 가내에 행복과 건강을 바랍니다. 자주 연락드리지 못하여 항상 죄송스러운 마음 간직하고 있습니다. 교수님의 너그러우신 아량으로 이해 바랍니다. 또 연락드릴게요. -제자 조미경 올림

1998. 1. 7.
137-742 서초구 서초동
서울교육대학교도서관

곽병희입니다
교수님께,
분주했던 한 해가 저만치 가고, 또 새로운 한 해가 성큼 다가왔습니다. 자주 찾아뵙지 못하여 항시 죄송스럽게 생각하며 이렇게 서신으로나마 인사를 올리게 된 점을 용서해 주십시오. 교수님, 내내 건강하시고 가내 두루 평온하시길 바랍니다. - 해 정월 초이렛날 곽병희 올립니다.

1998. 1. 25.

이은경입니다

교수님!

지난 4년 동안 열심히 지도해 주시고, 삶의 지혜를 주는 이야기도 마음에 새겨주셔서 감사드립니다. 교수님과 많은 이야기를 나누지는 못했지만 늘 따뜻한 교수님의 마음을 느낄 수 있었습니다. 1998년 새해에도 복 많이 받으세요. 소망하시는 많은 일들이 형통하게 이루어지시길 소원합니다. 교수님, 건강하세요! 그리고요, 교수님 제가 꼭 술 한번 대접해드리고 싶어요. 기회 주실 거죠? 행복하세요. 교수님! -부천에서 94학번 이은경 올림

122-082 은평구 신사2동 300-134호

황선희입니다.

교수님! 안녕하세요. 95학번 황선희입니다.

직접 찾아뵙지 못하고 글로 새해인사 드리는데 그래도 반갑게 맞아주세요.

"새해에도 항상 교수님만의 매력, 넉넉하고 편한 웃음으로 건강하세요. 그리고 행복하세요."

방학한지 꽤 되었는데 선희는 불안하고 이만저만한 걱정으로 밝게 웃으며 지내기가 힘들지만 책을 읽고 힘을 내서 남은 겨울을 열심히 생활하려고 해요. 교수님은 방학동안 무엇을 하시는지 많이 궁금해요. 제가 카드에 너무 많이 쓸 수 없어서 줄일게요. 답장 주시면 정말 좋을 텐데. 새해에도 좋은 일 많이 생겼으면 좋겠어요. 그리고 교수님! 건강하세요. -95학번 선희 올림

P.S. 교수님, 혹시 이곳을 보게 되실지 궁금한데요. 한 자라도 더 적어보려구요. 가끔 편지 길게 써도 되는지 모르겠어요. 전 교수님의 웃음이 너무 좋거든요. 답장 주실 거죠? 그럼 더 길게 길게 다시 쓸게요. 그럼 안녕히 계세요.

정용학, 문우영입니다
463-070 경기도 성남시 분당구 야탑동
장미마을 코오롱Apt 126-302

교수님, 안녕하세요?
새해의 문을 열었으니 '예쁜 꼬까옷' 입고 인사드리러 가야 하는 건데, 먼저 지면상으로 세배 올릴게요.
"새해에도 건강하시고 평화로운 가정에 기쁨이 넘쳐나길 빕니다."
저희들도 열심히 살겠습니다. 지켜봐 주세요. -정용학, 문우영 올림

강성윤입니다
120-012 서대문구 충정로2가185-10
한국공인회계사회 공시실

교수님, 항상 건강하시구요 새해 복 많이 받으세요. 올해에도 소망하시는 일 모두 이루시길 바랄게요. 그리고 근간 찾아뵙고 인사 여쭙겠습니다. 행복하세요. -강성윤 올림

1998. 1. 30.
박진환입니다

당뇨 식사 지침

1. 정상 체중(신장 cm - 100) x 0.9)을 유지할 것.
2. 식사는 정한 시간에 규칙적으로 할 것.

3. 단 음식(설탕, 사탕, 꿀 등)은 피할 것.

4. 기름은 식물성 기름(들기름, 콩기름 등)을 사용할 것.

5. 알 종류와 내장류 섭취는 가급적 피할 것.

6. 음식은 싱겁게 조리할 것.

7. 잡곡, 현미, 채소, 과일과 같은 섬유소가 많은 식품을 섭취할 것.

8. 외식할 경우, 설탕을 많이 사용한 음식이나 튀김 등은 피할 것.

9. 식사 때도 아닌데 배고픔을 느낄 때는 열량이 적고, 부피가 큰 식품(보리차, 오이, 채소 잎, 무, 해초류 등)을 섭취할 것.

10. 우유와 과일, 채소를 많이 섭취할 것.

11. 식사 후 30분이 지나면 30분간 걷기 운동을 할 것.

올해도 더욱 건강하시고 하시는 일 잘 되시길 진심으로 기원합니다. -인천시 서구 가좌동 143-203 대한빌라2동102호 박진환 올림

내가 본 人間 石靜(인간 석정)

-1998. 2. 3. 박상균 교수의 정년퇴임

대학의 전통적 의미와 기능, 그리고 인문학의 표류를 우려하는 목소리가 높아지는 오늘의 상황에서 일의 선후 혹은 그 우선순위를 진단하기란 무척 쑥스럽고 고달픈 작업의 하나라고 생각된다. 그러나 석정 박상균(石靜 朴尙均) 교수님의 정년을 기리는 마당에 서서 나는 먼저 만남의 의미를 생각하려고 한다.

서로의 옷깃을 스치는 것도 인연이다. 인연은 결과를 만드는 직접적인 원인과 그 원인으로 말미암아 얻을 수 있는 간접적인 힘이다. 일체 중생은 因(인)과 緣(연)에 의하여 生滅(생멸)한다고 불교는 말한다.

세수하고 머리 빗고 화장하는 것은 만남을 위한 것이다. 화장품의 종류가 다양한 이유는 아름다움과 만남을 전제한다. 꽃이 아름답다는 것은 만남이 있기 때문에 가능한 표현이다. 누구와 잠자리를 같이 한다는 것, 보고 싶어 죽겠다는 말도 만남을 전제로 한다. 원소 자체보다도 원소와 원소의 결합이 의미가 있는 것도 만남과 상통한다. 매스 게임의 아름다움은 많은 사람의 화합된 만남으로 가능하다. 문학작품의 가치는 독자와 작품의 만남에서 싹튼다. 원탁회의(round table)라는 어휘 역시 효과적인 만남을 위한 것이라고 생각한다.

우리가 살고 있는 주변의 이곳 저 곳에 '만남의 광장'이 있고, '광화문 만나'라는 상호도 있으며, '만남'이라는 유행가는 여기저기서 애창된다. 복덕방은 집을 비롯한 부동산 매매를 원하는 사람들의 만남을 돕는 사회적 장치이다. 텔레비전을 비롯한 각종 매스 미디어는 사람과 생활정보의 만남을 돕는 전자장치이며 현대사회의 총아라고 불리는 컴퓨터는 정보의 생산, 처리, 저장, 검색, 제공 등 일련의 활동을 효율화함으로써 사람과 정보의 만남을 돕는 전자장치이다. 도서관이 운영하는 목록은 도서관 자료와 그 이용자의 만남을 돕는 서비스 도구이다.

인간의 지식과 경험을 재구성하여 기록한, 다양한 형태의 문헌은 사람과 지식의 만남을 돕는 지식전달 매개체이다. 지식을 생산하고 전달하고 그것을 획득할 수 있는 방법은 사람과 사람의 만남, 사람과 자료의 만남, 사람과 조직의 만남이다. 이러한 맥락에서 교육은 이들 세 가지의 만남으로 이루어진 통합체이며, 만남의 방법, 만남의 도구, 만남의 수단, 만남의 기회, 만남의 광장, 만남의 촉매, 만남의 신분증, 만남의 징표, 만남의 거울, 만남의 과정이라고 할 수 있다.

교육은 이와 같이 여러 가지 의미를 함축하고 있다. 교육은 한 나라의 미래를 준비하는 국가 최대의 공공사업일 뿐만 아니라 오늘, 우리들 스스로에게 삶의 방법과 지혜를 일깨우고 가르치는 큰 일이라는 점에서 그것은 윤리성뿐만 아니라 실용성에서도 매우 중요한 소임을 가지고 있다. 모든 나라들이 교육의 성패는 국가의 장래를 판가름하는 기준이 된다고 보고, 교육개혁과 교육투자에 정책의 최우선 순위를 두는 등 교육발전을 위한 노력을 범국가적 차원에서 기울이고 있는 것이 오늘의 현실이다.

고도의 정보사회로 예견되는 21세기는 단지 기술 혁신, 산업 구조, 정보 유통, 국제 관계, 탈이념 등 혁명적 변화뿐만 아니라 인간의 의식 구조, 가치관, 사회 형태까지 변화할 것으로 전망된다. 인류가 일찍이 겪어보지 못한 이와 같은 변혁은 새로운 도전 양상이며 따라서 교육에 대한 더욱 큰 기대와 개혁을 요구하고 있다.

그렇다면 우리는 과연 어떻게 학습하고, 어떻게 연구하고, 어떠한 자세를 가지고 사람들을 만날 것인가를 심사숙고할 필요가 있으며 그렇게 하여 만남에 대한 확고한 신념과 가치관을 정립하고 그 소유자가 되어야 할 것이다.

석정 선생님과 나와의 만남은 20여 년에 지나지 않고 특별한 친분이 있다고 여기지는 않으나 이 분과 제자들과의 관계를 보고 들으면서 나는 잔잔한 감동과 함께 많은 것을 배운다. 석정 선생님의 우리 학계에의 공헌은 덮어두기로 하자.

석정 선생님과의 만남으로 인하여 눈물을 글썽이고, 이 분과의 만남으로 인하여 폭소를 터뜨리고, 이 분과의 만남으로 인하여 안도하고 기뻐하며, 이 분과의 만남으로 인하여 인내하고 분발하고, 이 분과의 만남으로 인하여 참된 인생이 무엇인지를 터득한 제자들이 적지 않으리라 생각한다.

석정 선생님으로 인하여 나는 다른 대학에 출강하는 기회가 있었고, 이 분으로 인하여 나는 다른 대학의 학위 논문을 심사할 수 있었고, 이 분으로 인하여 나는 우리 학계의 인사들과 교류할 수 있었으며, 이 분으로 인하여 나는 연하장에 드리운 참 뜻을 알게 되었다. 석정 선생님은 나에게 만남의 의미를 터득하게 한 분이다. 선생님은 사람과 사람의 만남, 사람과 자료의 만남, 사람과 조직의 만남을 진정으로 일깨워준 분이다.

법이 정한 바에 따라 떠나시는 선생님을 위하여 年年歲歲(년년세세) 健康祝願.(건강축원)

형님 내외분께(1998. 3. 12.)

안녕하십니까?

대학교수의 사령장을 처음 받았을 때의 감격과 감사의 마음으로 형님 내외분께 '교수 정년 보장'이라는 기쁜 소식을 전합니다.

저를 키워주시고 가르치심에 늘 勞心焦思(노심초사)하셨고 오늘까지도 정성을 다하여 돌보아주심에 오직 감사할 따름입니다. 그로 인하여 제가 얻은 모든 명예와 영광을 두 분에게 기꺼이 드립니다.

아무쪼록 강건하시고 평안하시기를 기원합니다.

필자는 교수 정년 보장의 사령장을 당시 유병진 부총장을 비롯한 몇 교수와 함께 받았다. 사령장을 받은 몇몇 교수들과 인사를 하려고 부총장을 만났을 때 어떤 교수는 '여기 모인 교수들만으로 친목모임을 만들자'고 부총장에게 즉석 제안을 하는 기막힌 순발력을 보였다. 순발력이 무색하게 다행히 실현은 되지 않았다. 왜 그런 제안을 했을까?

땅콩을 거두었다. 덜 익은 놈일수록 줄기를 놓지 않는다. 덜된 놈! 덜 떨어진 놈! 이철수

제자들과 주고받은 짧은 편지

1998. 4. 29.
감사합니다
135-240
서울시 강남구 개포동 주공아파트 447동 502호
김수경전

소식과 함께 보낸 '라 트라비아타'의 초대권을 잘 받았다. 편지 겉봉의 글씨가 눈에 들어오는 순간, 수경의 편지임을 간파했지. 소식을 주어서 매우 고맙게 생각한다.

5월은 4학년의 도서관 실습기간이므로 다소 시간의 여유가 있으니 84학번 개구쟁이들(?)과 만날 수 있는 기회를 엿보겠다는 생각에 약간 들떠 있다.

모든 분야에서 어려움이 많은 시기이지만 젊음과 패기와 약동하는 생명력으로 모두 잘 극복하리라 믿는다.

아기가 꽤 컸겠지? 아무쪼록 건강하기 바라며 계획하는 모든 일이 잘 이루어져서 발전과 영광이 늘 함께 하기를 기원한다. -김용성 배.

1998. 5. 15.
스승의 날

차창 밖으로 길게 늘어선 가로수, 가정집의 정원수, 담장 너머 줄기를 뻗은 넝쿨 잎이 어느새 가냘프고 연한 연록색에서 생명력 넘치는 짙은 녹색으로 물들었습니다. 시간의 흐름 속에 자연도 저희들도 자연스런 성숙의 과정을 밟고 있습니다. 그리고 정도 그 깊이를 더 해가고 있습니다.

교수님, 짙은 녹색의 잎처럼 건강하십시오. -명문연 회원 일동

명문연 회원들은 스승의 날을 기념하여 신촌 로터리 서강대 부근의 음식점 '거구장'에서 회식을 했고, 이 글과 함께 선물을 진했다.

1998. 5. 26.
이정원입니다

안녕하세요? 정말로 오랜만에 연락드립니다.

저는 남편의 일로 집을 미국 LA로 옮겼습니다. 한국의 IMF 영향이 한국을 상대로 하는 남편의 일에 큰 타격을 주어 금년 3월 20일 불가피하게 이곳으로 오게 되었습니다.

사모님께서는 건강하신지요. 결혼 전에 통화했을 때 몸이 안 좋으시다는 말씀을 하셨던 것 같은데 염려가 됩니다.

남편은 여성 액세서리 수입회사에서 일하고 있습니다. 저는 이제 임신 4개월이 되어 꼼짝없이 가정을 지키게 되었습니다. 하루 종일 집에 있는 것이 무료하여 지하철을 타고 LA 시내로 나와 구경하다가 우연히 Los Angeles Public Library를 발견했습니다. 전공이어서 그런지 두려움이나 망설임 없이 들어가서 이곳 저 곳을 살펴보았습니다. 미국 특히 이 도시가 이민족들로 구성되어 있는 곳이라서 그런지 세계 각국의 도서와 Video가 갖추어져 있습니다. 특히 맥시코인들이 많은 도시라서 그런지 스페인어 장서가 가장 많습니다(외국어 도서 중에서).

처음 며칠은 반가움에 한국에서 발행된 여러 책들을 흥미위주로 읽다가 요

즘에는 외국어 교재 코너에서 영어공부를 하고 있습니다. 지금 저에게는 없는 『수학정석』이나 『성문기본영어』 같은 중고등학교 학습교재도 있거든요. 경제적인 형편 상 학교에 갈 처지는 안 되기에 하루에 4-5시간씩 혼자서 영어공부하는 시간이 유일한 제 자신을 위한 시간입니다.

아직은 낯선 이곳에서 다시 살아가야 하는 것에 심리적으로 무척이나 지쳐 있고, 뉴질랜드에서 1년이라는 짧은 시간 그리고 이민 역사가 가장 오래된 이곳 미국 LA에서 생활하는 한국 교민들을 보면서 고국에 대한 회귀본능은 어쩔수 없음을 절감했습니다. 그래서 정신적으로 무척이나 방황하였고 게다가 경제적인 어려움 때문에 어떤 위안조차 가질 수 없는 상황에서 제가 발견한 도서관은 유일한 즐거움입니다.

이민생활에서 남는 것은 경험인 것 같습니다. 특히 문화적인 체험 그리고 자신의 고국에 대한 주체성이 희미해지면 금방 이민 1세와 2세는 단절되고 맙니다. 영어에 한번씩, 아니 평생을 답답해하며 살았던 이민 1세는 한국어를 말하지 못하고 쓰지 못하는 2세에 대하여 걱정하지 않습니다. 오히려 유창한 2세의 발음에 1세는 위로를 받습니다. 그러나 언어는 사용하는 단어와 구조에 있어서 수준이 있습니다. 그 수준은 교육은 물론 가정에서 쓰고 또 쓰이는 수준이 큰 영향을 차지하기 때문에 발음이 유창한 2세들의 영어 사용수준을 들여다보면 발음이 약간은 딱딱한 석사나 박사학위 과정의 유학생보다 못한 경우가 많습니다.

한국인으로서 주체성에 대한 확립의 정도 그리고 제가 가졌던 무조건적인 영어에 대한 열등감에 대하여 다시금 생각하게 되는 시간들이었습니다. 이와 더불어 우리가 미처 생각하지 못하지만 다른 곳에서는 실행되고 있는 좋은 것들은 많이 알려지고 자극받아 변화되길 희망하는 것도 강해졌습니다(전에는 비판만 했지, 사랑하는 마음이 부족했거든요).

결국 이런 저런 제 희망들의 기본 바탕에는 영어에 대한 능숙함이 필수이기에 그냥 반쯤 포기하면서 살 수가 없어졌습니다. 또 언젠가는 돌아가겠다는 목표만으로도 지독한 향수병이 조금은 위로가 됩니다.

어느 날 문득 도서관 안내 팸플릿을 보다가 교수님과 후배들 생각이 났습니다. 경제적, 정치적으로 불안정한 국가에서의 문화정책은 항상 어떤 한계가 있기 마련이지만 그렇다고 포기할 수는 없는 것이 또한 문화적 투자이며 그 중에서도 가장 대중적이어야 하는 것이 도서관이어야 한다는 생각이 듭니다. -앗, 교수님 앞에서 너무 건방진 얘기, 죄송합니다.- 그래서 이곳 제가 다니는 도서관의 안내 팸플릿을 보내 드립니다. 한국어 안내서도 있어서 같이 보냅니다. 제 형편상 슬라이드와 사진은 무리라서 요긴하실 줄 알면서도 보내드리지 못해 죄송합니다. 아니 어쩌면 이미 갖고 계신 자료일지도 모르겠군요.

윤영 교수님, 현영아 교수님, 김현희 교수님(맞나요?), 모두 안녕하시죠? 제 동기 루시아와 가끔 연락합니다. 둘째 딸을 얻었다니까 이제 一男一女(일남일녀)를 둔 어엿한 주부가 되었군요. 수진이 소식은 루시아를 통해 듣고 있습니다. 시간이 흐를수록 더욱 그리워지는 친구들입니다.

항상 건강하세요. 그럼 또 연락드리겠습니다. -이정원 드림

1998. 6. 12.
감사합니다
Librarian Joung-Won Lee (이정원)
530 S. Berendo St. APT 428
Los Angeles, CA 90020-2296
U. S. A.

정원아, 오랜만에 불러보는 이름이다. 잘 있었니?
궁금했던 소식을 6월 9일에 접하고 무척 반가웠다. 출국한 이후의 상황과

변화를 잘 요약하여 명쾌하게 전달한 솜씨에 감탄과 찬사를 보낸다. 우리글을 정확하게 쓴다는 것은 적으나마 애국의 길이라고 생각한다. 어느 언어학자의 말처럼 언어는 에너지이니까.

임신을 축하하며, 동봉한 자료 못지않게 그 정성과 관심을 오래 간직하겠다. 경제적 여건과 학구열에 잠시 숙연해지면서 안타까운 마음을 금할 수 없다. 정원이 밝힌 몇몇 상황은 나의 과거와 차이는 있지만 그 뿌리는 같다고 생각하기 때문에 한 젊은이의 삶에 대한 의욕과 투지 그리고 당연하고도 너무나 한국적인 사고와 정서에 큰 감동을 받았다. 젊고 아름다운 한 제자는 성실한 삶을 영위하려고 저렇듯 고뇌하고 행동하는데 나는 과연 연륜에 걸맞게 고뇌하고 행동하는지 반성이 앞선다.

타향이라고 하기에는 너무 먼 외국에서 어려움도 많고 향수도 깊겠지만 목표 달성에 앞서 영어 하나는 완전히 정복했다는 자신감을 갖는다면 크고 귀중한 소득이라고 생각한다.

부디 건강에 유의하여 젊음과 아름다움을 항상 간직하기 바라며 또 그러리라 믿고 있다. 아기 아빠가 될 그 사람에게도 안부 전하기 바라면서 두 사람이 하나같이 컴퍼스의 원리와 기능을 잘 터득하여 컴퍼스와 같은 생활이 계속되기를 소망한다. -김용성

남도여행 1박2일(1998. 7. 14.)
540-030
전남 순천시 옥천동 346번지

이루시에게

참으로 반가운 만남이었고 즐거운 여행이었다. 그러나 아침 일찍 순천 시내

를 출발하여 오후 늦게 집에 도착하기까지 저 밑바닥 한 구석에 도사리고 있는 아픔은 간간이 뿌리는 빗방울과 함께 촉촉하게 젖어왔다.

서울에서 대전, 무주, 장수, 남원, 구례, 승주 송광사, 순천, 보성, 장흥, 강진 다산 초당, 광주, 장성, 장성호 관광단지, 태인, 정읍, 전주를 거쳐 다시 서울로 돌아온 1박 2일의 여정은, 이 순간 꿈같은 느낌이다. 너무 멀리 갔고, 너무 빨리 다녔고, 너무 많은 것을 보고 들었으며 생각, 느낌, 깨달음, 뉘우침이 많았기 때문이라고 생각한다.

젊어서의 고생은 사서라도 한다는 옛말로 루시를 위로하고 격려하려는 나 자신의 무력함이 너무 초라하다. 철이 없고 교만하고 너무나 한가로운 이 말을 증오하던 시기가 나에게도 있었다. 그러나 루시의 생활태도와 밝은 모습에서 나는 자신이 부끄러울 정도로 자랑스러움과 자신감과 패기를 보았다. '우리 집은 벼락을 맞았어요' 라는 말은 여지없이 나의 뒤통수를 쳤다.

하루가 24시간인 것은 모든 사람들의 약속이고 모든 사람들에게 똑같은 순간이겠지만 1박 2일의 여정으로 전남 순천을 다녀왔다는 사실은 적으나마 시간의 정복이며 공간, 시간, 체력 그리고 정신의 싸움이고 조화였다. 공간과 시간 속에 자신의 심신을 비추어 보고, 던지고, 심고, 가꾸어서 마침내 공간, 시간, 심신의 삼자가 조화를 이루려고 노력하는 존재가 다름 아닌 사람이 아닌가 싶다.

전화를 하지 않은 점, 길지만 지루하지 않은 대화를 나누지 못한 점, 물 한 모금도 주고받지 못한 점, 그래서 몹시 섭섭하고 서운하다는 생각들을 고이 접어두고, 참으로 반가운 만남을 다시 준비해보자.

루시, 부디 건강하기 바란다. 건강은 삶, 사랑, 믿음, 행복, 패기, 모든 것의 원천이니까. 할머님과 아기 아빠에게도 안부를 전해다오. 모든 가족들의 건투를 빈다. 이 편지를 꼭 써야겠다는 생각이 들었다. -김용성

이루시는 결혼 후 전남 순천에서 살았고, 그래서 방학을 틈타 여행 삼아 아내와 그곳을 찾아갔다. '우리 집은 벼락을 맞았어요' 라는 말은 루시의 남편의 사업이 부도처리 되었다는 말이다. 이후 루시는 많은 고난과 번민과의 싸움을 계속했을 것이라고 생각한다. 원상복귀는 그냥 빈말인가! 서울로 돌아오는 마음이 마냥 무거웠다.

1998. 9. 25.

하선자입니다

안녕하세요? 건강은 어떠신지요?

저는 교수님께서 걱정해주신 덕분에 여기 영국에 잘 도착해서 건강하게 잘 지내고 있어요. 아직까지 여기는 그렇게 춥지도 않고 낮에는 반팔 옷을 입고 다닐 수 있을 만큼 더워요.

저는 여기서 4일 일하고 3일 쉬는데 그 쉬는 3일 동안 하루는 학교에 가고, 하루는 personal tuition을 1시간 동안 받고 있어요. 여기 Herne Bay Court는 다른 기관들보다 조건이 꽤 좋은 편이고 사람들도 모두 친절해서 적응하는 데 별 어려움 없이 지내고 있어요. 여기서 캔터베리까지 버스로 20분 정도 걸리는데 여기 와서 그곳이 얼마나 알려지고 유명한 곳인지 실감할 수 있었어요. 그래서 가끔 캔터베리 대성당에서 저녁예배를 드리곤 해요. 나중에 사진 보내드릴게요.

교수님께서는 어떻게 지내고 계셔요? 이 엽서 받으실 때면 중간고사기간쯤 일 것 같은데 여전히 많이 바쁘세요? M.T나 명문연 가시더라도 건강 생각해서 약주 조금만 드세요. 여기 와서 생각해 보니 여러 가지로 교수님께 감사한 일이 많아요. 진심으로 감사드리고 다음에 또 편지 드릴게요. 안녕히 계셔요. - 하선자 올림.

1998. 10. 21.

감사합니다

Librarian Seon-Ja Ha(하선자)

Herne Bay Court, Canterbury Road

Herne Bay, Kent CT6 5TD

England

궁금하고 기다렸던 반가운 소식을 주어서 고맙다. 더구나 건강하게 잘 적응하고 있다니 참 잘 된 일이다.

대학생활은 예상대로 진행 중이고, 나 역시 정해진 계획에 따라 잘 지내고 있다. 백호정 양이 마침 찾아 왔기에 네 소식을 전하였다.

켄터배리는 Chaucer가 쓴 『Canterbury Tales』를 알고 있기 때문에 귀에 익은 지명이지만 궁금한 것은 Canter와 bury의 복합형이라는 점이고 Herne Bay라는 지명 역시 무슨 유래가 있는 것 같은 생각이 드는구나. Kent라는 지명 역시 그렇다. 아무래도 영국을 가보고 싶다는 생각을 속히 정리하여 여행계획을 앞당겨야 할 것 같다는 욕심이 든다. 그러나 그게 어디 쉬운 일이냐 라는 소극적인 생각도 있다.

10월 6-12일 기간에 중국 북경에서 열렸던 학술대회에 우리 대학 20여명의 교수와 함께 참가하였다. 북경의 대기오염이 심각하여 북경 시내에서 태양을 본 일이 없을 정도였다. 땅덩이가 크다는 점은 예상했으나 그 점이 몹시 부러웠다. 참가자들의 학구열은 본받아야 할 만큼 매우 높아서 많은 자극을 받았다. 생활수준은 빈부의 격차가 크다는 느낌을 많이 받았는데 어떤 젊은이는 휴대전화를 사용하는가 하면, 어떤 이는 국수 한 그릇을 노점상이나 포장마차에서 사들고 주변 아무 곳에서 먹는 풍경을 수차 목격하였다. 그것은 마치 5,

60년대의 우리나라의 상황과 흡사하였다. 게으른 사람이 있는가 하면, 열심히 사는 모습이 역력한 사람도 있다. 서울의 남대문시장 골목에서 볼 수 있는 야시장이 있는가 하면, 신세계 규모와 같은 백화점도 있다. 야시장은 소문과 같이 바가지요금이었다. 흥정이 필요했다. 미국의 어느 수필가가 중국의 뒷골목 시장을 그린 『Li Changs Million』이 상기되었다.

땅덩이가 엄청나게 크다는 사실은 앞에서 말했지만, 그런 탓인지 산이나 들도 큼직큼직하여 중국 화가들이 그린 동양화를 이젠 조금은 이해하게 되었다. 교통질서는 말 그대로 엉망이었지만 상대방을 욕하거나 삿대질하는 모습은 볼 수 없었다. 그들대로 사람을 중시하면서 구렁이 담 넘어 가듯 슬금슬금 풀어나가는 모습이 어이없기도 하고 신기롭고 아찔하기도 했다.

북경 얘기가 너무 장황하구나. 영국에 간 목적이 분명히 있을 터이니 아무쪼록 좋은 성과가 있기를 기대한다. 그러나 늘 강조하듯 건강을 잃으면 모든 일이 허사임을 명심하고 음식과 잠을 잘 관리하기 바란다. 영어를 모국어처럼 구사할 수 있도록 영어를 정복한다는 계획을 잊지 말도록.

하고자 하는 모든 일이 순조롭게 이루어지기 바라며 부디 몸조심하여라. 피차 다음 소식을 기대하자. 건투를 빈다. -김용성

봉숭아 씨 터져 달아나는 가을 날. 이철수

백제문화 겨울여행(1999. 1. 22 - 1. 24.)

이종열입니다

때는 기묘년 일월 스무이틀에서 스무나흘까지.

동행한 명지가족은 윤영, 김용성, 이만수, 이무진, 오세훈, 이종열.

여정은 서울에서 충청도를 거쳐 전라도 완주 땅까지, 서울을 떠나 다시 도착하기까지.

스무 이튿날 열시 반.

서울 양재동을 출발하여 경부고속도로를 단숨에 달려 공주 시내에 도착한 시간은 정오 조금 지난 시각. 계룡산 갑사를 천천히 돌아보고 다시 논산으로 향하여 관촉사에서 미륵불의 경이로움에 감탄하고 나서야 하루 기거할 양촌 (陽村)가든에 도착했다.

스무 사흗날.

양촌가든을 출발하니 멀리 대둔산 봉우리가 보인다. 대둔산 정상에서 개척탑과 나란히 서보니 그 기분 그만이다. 산을 내려와 전주로 향하는 길에 비가 왔다. 다음으로 도착한 마이산. 산이 어떻게 저럴 수가 있을까? '역암'의 신비로움을 똑똑히 확인하고, 눈을 돌렸더니, 금방 쓰러질 듯한 돌탑이 바로 앞에 보인다. 감탄사가 절로 나온다. 비를 흠뻑 맞고 이제는 여정에 지친 몸을 풀어야 할 때. 죽림온천(竹林溫泉)에 도착했다.

스무 나흗날.

어제와는 달리 날씨가 무척 따뜻하다. 호남고속도로를 거슬러 올라가 모악산 금산사에 도착하니 지금까지 보았던 절 가운데 가장 웅장한듯하다. 국보 제62호 미륵전은 그 가치가 대단하여 보는 이로 하여금 입을 다물지 못하게 한다. 다시 전주로 돌아나와 연꽃잎이 가득한 덕진공원(德津公園)을 한가로이 거닐면서 이번 여행의 의미를 정리하며, 이내 맛보게 될 전주 정식의 식단을 상상해본다. 돌아오는 길은 일요일임에도 다행히 길이 막히지 않았다. 중간 휴게소에서 헤어져, 승용차 한 대는 경부고속도로로, 다른 한 대는 중부고속도로로 들어가면서 여행을 마쳤다.

진수성찬(珍羞盛饌)과 명주(名酒) 그리고 한 잔의 솔잎차

서울 양재동을 출발, 공주에 도착하여 이학식당에서 장터국밥으로 점심을 해결하고 곁들여 호리병 한 병에 이만 원 하는 계룡 백일주를 마시니 족히 백 년은 더 살 것 같아 세상 부러울 게 없다.

논산에는 옛날 왕에게 진상했다는 왕주가 있어 한 병을 사서 양촌가든으로 가지고 갔다. 양촌가든 아주머니의 음식솜씨는 일품이다. 바로 잡은 송어회는 입에서 녹는듯하고 'MBC 맛따라'에 소개되었던 장어구이는 그렇게 담백할 수가 없다. 왕주와 공주 군수가 마시던 동동주를 곁들이니 이 밤이 새는 것이 아쉽다.

전주역 앞에 있는 전주 콩나물국밥집. 비를 피해 서둘러 들어간 집이라 맛은 기대하지 않고, 그냥 배만 채울 욕심으로 주문한 콩나물국밥인데 그 맛과 반찬의 정갈함은 감히 흉내 낼 수 없을 만큼 대단하다. 아주머니 인상만큼이나 인심도 후하다. 사발에 따끈히 데워져 나온 모주(母酒)는 약초냄새 향긋하고 어머니 젖 같은 그런 정을 느끼게 하는 술(알콜 성분은 전혀 없음)이다. 커피까지 얻어먹고 나서야 전주 콩나물국밥집을 나왔다.

금산사에서 나오다가 잘 꾸며진 찻집에 들러 마신 솔잎차는 여행 중의 여운을 즐기기에 충분했다.

마지막 날 점심 때 찾은 전주 전통 한식집 고궁. 그 옛날 어른들이 사용하던 놋그릇과 놋수저를 사용하니 왕이 된 기분이다. 반찬이 식탁을 가득 메우고, 뒤이어 나온 젓갈류만 족히 8가지는 되어 보인다. 지난 3일 동안의 뜻 깊은 여행을 마무리하는데, 모주와 송주, 오곡주를 곁들여 마시니 그 의미가 더욱 새롭다.

광운대학교 이종열 사서는 우리 학과 석사 출신이다. 그는 여행 중 빼어난 풍광을 배경으로 사진을 찍고 이처럼 글을 써서 멋진 기념 앨범을 만들어주었다.

눈길 걸어 어디 좀 다녀오다 하얀 세상에 조용한 내 길. 이철수

제자들로부터 온 짧은 편지, 연하장 5

1999. 2. 18.

축하합니다

교수님의 생신을 축하드립니다. 연휴 때문에 미리 준비를 못 했어요. 죄송합니다. 그리고 기찬의 입학을 기억해 주신 것만도 감사한데 너무 과용하셨어요. 정말 감사드립니다. 눈물이 핑 돌았어요. 기찬이를 잘 키우겠습니다. 늦었지만 다시 한 번 교수님의 생신을 축하드립니다. -유종희, 송승섭 드림.

1999. 3. 20.

이정원입니다

교수님, 늦게나마 새해 복 많이 받으세요.

교수님께서 서울의 저희 집으로 연락하셨다는 소식을 동생한테 전해 들었습니다. 작년 11월30 새벽 4시35분, 전 딸을 낳았습니다. 이름은 張賀榮(장하영)입니다. 누굴 닮았느냐구요? 교수님께서 제 결혼식 날 잠깐 제 남편을 보셨기 때문에 기억 잘 안 나시겠네요. 반반씩 닮았다고들 합니다.

며칠 전에 100일이 지났고 요즘엔 몸을 잘 뒤집고 떼도 많이 늘었어요. 제 생활은 우리 어머니들이 저희들을 키우실 때랑 비슷해요. 기저귀 빨고, 젖먹이고, 집 안 치우고, 식사 준비하고…… 교수님은 어떠세요? 사모님은 건강하신지요? 아드님들은 이제 사회생활을 시작할 때가 다 되었겠군요.

학교 분위기도 더욱 좋아졌나, 궁금하네요. 교수님과 우리 학교가 더욱 발전하길 기도합니다.

여기도 봄이 오네요(fine 웃음 딱지). 물론 겨울이 서울 같지는 않았지만 그 서늘하고 우중충한 날씨는 사라져가고 따뜻한 바람이 붑니다.

이 카드는 부활절 카드예요. 우리나라에도, 우리 마음 깊은 곳에도, 새롭게 태어나는 올 해가 되길 소망합니다. -이정원 올림 .

1999. 5. 10.

이선영입니다

교수님 안녕하세요?

저 94학번 선영입니다. 졸업한지 얼마 안 된 것 같은데 벌써 5월이네요. 전 여기 연세대 원주 캠퍼스에 온 지 두 달이 되었습니다. 사회생활 시작한지는 얼마 안 되었지만 학교생활, 교수님 생각 많이 납니다. 언제 한번 찾아뵈어야 되는데 좀처럼 시간내기가 쉽지 않네요. 지방이라 더욱 그런 것 같고요. 그래서 이 조그만 카드로 제 고마움을 표현하고자 했는데 카드가 너무 초라해 보여 죄스럽습니다.

교수님! 돌보아주신 은혜, 정말 감사드립니다. 항상 건강하시길 바랍니다. -제자 이선영 올림.

1999. 5. 13.

스승의 날

5월은 완연한 푸르름이 있어 좋습니다.

5월은 그리 높지 않은 파란 하늘이 있어 좋습니다.

5월은 고마운 분들, 그리운 사람들 생각나게 하는 달이기에 좋습니다.

5월은 오랜 사람들과의 만남이 있기에 더욱 좋습니다.

늘, 교수님의 건강과 평강을 기원하며 작은 정성을 모았습니다. -이동철, 이성애, 김순례 그리고 최미언 드립니다.

이들은 스승의 날을 기념하여 이 글과 함께 선물을 보냈다. 이성애, 김순례 두 사람은 숭의전문학교 도서관학과 선후배이며 우리 대학 도서관에 근무하는 우수한 사서이고, 이동철은 우리 학과 학석사 출신이다.

1999. 5. 15.

성명희입니다

교수님 안녕하세요? 5월을 생각하니 교수님이 생각납니다. 베푸신 사랑에 감사를 드리며 교수님의 건강을 진심으로 기원합니다. 뵈올 수 있는 시간을 마련해야 할 텐데……. 죄송합니다. 늘 감사하는 마음입니다. 건강하세요. -제자 성명희 드림.

1999. 5. 15.

권부영입니다. 안녕하세요? 건강하시죠?

학교 졸업하고도 전화 한 통 못 드리고, 찾아뵙지도 못해서 정말 죄송해요. 항상 마음속에는 찾아뵙는다 하면서도 실제로는 전화 한통 못 드리고……. 정말 나쁜 제자죠?

저는 지금 인터넷벤처기업에서 일을 하고 있어요. 문헌정보학과 출신이어서 그런지 하는 일에 많은 도움이 되요. 저는 지금에서야 나와 보니까 문헌정보학이 정말 필요하고도 중요한 학문이라는 것을 다시 절실히 느끼게 되더라구요.

지금은 하는 일이 너무 바빠서 휴일이 없어요. 어느 정도 일이 마무리되고 궤도에 오르면 학교에 가서 교수님 찾아뵈려고요.

그럼 요즘 날씨가 오락가락하는데 건강 조심하시고요. 안녕히 계세요. -권부영 올림.

별명이 부엉이인 권 양은 가끔 여럿이 어울려 술도 마시면서 당당하게 살아가는 여학생이다.

만남은 바깥에서 이루어집니다. 각자의 성을 열고 바깥으로 걸어 나오지 않는 한 진정한 만남은 이루어질 수 없습니다. 신영복

1999. 10. 11.

유종희입니다

교수님, 弔問(조문)에 대한 감사의 인사를 이렇게 늦게 드리게 되어 정말 죄송합니다. 임종에 대한 준비는 하고 있었지만 생각했던 것보다 너무나 갑자기 진행되어 亡人(망인)과 남은 가족 모두 아무런 준비 없이 보내드리게 되었습니다. 그래서 사후처리할 일이 너무나 많아 이제야 저희 가족을 대신하여 늦게나마 감사의 인사를 전합니다. 대충 정리된 후에 다시 한 번 인사드리겠습니다. 환절기에 감기 조심하세요. -유종희 올림.

1999. 11. 10.

김정현입니다

교수님 그동안 안녕하셨습니까?

너무 늦게 연락드려서 정말 죄송합니다. 그리고 저희 결혼식에 축하를 보내 주셔서 감사합니다. 교수님의 축하메시지처럼 저희 둘, 주위 분들께 걱정 끼쳐 드리지 않고 잘 살겠습니다. 더군다나 그 어떤 커플보다도 어렵게 맺어졌고 최근에는 저의 건강 때문에 큰 어려움을 겼었기 때문에 더욱 맹세가 소중합니다.

교수님을 찾아뵙고 청첩장을 드릴 때 겉으로는 웃고 있었지만 속으로는 많이 울었습니다. 그래서 교수님께 수다도 못 떨고 급히 일어났지요. 결혼 후에 바로 입원하고 수술을 받아야 했기 때문에 기분이 우울했거든요. 교수님, 많이 뵙고 싶네요. 언제 찾아뵙겠습니다. 저희 둘, 괘씸하더라도 다 용서하시고 이해해 주세요. 지금 사실 근무시간이거든요. 이만 줄이겠습니다. 건강하시고 안녕히 계셔요. -관동대학교 총장 비서실 김정현 올림.

1999. 12. 20.
김정현, 서광석 부부

그동안 안녕하셨어요? 건강하시지요? 저는 이제 많이 건강해졌습니다. 그리고 생활도 안정이 되어가구요. 올해도 어김없이 크리스마스가 돌아왔어요. 서글프게도 한 달도 남지 않아 한 살 더 먹구요. 별로 이룬 것도 없이 말이에요. 한번 뵙고 싶어요. 이제 곧 방학이 되면 학교에 잘 안 오시겠죠? 서 선생이랑 놀러 갈게요. 서 선생도 교수님 뵙고 싶데요. 그럼 그때 다시 연락드리겠습니다. 안녕히 계시고 Merry Christmas! -제자 정현, 광석 부부 올림

1999. 12. 26

조영민입니다.

교수님, 한 해 동안 열심히 저희들을 가르쳐주셔서 정말 감사합니다. 일주일에 4번, 다른 아이들보다 더 자주 교수님을 뵙고 강의를 들어 사실 더 좋았습니다. 그러면서 느낀 점은 한마디를 하셔도 많이 생각하고 하시며 절제된 언어를 사용한다는 점이었습니다. 저도 교수님을 본받아 자신의 말에 책임을 지는 사람이 되겠습니다. 다가오는 즈문 해에도 언제나 행복하시고 건강하시길 기원합니다. 밀레니엄이나 새 천년이라는 말보다 순 우리말인 즈문 해가 더 아름답고 예쁘지 않습니까? 같은 뜻이면 아름다운 우리말이 더 정겹다고 생각됩니다.

새해 복 많이 받으시고 모든 소망 이루시기 바랍니다. 문헌정보학과 파이팅!!-경기도 김포시 사우동 농장 마을 제자 3학년 조영민 올림

마음이 담긴 손은 따뜻한 손입니다. 약손입니다. 신영복

제6부

숨은 이의 저녁 때(2000년-2004년)

제자, 아들과 함께 나누는 글 • 인문대학교수친화회, 정년퇴임 축하 글 • 숨은 이의 저녁 때/교육에 관하여 • 스승과 제자, 그 깊은 속정 • 회갑 때 날아온 마음의 글들 • 내 마음이 남긴 흔적들 • 제자들이 보낸 짧은 편지 1 • 내가 쓴 편지 내가 쓴 글 • 제자들과 주고받은 아름다운 편지 • 오빠가 누이에게 누이가 오빠에게 • 내 마음으로 쓴 글 • 제자들이 보낸 짧은 편지 2 • 문헌정보학회 창립 10주년 기념 초청강연회를 열며 • 제일 사랑하고 존경하는 오빠에게 • 제자들이 보낸 짧은 편지 3 • 사돈에게 보낸 편지, 누이로부터 받은 편지 • 캠퍼스 라이프 프로그램 • 사서직에 관한 나의 견해 • 용돈봉투 • 호암친목회 회원님께 • 자랑스러운 동생 용효에게 • 만남과 접근성 • 교수와 학생 • 아, 사랑하는 아버지, 그리운 어머니 • 만남과 축하의 장 • 용돈봉투와 용효에게 보내는 편지 • 더 젊어지십시오 • 용돈봉투 속에 담긴 짧은 글 • "기름 닳는다, 불 꺼라" • '사서직을 말한다' • 제자가 보낸 편지 한 통과 자식들 용돈봉투 • 도강/용돈봉투

제자, 아들과 함께 나누는 글

2000. 1. 14
이선영입니다

추운 겨울, 건강에 이상 없이 안녕하신지요? 지난번 보내드린 카드는 잘 도착했는지 궁금합니다. 저를 기억해내셨는지도 궁금하고요. 92학번 이선영입니다. 카드 보내드린 후 바로 이 곳 학교를 알아보러 다녔더니 제가 원하는 학교의 올해 가을학기 지원 마감이 2월 7일까지더군요. 그래서 이렇게 부랴부랴 교수님께 연락을 드리게 되었습니다. 시간이 너무 촉박해서 이번에는 포기하고 다른 학교를 알아보던가 아니면 내년 모집에 지원을 할까도 생각해 보았는데 일단 조금 서둘러서라도 도전해 보려구요. 그리고 안 되면 다른 기회를 알아 보려구요.

요즘 방학기간이라서 교수님 개인적인 일 또는 시간을 요하는 공적인 업무 등으로 학교에 안 계실지도 모르겠기에 염려가 됩니다. 그곳 시간에 맞추어 학교 실습실로 전화 확인을 하려고 합니다.

유학 관련 정보서를 참고해보니 추천서를 부탁하려면 자신의 신상명세서 등을 보내드려야 한다고 하더군요. 다음은 이곳 연락처 및 제가 선택한 전공과 선택 동기 등에 관한 설명입니다.

이름: 이선영, 1973년 5월 12일생
학번: 문헌정보학과, 92316030
주소: 56-19 CATALPA AVE. RIDGEWOOD, NY 11385

전화: 낮) 718-417-5677 밤) 718-3595495

졸업연도: 1997년 2월(1995년 1년간 휴학)

학점평균: 약 3.30

과외활동: 동아리 민속예술연구회 "탈 터 사랑"

유학 동기

제가 한국에서 대학을 다니고, 졸업 후 직장생활을 하는 동안 저희 가족은 이미 이곳 뉴욕으로 이민을 오셔서 생활하고 계셨습니다. 저도 이번에 이곳에 오기 전에 두 번 이곳을 다녀간 경험이 있구요. 그때는 단순히 부모님 얼굴 뵙고 이곳 관광도 하고 그런 차원이었습니다. 그런데 오랫동안 가족과 떨어져 지내다보니 시간이 갈수록 가족이 그리워지고, 부모님도 제가 이곳으로 오기를 바라셨고, 저 역시 직장생활을 하면서 만족을 못하던 차였습니다. 결국은 미국에 와서 하고 싶은 공부를 좀 더 하라는 부모님의 유혹(?)에 넘어가고 말았습니다. 사실은 제가 공부 욕심이 좀 많았는데, 학비 걱정에 또 제가 과연 해낼 수 있을까 하는 두려움에 감히 시작은 못하고 있다가 부모님의 자극과 도와주시겠다는 격려에 결심을 굳히게 되었습니다.

학과 선택 동기

사실 제 전공과 다른 분야를 택하게 되어 교수님께 많이 죄송한 생각이 듭니다. 게다가 추천서까지 부탁을 하고…… 저는 좀 더 기초적인 학문인 철학이나 사회학, 심리학 또는 여성학 등에 관심이 있었는데, 사실 이런 학문은 박사과정까지 밟지 않는 한, 제가 지식을 쌓아 자기만족을 느낄 수 있는 학문인지, 졸업 후 직장을 갖고 제 생활을 꾸려나가는 데 많은 어려움이 있을 것 같습니다. 교수님께서 아시는지는 모르겠지만 제가 대학을 다니고 동아리 생활을 하면서 사회문제에 관심을 많이 가지게 되었습니다. 사회가 경제적으로 발전할수록 그에 반해 역효과도 많이 생기고, 그 중에 큰 문제가 빈부의 격차 및 여러 사회문제들, 사회의 그늘에서 살아가는 사람들의 증가 등. 저는 사회가 이런 문제들에 책임을 느끼고, 해결하기 위한 노력을 기울여야 한다고 생각해 왔습니다. 평소에도 후에 내가 좀 더 경제적으로 안정되면 어려운 이들을 위해 개인적이나마 도움을 주겠다고 생각해 왔구요. 그런데 사실 이 '나중에'라는 말은 참으로 쓸모없는 것 같습니다. 결국은 아무것도 아니게 될 가능성이 있는 거니까. 그래서 그 막연한 나중의 일을 내 현재의 직업으로 갖게 되면 좀 더 보람 있는 삶을 살게 되지 않을까 하는 생각을 하게 되었습니다. 또 이곳에서 알아보니 이곳 뉴욕의 사회복지 관련학과가 인지도도 있구요. 시간이 흐를수록 정말 잘한 선택이라는 생각을 하게 됩니다. 커리큘럼에 실습과정이 많이 있어 여러 기관에 파견되어 실무를 접하면서 많은 경험을 할 수 있을 것 같습니다. 기대가 됩니다.

이 정도가 제가 현재 이곳에서 social work 석사과정에 지원하게 된 과정과 이유입니다. 급하게 쓰고 있고, 또 짧은 글로 제 생각이 어느 정도 전달될 수 있을지 의문입니다. 긍정적으로 검토해 주시고 제가 지원한 학교로 추천서를 보내주시면 진심으로 감사하겠습니다.

제가 사인해서 동봉해 드린 reference form에 교수님 성함과 직함 등을 기입하시고, 싸인하신 후 영어로 작성한 추천서 한 장을 학교 주소가 적혀있는 봉투에 동봉하셔서 아래 주소로 보내주시면 됩니다.

Admission Office

Hunter College School of Social Work

129 East 79th Street

New York, N. Y. 10021

사전 허락도 받지 않고 이렇게 서면 상으로 급하게 부탁을 드리게 되어서 죄송합니다. 이 학교는 지원마감이 다른 학교보다 빨라 이렇게 서두르게 되었고, 이번 서류준비를 마치는 대로 또 다른 학교에도 지원을 할 생각입니다. 그때는 좀 여유 있게 부탁을 드리겠습니다(결론은 또 부탁을 드리겠다는 뭐 그런······).

이곳에서 이미 social work 석사과정에 계신 분이 제출한 추천서 한 장을 받아 놓은 게 있어서 동봉합니다. 혹시 참고가 될까 해서요. 너무 급하고 무례한 부탁이었더라도 부디!! 너그러이 이해하시고 도움 주시면 감사하겠습니다. 또 연락드리겠습니다. 안녕히 계십시오. -제자 이선영 드림.

향기로운 흙 가슴만 남고 모든 쇠붙이는 가라. 신영복

2000. 2. 14.
축하합니다

아버님, 생신을 진심으로 축하드립니다. 건강하시고 오래 오래 슈퍼맨의 모습을 유지하시기를 빕니다. -경중 拜上(배상)

2000. 2. 18.
부모님께

아버님 그리고 어머님께

며칠간 안녕하셨습니까? 저는 물론 건강히 그리고 편안히 잘 지내고 있습니다. 연수원 시설도 좋고 공기도 좋고 이곳에서 연수생들을 이끌어 주시는 분들도 관대합니다. 지금은 '협동훈련'이라는 이름이 붙긴 했으나 일종의 극기훈련 비슷한 것을 하고 있습니다. 그래서 종이를 받치고 쓸 만한 판판한 것이 없어서 글씨가 좀 엉망이군요. 극기훈련이라고는 하지만 여자 신입사원들도 있고 해서 남자들은 다들 웃으면서 훈련을 받고 있습니다.

연수원에 들어온 지 오늘이 5일째 되는 날입니다. 사실 군에 갔다 오면 철이 좀 든다고 하는데 이제 완전한 성인으로 태어나는 순간에 있다고 보니 저 자신이 더욱 변하고 있다는 생각이 듭니다. 철이 든다는 것의 기준이 어디에 있는지 알 수 없지만 나중에 결혼을 하여 한 가정을 이루면 또 생각이 변하고 또 자식을 가져 어버이가 되면 또 다른 저를 발견할 것 같습니다. 그러면 미래를 좀 더 담대하고 탄탄한 모습으로 맞을 것을 약속드립니다. 그럼 조만간 다시 뵙겠습니다. -건강한 아들 찬중 올림.

2000. 5. 17.
나지윤, 송지숙입니다

교수님, 안녕하세요? 저희는 문정반 99학번 나지윤, 송지숙입니다. 5월 15일 스승의 날을 축하드려요. 항상 건강하시구요, 부족하지만 많이 이해해 주세요. -나지윤, 송지숙 드림.

꽃이 되어 이 땅을 지키고 바람이 되어 새 날을 연다. 화명고토花名故土 풍취시천風吹新天. 신영복

인문대학교수친화회, 정년퇴임 축하 글

인문대학교수친화회(2001. 2. 22.)

회원 여러분 안녕하십니까?

저는 지난 2월 16일에 개최된 인문대학교수친화회 임시총회에서 회장으로 선출된 김용성(문헌정보학과)입니다. 우리 친화회의 목적과 회원 여러분의 기대에 부응하고자 심부름을 열심히 하겠으니 회원 여러분께서는 늘 애정을 가지고 지도편달하여 주시기 바랍니다.

동봉하는 우리 친화회 회칙은 전기한 임시총회에 앞서 지난 2월 7일에 개최된 운영위원회의 의견을 종합하여 개정된 회칙이며 개정된 부분은 다음과 같습니다.

제6조(임원의 선임)의 1항, 2항, 4항.

제7조(임기).

별표 1의 9)의 (1)항.

지난 2월 19일, 신구 회장 간의 업무인수인계가 있었으며 인수한 본회의 기금은 다음과 같습니다.

보통예금   11,522,290원

정기예탁금   5,435,343원

합계   16,957,633원

회원 여러분, 아무쪼록 건강하시고 좋은 일을 많이 하십시오. 감사합니다.

정년퇴임을 축하합니다 (2001. 2. 23.)

한국항공대학교 장사옥 부장님

법이 정한 바에 따라 정년을 맞이하였지만 너무 안타깝습니다. 그러나 한 우물을 판 끝에 정년퇴임 하심을 진심으로 축하합니다.

장 부장님과 친교를 맺기 시작한 것은 아마 고려대학교의 사서로 근무하던 1970년대라고 생각합니다. 고려대학교에 재직하는 동안 도서관의 문헌정리와 藏書點檢(장서점검)을 통하여, 민관식 씨가 설립, 경영하던 아세아정책연구원의 소장 문헌을 정리하면서, 대구의 계명대학교에서 개최된 전국도서관대회에 함께 참석하여 痛飮(통음)하면서, 고려대학교 경영대학원 원생들의 주소록을 정리하면서, 저의 결혼과 첫 아이의 돌을 축하하면서, 저와의 우정은 더욱 깊어갔습니다.

고려대학교를 떠나 한국항공대학교에 봉직하기 시작하면서 지금까지, 때도 없이 만나 酒店(주점)을 찾으면서, 저의 제자들의 취업을 알선하면서, 재학생들의 도서관 실습을 주관하면서, 도서관 현장의 상황을 논의하면서, 年末年始(연말연시) 혹은 秋夕(추석)에 고려대학교도서관 사서장 李春栽(이춘재) 선생의 자택을 방문하면서, 그 분이 故人(고인)이 된 후에 앞장서서 弔意(조의)를 표하면서, 최근에는 봉직하는 대학의 발전을 위하여 電子圖書館(전자도서관) 試演會(시연회)를 주관하면서, 우리들의 우정을 다짐하였고, 고려대학교의 일부 移職者(이직자)로 구성된 '高友會'(고우회)의 회장을 맡아 獨也靑靑(독야청청), 회원들의 친목을 도모하였습니다.

앞에서 밝힌 몇 가지 일과 관련하여, 혹은 우리 세대들이 함께 경험했던 苦難(고난), 逆境(역경), 慶弔事(경조사) 등과 관련하여 장 부장님은 易地思之(역지사지)

와 긍정적인 자세로 一貫(일관)하였습니다. 이제 자유의 몸으로 돌아와 그간 펼치지 못한 크고 작은 뜻을 실현하시기를 크게 기대합니다.

장 부장님의 정년을 맞이하여 缺禮(결례)를 무릅쓰고 제가 기억하고 있는 추억의 片鱗(편린)을 적어 보았습니다. 가족 모두와 함께 부디 건강하시고, 좋은 일을 많이 하십시오. 무궁한 발전과 영광을 진심으로 기원합니다.

사랑의 가장 확실한 방법은 함께 걸어가는 것입니다. 사랑은 장미가 아니라 함께 핀 안개꽃입니다. 신영복

숨은 이의 저녁 때/교육에 관하여

명대신문 '내 생애의 책' (2001. 3. 5.)

초등학교 시절의 교과서에서 다음과 같은 글을 읽은 기억이 난다.

허름한 차림의 한 신사가 길에서 유리조각을 줍고 있었습니다. 지나가던 한 젊은이가 이 신사에게 무엇 때문에 유리조각을 줍는지를 물었습니다. 이 신사는 길 가운데서 마구 뛰놀고 있는 아이들을 아무 말 없이 가리켰습니다. 마침내 젊은이는 그 까닭을 알았습니다. 이 신사가 바로 페스탈로찌 선생님이었습니다.

페스탈로치와 나와의 만남은 이렇게 시작되었다. 그렇다고 필자가 페스탈로치를 연구하였다는 말은 결코 아니고 다만 그가 쓴 『숨은 이의 저녁 때』隱者(은자)의 黃昏(황혼) Die Abendstunde eines Einsiedlers)을 소개하려는 것이다. 이 저작은 다음과 같은 문장으로 시작된다.

옥좌에 앉아 있는 사람이나, 초가의 그늘에 누워 있는 사람이나 사람으로서의 본바탕은 평등하다. 그러나 사람이란 도대체 무엇인가, 왜 현인은 이것을 우리에게 말하지 않는가? 철인은 왜 그 참뜻을 말하지 않는가? 소의 본성을 모르고 소를 부리는 농부나, 양의 본성을 모르고 양을 치는 목동이 세상에 있을까? 감히 민중을 다스리고 지도한다고 자부하는 그대들은 그 민중에 대하여 소를 부리는 농부처럼 수고를 감수하는가? 양을 치는 목동처럼 인자한 마음을 가지고 있는가? 그대들의 지혜는 민중을 위한 것인가? 그대들의 마음은 민중을 위한 어진 목자의 마음인가?

1780년에 발표된 이 글은 페스탈로치의 처녀작임에도 불구하고 그의 교육 사상을 밝힌 교육적인 고백이며 180여 개로 구성된 격언집으로 평가되고 있다. 그는 이 저작에서 인간이란 무엇인가? 인간을 행복하게 하는 것은 무엇인가? 등 교육의 기본적인 문제를 생각하였다. 필자는 다음과 같은 문장을 지금도 소중하게 간직하고 있다.

　"인간이란 무엇인가? 인간에게는 무엇이 필요한가? 무엇이 사람을 높이고 무엇이 사람을 더럽히는가? 무엇이 사람을 굳세게 하고 무엇이 사람을 약하게 하는가? (중략) 흡족하고 배부르게 젖을 먹은 젖먹이는 어머니로부터 무엇인가를 배운다. 어머니는 젖먹이의 마음속에 감사의 본질인 사랑을 길러준다. 아버지가 구워주시는 빵을 먹으면서 아버지와 나란히 앉아 난로의 불을 쬐는 아들은 의무나 감사 따위의 낱말을 이해하기도 전에 자연의 길을 따라 아들이 해야 할 일을 다하면서 삶을 누리게 된다."

　이 저작은 깊은 신앙에서 나온 것이며 인간 본질의 평등, 자연 교육의 원리, 가정교육의 중요성, 가부장적 질서의 확립, 신앙에 의한 인류 공동 운명체의 자각 등이 바탕을 이루고 있다. 가정은 으뜸가는 자연이며 삶의 핵심이다. 페스탈로치는 이것을 '안방의 힘'이라고 하였다. 이처럼 그는 가정을 소중하게 여겼으므로 피가 통하지 않는 계몽주의나 산업주의를 모두 안방의 약탈자라고 불렀다. 가정은 사회활동의 터전인 직업과 밀접한 관계가 있을 뿐만 아니라 여러 가지 측면에서 영향을 주는 것이 사실이다. 어버이의 마음은 통치자를 기르고 동포의 감정은 참된 시민을 기른다. 이렇게 하여 국가와 가정의 질서는 확립된다. 그런 맥락에서 페스탈로치는 가정을 '도덕과 국가의 학교'라고 말한다. 그의 사고과정은 직선이 아니라 '자기 자신, 가족, 신앙, 사회, 국가'라는 과정을 거쳐 다시 자기 자신으로 되돌아오는 순환과정이다. 『은자의 황혼』이 내세우는 교육사상은 인간의 선함과 발전 가능성 및 평등성을 대전제로 삼는 사랑의 가정교육과 사랑의 국민교육이라고 생각한다.

고전은 여러 가지로 정의될 수 있으나, 고전은 수많은 세월, 갖가지 시련과 평가 및 경쟁을 물리치고 생명을 유지하고 있는 인류의 소중한 정신문화이며 문화유산이라고 필자는 생각한다. 특정 고전을 소개하고 평가한 글을 읽는 일도 필요하지만 고전 자체와 만나는 일은 더욱 중요하고 소중하다. 시간과 공간을 초월하여 역시 고전은 항상 새롭다는 말과 함께 우리의 어버이들과 선생님들의 말씀 역시 고전 그 자체라는 생각을 해본다.

교육에 관하여(2001. 3. 15)

교육은 한 나라의 미래를 준비하는 국가 최대의 공공사업일 뿐만 아니라 오늘 우리들 스스로에게 삶의 방법과 지혜를 일깨우고 가르치는 큰 일이라는 점에서 그것은 윤리성뿐만 아니라 실용성에서도 매우 중요한 소임을 가지고 있다. 모든 나라들이 교육의 성패는 국가의 장래를 판가름하는 기준이 된다고 보고, 교육개혁과 교육투자에 정책의 최우선 순위를 두는 등 교육발전을 위한 노력을 범국가적 차원에서 기울이고 있는 것이 오늘의 현실이다.

고도의 정보사회로 예견되는 21세기는 단지 기술혁신, 산업구조, 정보유통, 국제관계, 탈이념 등의 혁명적 변화뿐만 아니라 인간의 의식구조, 가치관, 사회형태까지 변화할 것으로 전망된다. 인류가 일찍이 겪어보지 못한 이와 같은 변혁은 새로운 도전양상이며 따라서 교육에 대한 더욱 큰 기대와 개혁을 요구하고 있다.

스승과 제자, 그 깊은 속정

2001. 3. 15.

박진환입니다

그동안 안녕하셨습니까?

전에 말씀하셨던 Point of Purchase에 관해 말씀드리겠습니다. 우선 P. O. P. 진행과정은 영업사원이 대기업의 홍보실 혹은 마케팅실을 찾아가서 광고효과를 극대화하기 위하여 제품 진열대를 훌륭하게 만들 것과 P. O. P. 광고의 중요성을 이야기합니다. 마케팅 실무자는 관심을 갖게 되고 자사 제품의 광고를 위해 디자인을 의뢰하게 되는데 이때 여러 가지 디자인 중 한 가지를 택하여 샘플 제작까지 의뢰합니다.

I. D. S.라는 회사는 샘플 제작 후 클라이언트에게 본 제품을 제작해도 좋은지 묻고 구매의뢰서가 발급되면 제작까지 책임을 집니다. 가격 책정 시 디자인료와 샘플 제작비는 청구하지 않고 제품 원재료, 가공비, 이윤 등의 견적서를 제시합니다. 디자인은 좋은데 좋은 제품을 만들지 못하는 경우가 드물게 생기지만 이땐 디자인료만 청구합니다.

교수님께서 대학도서관이 필요한 P. O. P. 제품을 의뢰하신다면 I. D. S. 디자이너 혹은 사장은 대학도서관을 방문하여 어떤 디자인을 할 경우에 최대로 도서관 이용 및 독서에 도움을 줄 수 있는지 시장조사를 할 것입니다. 참고로 말씀드리면 '산내들 화장품'의 판매 테이블의 가격은 500-1,000개 기준으로 개당 20,000원 정도 책정되었습니다. 또한 I. D. S. 측은 일백만 원 정도이면 디자인이 가능하며, 샘플을 만들 경우 비용이 추가될 것입니다. 주재료는 아크릴, 철재, 목재, ABS 등 다양하며 디자인을 의뢰할 때는 디자인 종료 후에 교수님께서 원하는 타입이 나오지 않을 경우를 대비하여 대금지불이 어떻게 되는지를 확인하실 필요가 있습니다.

그럼 이만 줄이겠습니다. 안녕히 계십시오. -박진환 올림

궁극에 이르면 변화하고 변화하면 열립니다. 열려 있어야 생명이 오래 지속됩니다. 변화와 소통이 교훈입니다. 신영복

스승의 날에(2001. 5. 15.)

벚꽃이 지고, 철쭉꽃도 지더니, 마치 눈꽃처럼 아카시아 꽃이 활짝 피었습니다. 제가 스승의 날 행사에 처음 참석한 것은 1982년이니까 금년은 스무 번째가 되는 해입니다. 당시 우리 학과의 재학생은 3개 학년에 불과하였고 수업은 야간 강좌로 이루어졌으며 이만수, 정병인, 허근영 군 등이 주축이 되어 본관의 어느 강의실에서 첫 번째 이 행사를 가졌습니다.

윤영 교수님과 함께 참석한 것으로 기억되는 이 모임에서 저는 제 안경이 뿌옇다고 스스로 느낄 만큼 상기된 모습으로 학생들을 마주하였고 지금보다도 훨씬 어수룩하고 세련되지 않은 몸가짐으로 이렇게 말한 것을 기억합니다.

저는 부끄럽고 당황스러운 마음으로 이 자리에 섰습니다.

지금도 같은 심정입니다. 다만 세월이 많이 흘러서 저는 머리칼이 반백이 되었을 뿐입니다. 그러나 여러분들은 예나 지금이나 만족스럽지 않은 교육환경임에도 불구하고 하나 같이 단결하고 각자 노력을 경주하여 지금은 다양한 분야에서 자신의 직분에 충실하려고 정열을 불태우고 있습니다. 참으로 대견하고 믿음직스러운 모습입니다.

매년 이날이 오면 여러분들은, 때론 학년별로 모이고, 때론 전체 학년이 모

여서 우리를 부르고, 아름다운 마음을 정성에 담아 우리의 가슴에 전함으로써 교수들을 감동시켰습니다. 여러분의 마음과 정성은 손수건이 되고, 화이트 셔츠가 되고, 넥타이가 되고, 잠옷이 되고, 향수가 되고, 꽃다발이 되어 교수들을 순화시켰습니다. 여러분들은 그렇게 열심히 사랑을 실천하여 오늘에 이르렀습니다.

오늘의 모임은 명지대학교 문헌정보학회의 주관으로 이루어졌고 자연스럽게 선후배가 자리를 함께 하였습니다. 이 기회에 저는, 윤영 교수님을 중심으로 여러분들이 조성한 학과의 장학기금이 총 3,800만 원에 이르렀으며 우리 학회의 발전기금이 1,000만 원을 상회하였다는 사실을 여러분에게 알려드립니다.

끝으로 국가 발전의 원천이며 에너지인 여러분에게 저는, '대학에 교수가 있음에 재학생과 졸업생이 있다'는 사실 못지않게 '대학에 재학생과 졸업생이 있음에 교수가 있다'는 말씀을 전하면서 여러분의 건투를 기원합니다. 감사합니다. -김용성

김수경입니다

김 교수님, 그동안 안녕하셨어요? 84학번 김수경입니다. 이렇게 스승의 날이 되어서야 염치없이 안부 전하게 되어 부끄럽습니다. 조만간 저희 학번 친구들과 뵐 수 있길 바랍니다. 참, 교수님! 제가 우리 학번 모였을 때 대장된 거 기억하시지요? 그 이후 인터넷에 우리 학번 모임방을 만들어서 지금 열다섯 명 모았어요. 다 모인 건 아니지만 그래도 매일 들러서 서로 안부 묻고 그런답니다. 빨리 만나 뵙고 싶어요. 건강 유의하시구요. 늘 관심으로 보살펴주시는 교수님께 오늘을 빌어 감사의 인사를 올립니다. -김수경 올림.

김다나입니다

안녕하셨어요, 교수님? 이런 날에야 연락을 드리게 됨을 용서하세요. 그간 별고 없으셨지요? 전 가게 그만 두고 이렇게 집에서 편히 쉬고 있습니다. 아이는 부쩍부쩍 커 가는데 제 나이 먹음은(죄송합니다) 왜 이리 실감이 나지 않는지 모르겠습니다. 아직 철이 들려면 한창 멀었지 싶습니다. 한번 찾아뵌다 하면서도 게으름에 이리 주저하고 있습니다. 찾아뵙는 날, 머리 조아려 꾸중 달게 받겠습니다. 항상 건강하시고 행복하세요. -@··@김다나 드림

물은 낮은 곳으로 흐르지만 바다가 됩니다. 바다는 가장 낮은 물이지만 가장 큰 물입니다. 가장 낮은 곳에서 모든 시내를 다 받아들입니다. 그래서 이름이 바다입니다. 진정한 연대는 하방연대下方連帶입니다. 신영복

회갑 때 날아온 마음의 글들

명문연 회원 일동

교수님의 회갑을 맞이하여
저희들의 작은 정성을 모아
자그만 하지만 마음만은 듬뿍 담긴
사진집 하나를 만들었습니다.

회원들 각각의 사진과 함께 학과 학생들
그리고 교수님과 추억을 나눌 수 있는
몇 장의 사진을 함께 담았습니다.

회원들과의 깊은 인연만큼 이 사진집도
교수님 추억의 소중한 한 부분을 차지하고 싶습니다.

내내 건강하시고
오래오래 저희들 곁에
늘 푸르른 소나무 같이
함께 하시기를 기원합니다.

교수님이 아니라 선생님에게, 사랑하는 저희 제자들이 올립니다.-명지대학교 문헌정보학회 회원 일동

이만수입니다
-김용성 교수님의 회갑에 부쳐

회갑은 만 60년이 되는 생신
인생의 장수를 기원하는 축하연
수연이라고도 합니다.

평생을 교육에 바치신 교수님
학술연구에 뛰어나신 교수님
교수님이 가신 길을 따르렵니다.

언제나 바르게 모범을 보여주신 교수님
뜻을 기리며 제자들이 한자리에 모여
숭고한 가르침에 감사드립니다.

오늘은 즐겁고 기쁜 마음으로
회갑의 잔치를 축복드리며
장수를 기원하는 마음으로 글을 올립니다.

교수님! 교수님! 고마우신 교수님!
스승의 날에 고마움을 다시 생각합니다. -스승의 날에, 1회 졸업생 이만수
드림.

문희옥입니다

교수님께서 벌써 회갑을 맞이하셨다는 소식에 시간의 흐름을 새삼 느낍니다. 어떠한 유혹과 난관에도 결코 굴하지 않고 꿋꿋이 자신의 역할을 해나가는 것을 보면 때론 야속하기도 하지만 결국은 그 시간 앞에서 머리가 숙여집니다.

저도 졸업한 지가 엊그제 같은데 벌써 한곳에 자리 잡고 일한 지가 어언 8년째입니다. 그 사이 결혼도 했고 아기도 생겼습니다. 직접 찾아뵙지도 못하고 우선 사진으로 저희 가족이 인사드리게 되었습니다.

교수님, 내내 건강하십시오. 저도 한 개인으로서가 아니라 명지대 문정과 졸업생의 한 사람으로 열심히 생활하겠습니다. -문희옥 올림.

김선영입니다

교수님의 첫 수업을 받은 지도 벌써 몇 해가 되었습니다. 교수님의 빈틈없는 모습이 조금은 어렵게 느껴지지만 아직도 젊은이 못지않은 건강과 낭만을 가지고 계신 모습이 보기 좋습니다. 지난번 명문연 주관으로 겨울에 속초로 연수를 갔을 때, 회원들과 차갑게 얼은 모래밭에서 겨울바다와 함께 했던 맥주 한 잔의 정취는 더 없이 좋았습니다. 이태백이 읊었던 달이 우리의 가슴에 아직도 20대의 낭만으로 남아있다는 것이 놀라웠습니다. 교수님 늘 건강하세요. -김선영 드림.

백호정입니다

10년이라는 짧지만 긴 시간이 지난 것 같습니다. 철없는 대학 새내기에서 결혼을 앞둔 지금까지 힘들 때면 교수님께 많이 의지했던 것 같고, 그때마다 바르게 이끌어주시고 배려해주신 점, 감사드립니다. 최근 들어 가끔 뵐 때면 늘어나 있는 하얀 머리카락이 제 마음을 아프게 하지만 항상 건강 유지하시고 화목하시길 기원 드립니다. -백호정 드림

신명조입니다

초록잎들이 점점 짙어지는 아름다운 계절입니다. 어느 겨울이 끝날 무렵, 입학 면접 때 가슴 조이며 처음 뵈었던 교수님. 그 후 겨울이 몇 번이나 지난 지금도 교수님 생각에 가슴이 차오릅니다. 감사드립니다. 저희 그동안 많은 염려 끼쳐드렸지요. 이제는 성숙한 모습으로 교수님께 힘이 되어드리고 싶은, 기쁨이 되어드리고 싶은 마음뿐입니다.

훗날, 세월의 모퉁이 돌아설 때 이 시간들이 많이 그립겠지요. 그때도 교수님 생각에 저는 가슴 저밀 것입니다. 교수님, 부디 건강하시길 그리고 좋으신 하나님의 지켜주심을 구합니다. -오늘같이 좋은 날, 존경하옵는 교수님께 제자 신명조 올림.

구내영입니다

머리칼은 예전에 희어져버렸지만 머리칼을 제외한 외모와 내면의 분위기는 늘 활력이 넘치시기에 회갑이라는 말에 깜짝 놀랐습니다. 늘 제자들과 가까이 계시며 함께 하시는 모습, 너무 좋습니다. 든든한 산처럼 늘 그 자리를 지켜주세요. 건강하시구요. -구내영 올림

2001. 5. 20.

나지윤입니다

안녕하세요? 나지윤입니다. 교수님께 편지를 써보는 건 처음이라 조금은 떨리네요. *· ·* 음, 우선 환갑 진심으로 축하드려요! 교수님께서 올해 환갑이라는 걸 3학년 올라와서 알게 되었는데 처음엔 깜짝 놀랐어요. 50대 중반 정도로 생각했었는데 올해가 환갑이시라니! 그렇다면 윤영 교수님하고는 두 살 차이? 윤 교수님께는 죄송하지만 교수님하고 윤 교수님하고 2살 차이라는 것이 도무지 믿어지지 않아요. 그런데요, 윤 교수님이 늙어 보여서가 아니고 교수님이 워낙 젊어 보여서 그런 거니까 윤 교수님께서 이해해 주셨으면 합니다. ….

논문봉정식도 한다고 들었는데 꼭 가고 싶어요. 근데 저 같은 학생이 참석해도 되는 자린가요? 논문봉정식에 대해선 잘 몰라서요. 갈 수 있다면 좋겠지만 그렇게 되지 않더라도 논문봉정식이 잘 치러졌으면 좋겠어요. 교수님을 위한 자리니까요. 요새는 교수님의 수업이 없어서 뵐 기회가 없고 아쉬워요. 2학기에는 있으려나? …

처음 교수님을 뵈었을 때부터 지금까지 느끼는 건데요, 교수님은 참 편안해요. 권위 같은 걸 내세우지도 않으시고 잘난 척(?)두 안 하시고. 교수님들 중 수업시간에 자신의 자랑만 하다가 끝내는 교수님들이 꽤 되시거든요. 한결같으신 교수님의 편안한 모습 참 보기 좋아요. *· ·*

2학기엔 꼭 교수님 수업 들었으면 해요. 안녕히 계셔요~~ ·o· 나지윤 드림.

훈도의 가마. 아름다운 도자기가 익고 있는 가마 아궁이 앞에 앉아서 생각합니다. 우리와 우리들의 삶을 저마다의 훌륭한 예술품으로 훈도薰陶해주는 커다란 가마를 생각합니다. 신영복

내 마음이 남긴 흔적들

남태우 교수님께 2001. 5. 28.
감사합니다

어느덧 학기말에 접어들었습니다. 그간 안녕하셨습니까?

우리 졸업생 한 사람이 귀 대학의 박사과정에 응시하였음을 알려드리면서 부족하나마 남 교수님의 제자로 거두어 주시기를 부탁드린 바 있습니다. 그 청을 뿌리치지 않으시고 합격의 영광을 주심에 대하여 진심으로 감사를 드립니다.

학업에 매진하는 일은 박사과정에 합격한 오세훈 군의 몫이지만 저 역시 기회가 있을 때마다 오 군에게 충고와 지도를 아끼지 않을 것입니다. 아무쪼록 좋은 師弟關係(사제관계)를 맺으시고 指導鞭撻(지도편달)을 아끼지 마시기를 부탁드리면서 간단히 감사의 인사를 드립니다. 내내 건강하시기 바랍니다. 안녕히 계십시오. -김용성 배

도서관 실습(2001. 6. 4.)
도서관 실무실습 담당 기관장 귀하

여름이 성큼 다가왔습니다. 그간 안녕하셨습니까?

바쁘신 가운데 우리 학과의 실습생들을 받아주시고 성의를 다하여 그들을 지도하여 주셨음을 진심으로 감사드립니다. 실습기간 중에 우리 학생들이 그 본분을 벗어났거나 결례를 한 경우가 있었을 것으로 사료되오나 그것은 모두

평소에 우리 학과의 교수들이 지도를 잘하지 못한 탓일 것입니다. 널리 용서를 빕니다.

도서관 실무실습을 통하여 우리 학생들에게 전달된 산지식과 교훈은 그들의 사회 진출과 우리 학과의 발전에 밑거름이 될 것이라고 굳게 믿으며 후배 예비사서들에게 베풀어주신 정성어린 지도편달에 다시 한번 감사를 드립니다.

귀 기관의 무궁한 발전, 그리고 구성원 모두의 건강과 영광을 기원하면서 우리 학과를 대표하여 간단히 인사에 대신합니다. 안녕히 계십시오. -김용성

독서삼독. 독서는 먼저 텍스트를 읽고 그리고 그 필자를 읽습니다. 그리고 독자 자신을 읽습니다. 독서는 삼독三讀입니다. 신영복

제자들이 보낸 짧은 편지

2001. 8. 3. 08:02.

이루시입니다

안녕하세요? 중국의 심천에서 이루시아 인사드립니다. 메일 주소를 정원에게 물어서 연락을 드리게 되었습니다. 진작 했어야 할 인사를 지금에서야 드려 죄송합니다.

정원은 둘째 아이를 출산했는데요, 아들 낳았답니다. 8월 25일에요. 건강하게 잘 회복 중이라고 하니 다행입니다. 전 아이들과 시 할머님, 남편과 잘 지내고 있습니다. 이곳으로 할머님을 모시고 왔거든요. 잘 적응하고 있는 편입니다. 좋은 한국 분들도 많구요. 메일로나마 소식을 전할 수 있어서 기쁩니다. 중국으로의 국제전화가 엄청 비싼 편이거든요.

교수님과 사모님 항상 건강하시고, 한번 오실 수 있는 시간이 있으면 좋겠습니다. 좋은 소식으로 또 연락드리겠습니다. 짜이지엔. -심천에서 이루시아 드림.

2001. 8. 3. 오후 11:32.

유치원을 안 간다고 떼쓰면 어떻게 하나…… 걱정이 되었는데 씩씩하게 엄마, 안녕…… 하며 인사를 하는 아이들을 보며 너무나 감사하다는 생각이 들었습니다. 5시가 넘어 데리러 갔더니, 엄마, 내일부터는 늦게 데리러 오세요, 더 많이 놀고 가래요, 하는 큰 아이의 말을 듣고 안심을 했습니다. 어제 아침엔 우는 아이들의 울음소리를 뒤로 하고 할머님과 집으로 오는데, 할머님은 마음이 아파서 너무나 힘들어하시는 걸 느낄 수 있었습니다. 오늘 아침에 교수님의 목소리가 들리는 듯한 메일을 읽으면서 눈물이 날 뻔 했답니다. 정말 많은 용기와 힘이 생기는 말씀…… 늘 잊지 않고 되새기렵니다. 좋은 소식으로 또 인사드릴 수 있도록 노력하겠습니다. 안녕히 계세요. -심천에서 이루시아 올림.

함께 여는 세상. 함께 가자 우리 아픈 다리 서로 기대며. 신영복

2001. 8. 8.
성명희입니다

교수님, 무더운 여름날씨에 건강하신지요? 성명희입니다. 기억하시나요? 그동안 소식도 드리지 못하고, 죄송합니다. 평안하시죠? 하계수련회 일정 변경 메일을 보다가 문득 교수님께 이렇게 소식을 전합니다. 저는 2001. 3. 17자로 목동도서관에서 구로도서관으로 인사이동이 있었어요. 6급 승진과 함께요. 벌써 이곳 구로도서관에 온지도 5개월이 되어가네요. 세월의 빠름을 느낍니다. 늘 교수님께 감사하는 마음입니다. 건강하시고 안녕히 계세요. -제자 성명희 올림.

2001. 9. 2.
이루시입니다

니하오마, 이루시아입니다.
더운 여름이 막바지에 들어선 9월입니다. 교수님과 사모님 모습이 눈에 어른거리듯 지나갑니다. 나이는 자꾸 드는 것을 아는데 그 만큼의 나이 값을 제

가 잘 하고 사는지. 자꾸 점수를 매기게 됩니다. 학교를 졸업하고도 늘 사는 모습에서 학생 같은 모습, 학생 같은 마음. 어려움 없이 잘 지내는 저의 소식을 전하고 싶어 글 한 줄 올립니다. 유치원에 잘 적응하고 다니는 아이들도 고맙구요. 벌써 2학기가 시작되어서 바쁘신 시간이 되시리라 생각됩니다. 건강하시길 기원하며 이만 줄입니다. -심천에서 이루시아 올림.

2001. 9. 4.
송승섭입니다

김 교수님께

요즘 날씨가 유난히 맑습니다. 아침, 저녁으로 제법 선선하기도 하구요. 글쎄 분명 한가위가 다가오는 듯합니다. 제일 꼭대기 층에 살다보니 달과 별을 좀 더 가까이 보면서 사는 즐거움도 있습니다. 무심코 잠자리에서 바라본 창가에 휘영청 큰 달이 걸려있을 때면, 여기가 진정 달동네가 아닌가 생각도 됩니다.

저희 아들은 웬 땀을 그리 흘리며 자는지, 아침이면 몸에서 쉰 옥수수 냄새가 납니다. 그래서 별명이 하나 더 붙여졌지요. 쉰 옥수수라고…. 혼자 크다보니 엄마 하는 일과 여기저기 꼭 끼는 편이라 아줌마라는 별명도 있는데. 아무튼 애 엄마는 걱정도 많지만 아이가 크는 모습을 보는 즐거움은 세상에 비할 데가 없는 것 같습니다. 제가 버릇을 나쁘게 하는 주범이지만요.

장관도 해임되고 어수선합니다. 여러 가지 고마우신 교수님의 은혜에 감사드리며 이른 아침에 그냥 몇 자 적어 보냅니다. 건강하시구요. 오래오래 저희들 곁에 계셔서 사는 즐거움과 행복을 나누게 해 주셨으면 고맙겠습니다. -제자 송승섭 드림.

2001. 9. 5.

지호진입니다

교수님, 저 95학번 지호진입니다. 학과 홈페이지를 이제야 알게 되었어요. 들어와 보니 교수님 메일주소도 있네요. 반가운 마음에 이렇게 메일을 보냅니다. 교수님, 건강하시죠? 전에 학교에 갔었는데 방학 때라 안 계시더라구요. 어찌나 섭섭했던지. 교수님, 전 잘 지내고 있습니다. 회사도 잘 다니고 있구요. 요즘에는 CS(친절, 서비스), 이미지 강의도 하고 있어요. 기회가 되면 졸업을 앞둔 저희 후배들에게 면접을 위한 이미지 메이킹 특강을 할 수 있는 기회가 있었으면 좋겠구요. 항상 건강하시구요. 그럼 안녕히 계세요. -지호진 드림.

Ho-Jin Ji.

KMAQA Co., Ltd.

ISO Center/ Customer Support Team

Korea Local Administration Bldg. 10th fl.

#234-1, Gongduk-Dong, Mapo-Ku

Seoul, Korea(121-756)

Tel: 82-2-712-8220, Fax: 82-2-712-7320

E-mail: hjji@kmaqa.co.kr

Web site: www.kmaqa.co.kr

2001. 9. 6.

성명희입니다

교수님, 평안하시죠? 이메일 잘 받았습니다. 벌써 서늘한 바람이 불어오는,

하늘이 높고 맑은 가을인 것 같아요. 항상 교수님 말씀처럼 좋은 일 많이 하면서 살아야 하는데…… 건강하시죠? 학기가 개강되고 바쁘시겠네요? 이곳 구로도서관에서 저는 종합자료실과 학교지원팀을 맡으면서 최선을 다하고 있습니다. 어디를 가든지 제가 근무하는 곳에서 저의 흔적을 남기고, 힘들고 어려운 일, 언젠가는 도서관이 과감하게 해야 할 일들을 진행하다보니 때때로 힘이 들 때도 있어요. 가끔 직원들 왈, 제가 보기에는 연약해 보이는데 일을 진행하면 '어디서 밀어붙이는 힘이 나오느냐?'라고 그래요. 일을 처리하고 나면 보람 있고 가슴 뿌듯한 그 무엇을 느껴요.

구로도서관은 아담하고 가족적인 분위기라 좋아요. 그리고 개인적으로는 월, 수, 금요일에 퇴근하면서 학원에 가서 계속 영어를 공부해요. 열심히 시간을 활용하면서 살려고 노력하고 있어요. 교수님은 늘 언제나 잔잔한 미소와 연구에 몰두하시죠? 늘 건강하시구요. 축하해 주셔서 감사합니다. 안녕히 계세요. -성명희 올림.

2001. 9. 14.
박현나입니다

교수님, 저 박현나에요. 안녕하세요? 너무 오래간만이죠? 저 애기 낳고 잘 키우고 있느라 지금에야 연락을 드립니다. 죄송합니다. 2월 24일 아침 8시 5분에 3.2kg의 건강한 남자 아이를 낳았구요(제가 애기 엄마가 되었다는 게 너무 신기하답니다). 지금은 7개월에 접어든 호연(이름이 전호연이에요)이와 집에서 씨름을 하느라 정신이 없습니다. 애를 키우는 재미가 아주 쏠쏠하던걸요. 계속 모유수유를 하고 있어서 쉽게 외출을 못해요. 항상 신랑이랑 애기랑 같이 움직이지요. 저는 이렇게 재미나게 지내고 있습니다. 교수님도 올 더운 여름 잘 보내셨는지요? 너무 덥던데요. 건강도 여전히 좋으시겠죠? 모쪼록 항상

건강하시구요. 또 연락드리겠습니다. -박현나 드림

2001. 9. 20.
이루시입니다

교수님, 쵸상하오. 아침 인사입니다.

저의 아이들은 걱정과는 달리 중국어를 듣고 이해하는데 큰 무리 없이 적응하고 있습니다. 문제는 아이들보다 부모들이 문제라고 현지 한국 엄마들이 얘기해 주더라구요. 존댓말이 없는 중국어에 편리함을 느낀 자녀들이 중국어로만 얘기하려고…… 인사도 고개 숙여 인사하는 법이 없는 중국 사람들의 모습에 익숙해져서 손으로만…… 말로만 바이바이를 하거나, 짜이지엔을 하는 모습입니다. 저희 아이들은 아직도 고개 숙여 인사를 하는데, 다른 중국 학부모들은 물론이고, 중국 선생님들도 놀라는 표정을 짓습니다. 자꾸 아이들이 예법을 잊고 지내게 되는 건 아닌지 걱정을 하게 된답니다. '엄마, 다른 중국 친구들은 고개 숙여 인사를 안 하는데 왜 나만 그렇게 해야 하죠?' 하고 묻는 큰아이와 작은 아이에게 진지하게 한국 사람임을 얘기해주고 왜 예절을 지켜야 하는지도 이해시키고 있습니다. 모국어인 한국말을 잊지 않고 잘 할 수 있으면서도 중국생활에 잘 적응하는 지혜를 배우고 있습니다.

한국인 자녀를 대상으로 유치원 일이나 피아노 레슨 제의가 있습니다. 하지만 저와 아이들, 할머님, 가정의 안정이 이루어지고 해도 늦지 않으니 서두르지 말라는 남편의 조언을 따르기로 했습니다. 피아노 레슨 한 시간이 인민 화폐로 백 원입니다. 한국 돈으로 약 일만육천 원인데, 그 어느 교육비보다도 비싸게 중국인들의 수입원이 되고 있습니다.

중국인들은 굉장히 합리적인 면이 많다는 걸 많이 느끼고 있습니다. 고기며, 과일, 생선, 계란, 배추, 무우, 무엇이든 한 근에 얼마로 팔고 있답니다. 또 얼마만큼이든 원하는 만큼 잘라서 팔고요. 생선도 한 마리 다 사는 것이 아니라 머리만 사고 싶은 사람, 가운데 부분만 사고 싶은 사람, 원하는 부위만 말하면 싫은 표정 하나 없이 뚝 잘라서 그만큼의 무게 값만 받고 사고파는 시장의 모습이 이색적이었습니다.

책이 제일 보고 싶은 것 중의 하나입니다. 북경은 빌려주는 책방이 있다고 하는데 이곳 심천은 아직 없습니다. 그래서 아는 사람들끼리 서로 빌려보고 있는 실정입니다. 그런데 꼭 빌려보고는 돌려주지 않는 사람들은 어딜가도 있나 봅니다. ㅎ ㅎ

교수님, 너무나 수다를 떨었죠? 바쁘신 학과일정에서도 건강하시고 행복하세요. 또 편지 드리겠습니다. 짜이지엔. -중국 심천에서 이루시아 올림.

2001. 9. 25.
이성애입니다

생일을 축하하여 주심에 감사드립니다. 저는 지금 부산의 전국도서관대회에 참가 중입니다. 24일 내려와서 그랜드호텔에 투숙하고 있고, 부산에서 얼마 전 개관한 BEXCO 전시장에서 대회를 진행하고 있습니다. 차량으로 10여 분 걸리는 곳인데 아직은 입주된 상가가 많지 않아 어제 저녁은 우동 집 한 곳에 몇 백 명이 몰리는 바람에 '식사불가'를 외치는 식당 주인을 보는 어이없는 일까지 있었습니다.

세미나 내용은 전자도서관 구축과 도서관 고객서비스에 초점이 맞추어졌고, 학교도서관 살리기 운동과 더불어 학교도서관 관련 내용도 일부 있었습니다. 한편 도서관 관련 소프트웨어, 기기들은 새롭게 접하는 것들이라 많은 도움이 되고 있습니다. 오후에는 저의 학교와 같은 프로그램을 사용하는 동아대학교에 참관 섭외가 되면 견학을 할 예정입니다.

해운대의 아침 산책은 일상에서 벗어난 홀가분함과 새로움으로 나를 바꾸고 싶은 간절함을 가져옵니다. 늘 생각해주셔서 고맙습니다. -이성애 드림.

2001. 10. 9.
이루시입니다

역시 아줌마라고 생각하고 계시죠?
저희 집 주소는, 으--, 한문 찾느라 정말--, '대졸자 맞아?'를 수 없이 외치며 썼습니다.

中華人民共和國(중화인민공화국) 廣東省(광동성) 深?市(심천시) 學府路(학부로) 康樂大廈(강락대하) 金海閣(김해각) 24-A
(캉러따사 진하이거 24-A. 심천의 천은 흙토에 내천을 합친 천자입니다).
전화: 86-0755-664-5910
중국 국가번호 86; 심천 지역번호 0755; 우리 집 6645910
교수님, 건강하시고 바쁘신 일과에서도 감기 조심하세요. 짜이찌엔. -심천의 이루시아 올림.

2001. 10. 11.
백호정입니다

교수님 백호정입니다. 안녕하셨어요?
일요일에는 저녁에 또 다른 약속이 있어서 먼저 일어나 죄송했습니다. 늦은 시간까지 함께 계셨다고 들었는데 다음날 힘들지는 않으셨는지 모르겠네요. 많은 선배들도 있지만 저 역시 졸업한 지도 꽤 되었는데 이렇게 오랜 시간 교수님을 뵐 수 있어서 그리고 항상 건강하신 교수님을 뵐 수 있어서 정말로 감사드려요, 교수님.

복잡하던 일들이 해결되어서 요즘엔 운동을 열심히 하고 있습니다. 잡념을 잊기엔 제일 좋은 방법 같더라구요. 근데 주위에서들 빨랑 논문을 끝내라는 말들이 많아서 이젠 정말로 마무리를 해야겠는데 이젠 아무런 방법을 모르겠습니다. 머릿속이 텅 비어버린 것 같아서 무엇부터 시작해야 될 지도 모르겠고, 지도 교수님은 뵙기가 너무나 무섭네요. 그래서 우선 교수님께 자문을 구합니다. 요즘 기록물 관리에 대한 연구가 많이 이루어지고 있는 것 같은데, 외교부의 외교문서 관리체계와 문제점에 관한 연구가 논문으로서 가치가 있을런지요. 제가 너무 편하게 논문을 쓰려는 건지도 모르겠지만 사서들이 각 과에 배치되어 있어서 다른 과의 문서나, 기간이 5년 이상 경과한 문서에 대해서는 관리가 어떻게 되는지 잘 모르는 것 같아서 여쭤보게 되었습니다. 전공과 관련하여 다르게 접할 기회도 많지 않다보니 제가 속해 있는 기관에 한정되어 관심을 갖게 되는 것 같은데, 교수님 의견은 어떠신지 궁금합니다. 조만간 연락드리겠습니다. 교수님 내내 건강하시길 기원 드립니다. -백호정 드림

2001. 10. 15.
서수석입니다

안녕하세요, 교수님? 서수석입니다.

지난 번 자리에서 잠깐 말씀드린 사항입니다. '동문가족한마당' 이라고 명명하고 준비 중에 있습니다. 우선 결혼한 동문은 가족을 동반토록 하고 미혼인 사람도 참가를 독려하고 있습니다. 참가인원은 대략 40명 정도로 예측하고 준비하고 있습니다. 큰 욕심 없이 참가자들이 모두 즐거울 수 있었으면 하는 바람입니다. 즐거움이 기억에 남아 내년에도 행사를 갖자고 아우성을 쳤으면

좋겠습니다. 그래서 매년 10월말이면 한 번씩 모이는 그런 행사가 되었으면 합니다. 오래 오래 이러다 보면 또 하나의 학과 전통으로 남을 것도 같고요. 교수님은 참석하시는 것으로 알고 준비하고 있습니다. 행사 전에 다시 연락드리겠습니다. -서수석 드림

모시는 글

동문간의 모임이 쉽지 않습니다. 간혹 동문들 얼굴을 볼 기회는 있어도 가족 간 모임은 거의 전무한 듯합니다. 올해부터 86학번 동문들을 중심으로 가칭 "동문가족모임"을 기획하게 되었습니다. 1박2일의 일정으로 조밀하게 살아왔던 삶을 뒤로하고 동문 간, 가족 간에 앎의 기회를 마련코자 합니다.

행사가 좋은 평가로 이어지면 매년 개최하여 학과의 전통으로 만들고자 합니다. 내년부터는 밤따기, 더덕캐기 등 사전 행사를 다양하게 준비하여 가족 간 친밀도를 높임과 동시에 동문 간 친목을 다지는 행사로 발전시키고자 합니다. 늦가을, 늦은 밤, 모닥불을 앞에 두고 술잔을 기울이고, 감자도 구워 먹으면서 가족들과 즐거운 시간을 가져 보십시오. 그리고 옆에 계신 동문과 교수님들과도 오래 전의 추억을 꺼내 보십시오.

참가자 모두가 즐거움을 나누어 가질 수 있도록 준비하고 있습니다. 올해 첫 번째 행사이니 연락 받으시는 동문들은 꼭 참석하여 주시면 감사하겠습니다.

추신: 일찍 오시는 동문들은 인근에 아침 고요 수목원(15-20분 소요), 운악산(25분 소요) 등이 있고 숙박장소 마당 앞이 녹수계곡이므로 낚시 등을 즐길 수 있습니다.

내가 쓴 편지 내가 쓴 글

2001. 10. 17.
엄대섭 선생님께

선생님, 안녕하십니까?

一面識(일면식)도 없고, 형식과 상관없이 인사를 드린 일이 없지만 口傳(구전)을 통하여 혹은 문헌을 통하여 선생님의 존함을 알게 된 것은 꾀 오래 전입니다.

뜻밖의 선물이지만 『새마을文庫運動40年史』(문고운동40년사)를 기쁘게 받았습니다. 흔치 않은 문헌이며 선생님의 훌륭한 업적이 담겨있다고 믿기 때문에 잘 간직하여 교육과 연구 자료로 크게 활용하겠습니다. 깊은 감사의 말씀을 전하면서 선생님의 平康(평강)을 기원합니다.

2001. 11. 1.
『열린 공간』 제17호의 발행에 즈음하여

원고청탁서를 받고 그 내용을 살펴보는 순간 '나도 참 무심한 사람' 이라는 생각이 들었고 매우 부끄러웠습니다. 왜냐하면 『열린 공간』이 이미 1990년에 창간되었고, 이번에 17번째 발행되며, 지금까지 발행된 기사가 모두 우리 학과의 홈페이지에 수록되었다는 등 『열린 공간』에 관련된 사실을 잘 모르고 있었기 때문입니다. 그러나 부끄러움을 무릅쓰고 『열린 공간』 제17호의 발행을 축하하면서 여러분에게 격려의 박수를 보냅니다. 대학 재학 시절의 귀동냥에

의하면 '재학생들이 만드는 간행물의 연륜이 10년을 지나면 우수한 성과' 라고 하였습니다. 그러므로 '열린 공간, 제17호' 의 발행을 기쁘고 자랑스럽게 생각합니다.

기회가 있을 때마다 여러분의 가슴과 머리에 심어주고자 했던 말의 요점은 '낭만과 정열을 가지고 자유를 생각하며, 자신을 철저하게 분석하고 그 결과에 근거하여 대학생활을 설계하고 경영하자' 는 것입니다. 그런 의미에서 『열린 공간』은 여러분이 스스로 참여하는 훌륭한 커뮤니케이션 광장입니다. 이 광장을 통하여 여러분은 아낌없이 낭만과 정열을 불태우리라 믿습니다. 그렇게 하는 가운데 길이에 상관없이 여러분은 글을 쓸 것이고, 글을 쓰자면 읽고 생각하고 관찰하고 기억하고 비교할 것입니다. 이러한 활동은 처음부터 잘 될 수 없고 끊임없는 노력이 따라야 합니다. 그것은 마치 16번째의 나이테를 남기고 또 다시 17번째를 준비하는 것과 같고 그러한 노력을 여러분은 계속할 것입니다.

1년간 우리 학생회를 이끌어 온 임원들과 『열린 공간』 제17호의 편집 및 제작에 참여한 학생들의 노고를 위로하면서 우리 학과의 학생들 모두가 한결 같이 씩씩하고 아름다운 대학생이 될 것을 기대합니다. 여러분의 건투를 빕니다.

2001. 12. 1.
어머님께 드림

어머님, 오늘, 회갑기념논문집 봉정식이 있습니다. 우리 명지대학교 문헌정보학회 회원들이 기획하고 주관한 행사입니다.

제가 회갑이랍니다. 시간의 흐름은 만인에게 공평하여 그때가 된 것뿐인데 회갑을 기념하기 위하여 대학의 제자들이 논문을 쓰고 논문집을 만든 것입니다. 어머님, 이 행사에서 저는 始終一貫(시종일관) 감사의 말씀을 드리려고 합니다.

저를 낳아 기르시고 가르치신 부모님의 은혜, 특히 어머님의 큰 은혜에 감사를 드립니다. 어머님께서는 1950년 젊으신 연세에 홀로 여덟 남매를 책임지는 무거운 짐을 지셨음에도 불구하고 자식들의 장래를 위하여 꿋꿋하고 바르게 평생을 바치셨습니다. 재산이 있었다 한들 그 짐이 가벼웠겠습니까! 저는 겨우 두 자식을 두었음에도 어려움이 많았습니다.

형님의 은혜에 감사를 드립니다. 형님은 薄俸(박봉)과 客地生活(객지생활)을 무릅쓰고 결혼까지 미루면서 동생들의 교육에 청춘을 바쳤습니다.

아내의 內助(내조)에 감사를 드립니다. 결혼 이후 지금까지 가정을 지키면서 喜怒哀樂(희노애락)을 벗 삼아 부족한 저를 열심히 도왔고 두 아들을 낳아 잘 키웠습니다. 불행하게도 첫 아이 允喜(윤희)를 먼저 보내야 하는 슬픔과 아픔을 저와 함께 하였습니다.

명지대학교에 감사를 드립니다. 우리 대학 도서관의 司書長(사서장)으로 일할 수 있는 기회를 주었고, 교수의 직함을 주었기 때문에 오늘 회갑기념논문집의 봉정식에 참석하게 된 것입니다.

우리 학과 교수님들께 감사를 드립니다. 이 분들은 저에게 사랑과 자극을 주셨습니다. 앞으로 좋은 인연이 계속되기를 기대합니다.

우리 학과 졸업생들에게 감사를 드립니다. 학생을 가르치는 일이 교수의 본분입니다. 그러나 학생들은 저에게 스승과 같았습니다. 그들은 覇氣(패기)가 있고, 학구적이었으며, 진취적이었기 때문에 저는 그들에게서 많은 것을 느끼고 배웠으며 자극을 받았습니다. 그들과 호흡을 함께 하는 자리라면 酒席(주석), 체육행사, 수련회, 등산 등을 마다하지 않았습니다. 교육이 강의실에서만 이루어지는 것은 아니고 그것만으로는 오히려 부족하다는 생각입니다. 사람과 사람의 만남은 아무리 강조하여도 그 가치가 지나침이 없을 것입니다. 졸업생들은 종종 저에게 결혼식 주례를 부탁하였습니다. 한동안 저는 오직 주례사에 관심을 두었으나 시간이 흐름에 따라 저의 주례사는 자신에게 부메랑이 되었습니다. 그래서 다시 한번 졸업생들에게 감사를 드립니다.

감사의 말씀은 그 끝이 없겠으나 마지막으로 오늘의 행사를 기획하고 주관한 명지대학교 문헌정보학회 회원들에게 감사를 드립니다. 더구나 오늘은 제 아내의 생일입니다. 아내에게 전하는 선물이 오늘 이 행사만큼 값진 것이 또 어디 있겠습니까! 우리 학회 회원들은 이 행사에 저의 온 가족을 초대할 만큼 따뜻하고 깊은 배려를 아끼지 않았습니다.

저는 여러분들이 저에게 베풀어주신 사랑과 자극에 감사를 드림과 동시에 이에 보답하기 위하여 앞으로 여러분에게 사랑과 자극을 나누어 드리려고 노력할 것입니다. 여러분, 한결 같이 건강하시고 여러분 곁에 늘 영광이 함께 하시기를 기원합니다. 감사합니다.

제자들과 주고받은 아름다운 편지

2001. 12. 7.

이루시입니다

닌 하오, 교수님 건강히 잘 지내시는지요? 저는 둘째 아이의 친구 엄마와 친구가 되어 중국말을 배우고 있습니다. 저와는 짧은 영어로 얘기하는 것이 좋다고 하면서 제게는 중국말을 가르쳐 주고 싶다고 하기에 재미있게 배우고 있습니다.

오늘 드디어 교수님의 따뜻한 마음을 받았습니다. 이런 것을 뭐라고 표현해야 하는지⋯⋯ 할머님과 조선족 여직원과 함께 찾으러 갔는데 아무런 문제없이 잘 찾을 수 있었습니다. 아직도 중국의 공공기관들이 까다롭고 여차하면 물건을 내주지 않는다고 하거든요.

이곳은 아직도 반팔을 입을 수 있답니다. 아이들과 할머님 -제 남편의 할머님이시니까 중조모님이 되시는군요. 하지만 이곳에서 세 시간의 태극권을 아침마다 하시는 부지런하고 열정적인 분이시랍니다.

더운 곳이기도 하고, 중국이어서 그런지, 연말이며 크리스마스 분위기는 전혀 나질 않습니다. 한국은 춥고 연말 분위기가 나리라 생각합니다. 학기를 마치고 이런 저런 모임으로 바쁘실 터인데 감기 조심하시고 늘 건강하시기 바랍니다. 언제나 아버님 같은 모습으로 학부생들에게, 졸업생들에게 기억되는 교수님. 좋은 소식으로 또 연락드리겠습니다. 짜이찌엔. -이루시아 드림

2001. 12. 17.

닌 하오. 중국의 심천입니다.

이곳은 가을날씨 정도입니다. 한국의 성탄 준비처럼 화려하진 않지만 이제야 성탄 분위기가 좀 난답니다. 저희 아이들은 중국 친구들이 많이 좋아하고 따르는 편입니다. 워낙 친구를 좋아하는 성격이어서 그런지 친구를 모르는 중국 아이들도 저희 집에 오고 싶다고 하면서 놀러 온답니다.

잘 해놓고 살진 않지만 부도가 난 이후 막다른 상황이 있었던지라. 전 지금도 하느님께 감사를 드릴 수밖에 없답니다. 항상 알게 모르게 저에게 많은 베풂을 주시는 손길들이 있어 절망하지 않고 희망을 갖게 해 주셨습니다. 단지 물질적인 것이 아니라 마음의 베풂. 항상 따뜻함을 지닌 채 변하지 않는 모습으로 사시는 분들을 바라보면서 '정말 이래서 살아가는 가치가 있는 걸 거야' 하고 스스로를 달래던 시간이 있었습니다. 지금도 아무 것도 내세울 것 없는 내 모습이지만 무언가 감사를 드릴 수밖에 없는 일들이 자꾸 일어나는 것 같습니다. 늘 지각생이었고 열등생이었던 졸업생들이 늘 말이 많은 것은 사실인 것 같습니다. 저를 비롯해서 말이죠.

감기는 다 나으셨는지, 목소리에 많이 편찮으셨다는 걸 느꼈는데, 이젠 교수님도 흰 머리카락이 나셨겠지요? 예전의 교수님만 제 기억 속에 변하지 않고 각인되어 있는데, 항상 건강하시기만을 기원합니다. 교수님과 사모님의 행복한 성탄절이 되시길 바라며 저와 이정원, 김수진 함께 인사드립니다. 짜이지엔. -이루시아 드림

2001. 12. 19.

감사합니다

이루시아,

항상 감사하는 마음을 지니고 사는 루시아의 모습이 참으로 아름답다. 아이들을 바라보고 돌보며 그들이 잘 크기를 기원하는 모습도 대견하고, 경제적인 어려움을 용기와 슬기로 극복하는 모습도 슬프도록 아름답다. 독일에 사는 내 동생에게 꿋꿋하고 참된 한국인이기를 늘 강조했던 마음을 루시아에게도 그대로 전하고 싶다. Merry Christmas and Happy New Year! -김용성

2001. 12. 19.
이성애입니다

Merry Christmas!

교수님, 한해를 보내는 아쉬움과 새로운 날들에 대한 기대가 엇갈리는 12월. 모두 지난날들을 얘기하며 나눔을 준비하려 했는데 여러 가지 모임으로 모두들 바쁜가 봅니다. 어쩔 수 없이 신년 초에 자리를 마련해야 할 것 같아요. 즐거운 성탄과 함께 새해에도 건강과 행운이 함께 하시기를 기도드립니다.

하얀 눈이 내리는 크리스마스가 되었으면 좋겠습니다. -이성애 드림

2001. 12. 24.
근하신년

교수님, 안녕하십니까?

연말연시의 분주함에 더하여 전례 없는 대대적인 연구실 이전으로 교수님들의 주변이 어수선합니다. 그 와중에서 따뜻한 차 한 잔의 향기가 교수님의 연구실을 수놓는 여유를 드리기 위하여 우리 인문대학교수친화회는 회원이신 교수님께 소액의 茶代(다대, 오만 원)를 전해 드립니다. 이 비용은 화합을 위하여

교수님께서 마련하신 것이므로 기쁘게 받아주시기 바랍니다. 이 기회에 새해 인사를 겸하여 드리오니 아무쪼록 강건하시고 좋은 일을 많이 하시기 바랍니다. 새해 복 많이 받으십시오. -김용성

2001. 12. 30.
백호정입니다

새로운 한 해가 시작되면서 생각해보니 저희 92학번과 교수님의 인연이 맺어진지 꼭 10년이 되는, 조금은 의미 있는 새해입니다. 시간이 참 빨리 흐른다는 생각을 하면서 졸업할 때 교수님께서 하신 말씀들을 떠올려 봅니다.
저희는 10년 전의 모습과 많이 달라졌지만 교수님께선 여전히 그 모습 그대로 변치 않으시고 저희 곁에 함께 하시기를 기원합니다. 건강 잃지 않으시길, 가족들 모두 평안하시고 행복하시길 기원 드립니다. -백호정 드림

2001. 12. 30.
정옥경 부부

그동안 평안하셨는지요? 저는 지난 11월 12일 아들(趙盛, 조성)을 출산하여 늦깎이 엄마로 바쁜 나날을 보내고 있습니다. 뒤늦게 얻은 아들이라 바라만 보고 있어도 눈물겹도록 감격스럽고 행복하지만 낮과 밤이 바뀌어 보챌 때는 힘들기도 합니다.
늘 세심하게 마음을 써주시고 기도해주심에 감사드립니다. 밝아오는 새해에도 더욱 건강하시고 사랑하시는 가정과 뜻하시는 모든 일 위에 주님의 은총이 함께 하시기를 두 손 모아 기도드립니다. -정옥경, 조일철 드림

2002. 1. 10.
조명희입니다

선생님, 그간 안녕하셨는지요?

학교에서 이사하시랴, 입시 관련 업무하시랴 분주하셨지요. 조금이라도 휴식과 여유의 시간을 가지셨기를 바랍니다.

늘 분주한 생활 속에서도 정적인 모습과 여유를 잃지 않으시는 선생님, 비결이 무엇인지 꼭 배우고 싶습니다. 말씀이나 행동보다 마음으로 배려하시는 것을 자주 뵙지 못해도 잘 알고 있으며 늘 감사드리는 마음입니다.

새해를 맞이하여 선생님, 건강하시고 댁내 평안하시며 늘 좋은 선생님으로 계시기를 기도합니다. -조명희 드림

P. S. 선생님, 맛있는 고등어 선물 받고 어리둥절하고 감격했어요. 감사드립니다. 이런 선물 처음 받아봤어요.

조 박사는 현영아 교수의 이화여자대학 후배시다. 필자의 부탁을 뿌리치지 않고 우리 학과에 오랫동안 출강하였다.

2002. 1. 28.
이루시입니다

교수님 건강하세요? 닌 하오. 심천의 이루시아입니다. 안녕하셨어요? 사실 이메일을 많이 쓰고 싶었는데, 대학입시로 교수님 많이 바쁘시리란 생각 때문에 참았습니다.

전 1, 2월 동안 저의 아이들을 데리고 제가 따로 공부시키고 있습니다. 중국

인 친구가 여러모로 중국어 입문 정도는 가르쳐 주었는데…… 남편의 외국 발령으로 한 일 년 동안 친정의 서안으로 가게 되었답니다. 정말 그녀나 저나 눈물이 나올 뻔할 정도로 마음이 아팠습니다. 그녀의 딸이 저의 둘째 딸과 유치원 친구였거든요.

짧은 영어로 얘기하는 것도 중국인 선생들이 거의 알아듣지 못 하는 걸 옆에서 지켜보다가 저에게 중국어를 가르쳐주겠노라고 하던 그녀와 두 달 동안의 우정을 쌓으며 매일 저의 집으로 와서 차분히 가르쳐 주었습니다. 그녀의 딸과 저의 두 아이는 가끔 말다툼도 하지만, 너무나 진실한 마음으로 서로를 아꼈기에 정말 지금은 너무나 그립답니다. 어쨌든 지금도 연락을 하면서 내년쯤엔 다시 심천으로 오리라던 그녀를 기다리고 있습니다.

제가 피아노 레슨을 하고 있습니다. 우리 아이들부터 시간이 있을 때 가르치기 위해 조금 제한을 두고 있습니다. 사실 할머님도 계셔서 많은 활동을 하려는 욕심은 버리고, 능력도 부족하지만, 무리가 가지 않도록 집에 피아노를 들여놓을 예정입니다. 조금 시간이 걸리겠지만 올해 안에 장만하는 것이 저의 바람입니다. 소망이 있으면 이루어지도록 노력을 하게 되겠지요.

교수님, 또 신입생이 입학을 하고, 졸업을 하고, 엠티도 가고, 또 일 년의 일정이 시작되겠네요. 항상 87학번 때의 교수님을 기억하고 있는데, 어느새 교수님도 흰 머리카락이 생기셨을 것이란 생각이 들었습니다. 항상 건강하시기를 마음 깊이 기원합니다. 사모님께서도 건강하시죠? 어느새 손자가 생기셨을 텐데. 또 열심히 지내고 소식 전하겠습니다. 짜이찌엔. -이루시아 드림

오빠가 누이에게 누이가 오빠에게(2002. 2. 10.)

이 사람을 기리면서

　　　　김용성

부모와 형제를 모국에 남겨두고

홀로

한국의 한 나이팅게일이 독일에 오도다.

논을 갈고 밭을 가는 숭고한 농부의 마음으로

낯선 땅에

자립과 발전의 기틀을 마련하도다.

아내와 엄마 그리고 나이팅게일!

그 눈물과

피와

땀의 열매를

우리 모두가

아낌없이 칭송하도다.

모국을 떠나 홀로 독일에 살고 있는 동생 용효를 2002년 2월 10-19일 기간 중 수십

년 만에 찾아간 무심한 오빠가 자신의 회갑기념논문집과 함께 이 글을 동생에게

전했다.

2002. 2. 14.
축하합니다/존경하는 오빠에게

오빠의 회갑을 독일에서 맞게 되어 정말 기쁘네요. 오시는 기쁨과 가시는 서러움이 또 뒤범벅이 되어 착잡하기만 해요. 이 기회에 오빠를 따라가고 싶지만 그럴 수 없구요. 식구들 보는 것만으로 만족해야겠지요.

건강과 행운이 항상 함께 하시길 빌면서 저의 작은 성의를 표시합니다. 그럼 언제 또 뵙지요. 안녕히 계세요. -용덕 드림.

독일에 머물고 있는 이 막내는 독일어 하나도 제대로 할 줄 모른다. 의지가 약한 사람인가 보다. 목표를 세워 일로매진해야지. 참으로 불쌍한 녀석이라는 생각이 떠나지 않는다.

내 마음으로 쓴 글

2002. 6. 3.

560-033 전북 전주시 완산구 풍남동 3가 23-14

영화회계법인 김영귀 귀하

감사합니다

안녕하십니까?

참으로 오랜 세월이 흘렀고 많은 것이 변했습니다. 그러나 형의 마음은 예나 지금이나 하나도 변하지 않았음을 알 수 있었습니다. 3437 동창회가 펴낸 기념 문집에 실린 형의 글을 상기했기 때문입니다. 형은 그 글에서 사랑의 실천을 강조하였고 아마도 그렇게 살아왔던 모양입니다. 참으로 자랑스럽습니다.

한병일 형을 통하여 축의금을 받았습니다만 말할 수 없이 부끄럽습니다. 한참 주저하다가 뒤늦게 편지를 쓰게 된 일도 너무 염치없다고 생각합니다. 전주 출신의 우리 명지대학교 학생들을 통하여, 혹은 3437 동창이나 동창회를 통하여 형의 소식을 접한 바 있고, 사사로운 일로 전주를 수차례 방문한 바 있음을 고백하면서 형의 너그러운 용서를 빕니다.

영귀 형, 지난 일들을 부담 없이 서로 털어놓으면서 건배를 외치는 기회가 있기를 크게 기대합니다. 병일 형과 우리 집이 사돈지간이 되었으니 이것을 핑계 삼아 내가 먼저 형을 찾아가는 것이 순서라고 생각합니다.

우리 아들의 결혼을 멀리서 축하해 준 형의 마음이 너무도 고귀하여 감개무량의 심정으로 감사하면서 형을 비롯한 온 가족이 壽福康寧(수복강령)하시기를 기원합니다. -김용성

2002. 6.

감사합니다

　서수석, 이경현, 신상범, 백호정 등은 필자의 회갑을 축하하는 뜻으로 필자와 함께 북한산을 등반하였고, '명지대학교 문헌정보학과 김용성 교수님 화갑 기념등반'이라고 새긴 등산용 손수건을 적색과 감색 두 가지로 제작하여 등반 당일 참석자들에게 기념품으로 전달하였다. 전혀 예상하지 못했던 뜨거운 정이 담긴 기념품에 그저 고마울 따름이었다. 이날따라 날씨는 눈이 부시도록 화창했다. -김용성

제자들이 보낸 짧은 편지 2

2002. 7. 29.
송승섭입니다

오락가락하는 장마와 폭염에 잠을 설치시지는 않으셨는지요?
공무원 생활을 하면서도 방학을 즐기는 기분이 괜찮습니다. 여기 저기 고장
난 곳도 고치고, 못 읽었던 책도 읽고 있습니다. 『그리스인 조르바』, 신경림의
『시인을 찾아서』, 『몰입의 즐거움』, 『그 많던 싱아는 누가 다 먹었을까』)……
목록은 계속 이어가고 싶은데, 이제 수업준비와 원고를 쓰는 일이 기다리고
있어 시간이 아쉽습니다. 그 가운데 한 10여 일 동안 그간의 실무경험을 바탕
으로 '북한 자료의 수집과 관리' 라는 제법 통 큰 논문을 써 보았습니다. 제가
드리는 방학숙제입니다. 많은 지적 부탁드립니다.
지난번 모임에선 모두 술을 많이 든 것 같습니다. 교수님께서도 전에 없이
약간 휘청거리는 모습을 보이셨는데, 전에 없는 멋이었다고 말씀드리고 싶습
니다. 이날, 자정이 넘은 시간, 태릉 푸른 동산의 가로수 밑에서 이따금 정적을
깨며 다가오는 자동차의 질주를 영화처럼 흘려보내며 하신 말씀이 귓전을 맴
돕니다.
열심히 살겠습니다. 건강하시고, 다시 문안 여쭙겠습니다. -송승섭 올림

2002. 7. 30.
이루시입니다

안녕하세요? 중국의 이루시아입니다. 한국도 무척 덥겠지요? 이곳도 남방의 뜨거운 열기가 새벽 동트는 순간부터 시작됩니다.

전 피아노 레슨을 다니면서 잘 지내고 있고요, 우리 큰 아이가 초등학교 1학년이 되어, 9월부터 학교에 다니게 되었습니다. 이곳은 가을학기가 첫 학기인지라 봄부터 준비를 하고 다녔답니다. 언어의 장벽으로 혹시나 상처 받고 내성적으로 변하지 않을까, 걱정도 되지만 그냥 하느님께 전적으로 의탁하는 마음으로 기도 드렸습니다.

교수님과 사모님, 가족 모두 건강하시고 홍콩 쪽으로 오실 때 가까운 심천을 꼭 들려보시기 바랍니다. 그럼 안녕히 계세요.

2002. 9. 10.
박현나입니다

교수님, 저 박현나예요. 그동안 자주 연락드리지 못해 죄송합니다. 궁색한 변명이지만 애기 키우느라 정신이 없네요. 벌써 개강해서 바쁘시겠네요.

올 여름은 그다지 덥진 않아서 지내기는 수월했는데 교수님은 어떠셨어요? 방학 때 어디 다녀오셨어요? 건강은 여전하시죠? 제 기억 속엔 항상 학우들과 같이 뛰시던 모습이 많이 남아있어요. 제 나이가 벌써 서른인 거 있죠? 너무 웃기죠? 스무 살에 학교 들어가서 교수님 처음 뵐 때가 엊그제 같은데…… 그래도 마음만은 그때 같아요. 아직 철이 안든 건지.

자주 찾아뵙지 못하고, 전화도 자주 못 드리고, 이렇게 컴퓨터를 통해서 이메일 드린 점, 용서해 주세요. 그래도 항상 교수님 생각 많이 하고 있답니다. 교수님도 제 생각 많이 해 주세요. 잊지 마시고 예쁜 제자로…… 하여튼 지금 태풍소리가 아주 심한데 피해 입지 않도록 조심하시고 항상 건강하시고, 답장 써 주세요. 기다릴게요. -예쁜 제자 박현나 올림

2002. 9. 15.

이성애입니다

안녕하세요? 무더위에 여름휴가는 다녀오셨는지요? 새 학기가 시작되어, 늘 바쁘시지만, 더욱 바빠지실 텐데 건강 조심하세요.

지나면서 보니 대학의 환경이 개선되어 가고 있는 것 같네요. 지금쯤은 마무리가 다 되었겠지요. 가끔 지나칠 때, 이력서를 들고 처음 명지대학 교문을 들어서던 때가 문득문득 생각납니다. 참 많은 시간과 많은 사건들이 있었던 추억이 깃든 곳이에요.

저는 휴가동안 한 주간 전주에 머물렀고, 한 주간은 저의 딸아이가 교회수련회며 영어캠프를 다녀오느라 힘이 들었는지 이화여대 목동병원에 입원을 하는 바람에 병원에서 휴가를 보냈어요. 평소에 함께 할 시간이 없었는데 일주일을 같이 지내는 시간이 꼭 나쁘지만은 않았다는 생각을 하며 위로했습니다.

그동안 최미언은 선교회 일을 하면서 영락교회 청년들과 터키 선교여행을 주관하며 동행했다는 소식을 들었어요. 곧 찬 바람이 불면 여름 이야기를 나눌 자리를 마련하겠습니다. 안녕히 계세요. -이성애 드림

2002. 11. 4.

박인철입니다

교수님, 안녕하세요? 박인철입니다. 졸업하고 연락도 못드리고 한번 찾아간다고 몇 번이나 마음먹었는데…… 죄송합니다. 어제 안진옥 형의 전화를 받고 이메일을 보내는 제 마음이 무척이나 무겁습니다. 전화라도 드려야 하는데, 지금 전화 드리면 너무 어색하고 죄송해서 아무 말도 못할 것 같아 이렇게 이메일을 보냅니다. 예의가 없다고 하셔도 할 말이 없네요. 연락도 못 드리고 지

낸 지가 서너 달은 지났으니까요.

저는 현재 서초동에 위치한 (주)베스트바이어라는 인터넷 쇼핑몰 가격 비교하는 회사에 다니고 있습니다. 작년 10월에 경기도 양주로 이사를 가서 1년이 좀 넘었는데도 그쪽 교통이 워낙 안 좋아서 회사 다니는 데 왕복 5시간을 차에서 보냅니다. 그러다 보니 친구들 만날 시간도 없고 주말에는 몇 년째 해온 교회봉사로 시간을 보냅니다. 궁색한 변명 같지만 그러다보니 교수님 찾아뵙는다는 것도 깜박 잊고 지낸 게 사실입니다.

아무래도 서른 되기 전까지는 이것저것 해보고 고생도 좀 해봐야 인생의 참다운 맛을 알 것 같아서 도전, 도전, 전진뿐입니다. 그렇다고 제가 너무 각박하게 산다고 생각하시는 건 아니겠지요? 교수님 보신 그대로, 공부도 잘 안 하고, 수업시간엔 잘 졸고, 그런 모습은 여전히 간직하고 있습니다. 그래도 교수님 제자로 사회에서 인정받고 영향력을 발휘할 수 있는 사람이 되도록 최선을 다하겠습니다. 올해는 겨울이 빨리 찾아오는 듯싶네요. 올 학우의 밤 때는 꼭 찾아뵙겠습니다.

그럼 건강하십시오. 언제나 교수님의 삶 가운데 구수한 웃음과 오랜 삶의 향기가 피어오르기를 기도하겠습니다. 그럼 안녕히 계십시오. -제자 박인철 올림

문헌정보학회 창립 10주년 기념 초청강연회를 열며

2002. 11. 8. 16:00

명지대학교 인문대학 세미나실

인사말

아름다운 단풍이 바람에 휘날리는 겨울의 문턱에서 우리는 명지대학교 문헌정보학회 창립 10주년을 기념하기 위하여 이 자리에 모였습니다.

짧은 연륜이지만 우리 학회는 1992년 1월에 뜻을 함께 하는 몇 사람들이 발기인이 되어 '명지대학교 문헌정보학연구회'를 세웠고, 여러헌정례의 연구발표회를 개최한 끝에 이듬해인 1993년에 '제1회 공개 세미나'를 개최하였으며, 지난해에 학회지 제7호를 간행하였습니다.

우리 학회 창립 10주년을 맞이한 금년은, 'The Royal Society'가 창설됨과 동시에 학술지의 효시인 『The Philosophical Transactions』가 창간된 지 340주년이 되는 해이며, 조선 왕조의 주세붕周世鵬 선생이 안향安珦 선생을 흠모하여 건립한 사액서원賜額書院의 효시인 '소수서원' 紹修書院의 기초를 닦은 지 460주년이 되는 해입니다.

우리 학회가 정식으로 발족하기 전, 1987년 7월에 『圖書館學論集』(도서관학논집)이 창간되었고, 제호가 변경되어, 1995년에 간행된 『文獻情報學論集』(문헌정보학논집) 4호부터 학회 주관으로 학회지가 간행되기 시작했습니다. 『문헌정보학논집』의 전신前身인 『도서관학논집』 창간호에 저는 이렇게 썼습니다.

이제 여러분은 하나 같이 기수騎手가 되어 달리기 시작했으므로 달리는 말에 채찍을 가한다走馬加鞭(주마가편)는 대단히 평범한 말의 의미를 반추하여 영광과 명예를 쟁취해야 할 것입니다. 더욱이 학회지의 창간은 시작에 불과합니다. 또 그 끝이 있을 수 없습니다. 소망스러운 이 매체가 회원 여러분의 구심점이 되어 자유의 향유와 진리 탐구의 대열이 더욱 정예화精銳化될 것을 진심으로 기원합니다.

회원 여러분, 우리는 이 자리에서 우리 학회의 연륜만 탓하지 말고, '연구자들의 커뮤니케이션 광장을 마련하기 위하여 『The Philosophical Transactions』를 창간한다' 는 Henry Oldenburg의 말을 귀담아듣고 크게 분발해야 할 것입니다.

끝으로 이 기념행사를 마련하기 위하여 노심초사勞心焦思했던 우리 학회의 임원들과, 애정을 가지고 지도편달하신 우리 학과의 교수님들께 진심으로 감사의 말씀을 드리면서 우리 학회의 무궁한 발전을 기원합니다. -김용성

『도서관학논집』 창간호의 제자(題字)는 명지대 국문학과 진태하 교수의 휘호(揮毫)임. 창간호의 편집을 맡았던 박형림 군의 노력으로 제자를 받음.

제일 사랑하고 존경하는 오빠에게

2002. 11. 12.

감사합니다

　그동안 근무하시면서 저에게 그런 즐거운 날을 많이 마련해주서서 '감사합니다' 라는 말을 천번 만번을 해도 그만큼 갚지 못할 것 같군요. 언니께서 얼마나 다정하게 해주셨는지, 감사하기는커녕 미안할 정도이고요. 그전부터 알았지만 이번에 또 다시 형제들의 그 따뜻한 정을 더 깊이 느끼고 갑니다. 얼마나 좋은지 몰라요.

　언니하고도 약속을 했는데 직접 얘기하려면 자꾸 눈물만 나니 편지로 제 마음, 제 생각을 말씀드립니다. 사실을 글로 표현하려니 그것도 어려운 일이네요. 어쨌든 오빠, 언니 말씀 자알 기억하면서 건강하게 즐겁게 살도록 노력하겠어요. 오빠, 언니도 건강하셔서 평안하게 오래오래 사세요. 그래야 저도 다시 즐거운 마음과 환한 얼굴로 오빠, 언니를 뵙게 되지 않겠어요! 사주신 옷들, 부탁의 말씀, 찬중, 경중이의 선물을 생각하면서 즐겁게 살아 보겠습니다.

　이 편지 받으실 때는 제가 벌써 독일에 도착하겠지요? 그럼 오빠, 다시 만날 그 날을 기다리면서 건강하게 평안히 안녕히 계서요. ·.· -용효 드림.

　P. S. : 언니! 정말, 정말 고맙습니다. 감사합니다. 사랑하는 경중이 결혼식에 참석할 수 없으니 안타깝군요. 양해, 이해해주세요.

　이 편지는 동생이 독일로 돌아가는 날, 인천국제공항에서 발송했기 때문에 '인천공항 2002.11.13 4003406' 이라는 소인이 봉투에 선명하게 찍혀있고, 150원과 40원의 우표가 붙어있다. 150원 짜리 우표는 '김종래의 엄마 찾아 삼만리' 라는 제목 밑에, 들국화가 피어있는 장승 옆에서 엄마와 어린 아이가 부둥켜안고 눈물을 흘리는 모습의 그림 우표이다. 동생이 이 우표를 붙인 것은, 물론 우연이겠지만, 한국을 떠나 독일로 향하는 동생의 심정을 보는 것 같아 마음이 아프다.

제자들이 보낸 짧은 편지 3

2002. 11. 16.
이루시입니다

닌 하오, 심천의 이루시아입니다.

한국이 몹시 춥다고 하는데 건강하신지요? 여기는 아직 반팔이 가능하지만 얇은 외투 정도면 될 정도입니다. 뒤늦게나마 중국어 공부를 본격적으로 시작하였습니다. 복습, 예습만 하면 안 될 정도로 공부의 양이 많지만 즐겁고 재미있습니다. 이렇게 공부할 수 있다는 것에 감사함이 우러나오고요. 교수님은 졸업 준비며 연말 행사로 많이 바쁘시리라 생각합니다. 그때의 시간들이 아쉬움과 함께 추억을 갖게 해주기도 합니다.

건강하시고 사모님께도 안부 인사를 드립니다. 안녕히 계세요. -이루시아 드림.

2002. 12. 21.
정옥경 부부

김 교수님!

그동안 주님 안에서 평안하셨는지요? 지난번 총동문회를 통해 뵈면서 찾아뵙지 못한 것이 더 송구하게 느껴지더군요. 늘 여러 모양으로 마음 써주시는 사랑의 배려와 기도해 주심에 감사드립니다. 저는 아기를 키우며 엄마가 된 감격과 행복도 느끼지만 양육하면서 한없이 부족한 저 자신을 발견합니다. 주님의 도우심 없이는 어느 것 하나도 가능치 못함을 깨달으며 믿음 안에서 살아가려 발버둥을 쳐 본답니다. 아기 예수님의 탄생과 밝아오는 새해를 맞이하여 교수님과 사랑하시는 가정과 뜻하시는 모든 일 위에 주님의 은총이 함께 하시기를 두 손 모아 기도드립니다. -趙一哲(조일철) 鄭玉慶(정옥경) 올림.

2002. 12. 26.
이정원입니다

그동안 안녕하셨어요? 오랜만에 연락드립니다. 교수님 요즘 근황은…… 여전히 이리저리 뺀질거리는 녀석들에게 강의하랴, 바쁜 나날을 보내고 계신지…… (아 요즘은 저희 때랑 다르게 모두들 열심이죠?)

저도 이곳 LA에 온 지 5년이 다 되어갑니다. 아이도 벌써 둘씩이나 생겼구요. 이제 만 네 살 된 딸과 16개월 된 아들 때문에 정신이 없습니다. 소위 여자들이 늙어가는 시기인 것 같습니다(아니 교수님 앞에서 이게 왠 망발…… 하하). 정성을 드린 카드는커녕 그 흔한 e-mail 카드도 사이트 찾을 시간이 없어서(핑계) 이런저런 얘기 보따리로 대신합니다.

사모님 건강하시구요? 참 혹시 며느리도 보시지 않으셨나요? 다른 교수님들 소식도 궁금합니다. 몸은 아줌마지만 마음만은 훨훨(?) 날아다니고 싶어서 이리도 궁금한 게 많나 봅니다.

루시랑은 가끔 e-mail 주고받습니다. 중국 심천에 있는 것, 아시죠? 서로가 외국에 있다는 공통점 그리고 엄마라는 상황 때문인지 한 구절 한 구절에 동감하는 메일을 주고받습니다.

건강하시구요, 새해 복 많이 받으세요. 또 연락드릴게요. ··-이정원 드림.

사돈에게 보낸 편지, 누이로부터 받은 편지

2003. 1. 15.
감사합니다

사돈 내외분, 안녕하십니까?

큰일을 마치신 사돈 내외분께 깊은 위로의 말씀과 함께 며느리의 선행을 전하면서 감사의 인사를 드립니다.

최근에 저는 감기, 몸살로 온종일 두문불출한 적이 있었지요. 마침 집사람은 제주도 여행 중이었고 그로 인하여 저녁식사를 며느리 내외와 함께 하도록 약속이 되었는데 감기가 전염되는 것을 염려하여 저녁식사를 저 자신이 해결하기로 하고, 우리 집에 오지 말도록 전화를 했습니다.

오후에 저는 한동안 잠이 들었는데 우리집 현관문을 열고, 뜻밖에 아람이 들어온 것입니다. 바로 해질녘이었고 아람은 무언가 준비한 음식을 식탁 위에 차려놓은 뒤 돌아갔습니다. 저녁을 먹으려고 식탁에 앉아보니 아람이 준비한 음식은 굴과 버섯을 넣어 만든 죽이었고, 죽 먹기에 알맞은 몇 가지 반찬이 수저와 함께 예쁘게 식탁을 장식하고 있었습니다.

그렇게 차려진 죽과 반찬은 식지 않도록 정성스럽게 포장이 되어 변변치 못한 감기 환자(?)를 기다리고 있었습니다. 저는 이 음식을 먹고 이튿날 1박2일의 여정으로 경북 안동 일대를 거뜬히 여행할 수 있었습니다.

두 분이 정성을 다하여 키우신 따님이 멀리 시집을 왔으니 두 분의 안타까움과 그리움을 어디에 비유하겠습니까! 그러나 두 분의 깊은 정성과 귀한 인품이 그대로 이어져서 아람 내외가 성실하고 아름답게 산다고 믿습니다.

아람으로 인하여 우리 가족은 더욱 건강할 것이며, 몸이 불편하다는 말조차 삼가할 것입니다. 나이를 먹은 사람이 사랑하는 젊은 사람들의 장애물이 되어서는 아니 되겠지요! 그래서 저는 문득 감자와 고구마의 일생을 상기하면서 그들처럼 살아야겠다고 다짐하고 있습니다.

겨울이 깊어 가는 가운데 곧 계미년 새해가 밝아옵니다. 사돈 내외분, 늘 건강하시고 댁내에 항상 행복이 가득하시기를 축원합니다. 새해 복 많이 받으십시오. -김용성

2003. 3. 6.
축하합니다

오빠! 안녕하세요?

이 소포는 실험 삼아서 한번 보내보는 것이에요. 어쨌든 언니, 오빠, 경중이의 결혼식 때문에 좀 힘드시겠네요. 경중이의 결혼 축하 많이 드립니다. 그럼 간단히 연락드리고 모든 식구들에게 안부 부탁합니다. 아람이 건강하겠지요?
-동생 용효 드림

3 x coffee(Besle Bohnen) 언니 맛있게 끓여 드시고,

2 x Cappuccino 오빠 마시세요. 호호··.

1 x Panthenol Wundbalsam 오빠 발에 바르시고

1 x 곰제리와 나머지는 찬중이 아기 낳으면 한번 실험해 보기 위해 보내드리는 거구요.

1 x 마늘 자르는 것(?), 아니면 눌러 짜는 것이라고 하나? 경중이 결혼선물로 아주 작은 것이나마 보내드리고요. 경중이 색시 손에서 되도록 마늘 냄새나지 않게요.

캠퍼스 라이프 프로그램(2003. 5. 25.)

캠퍼스 라이프 프로그램은 2002년 8월에 수립된 '문헌정보학과 발전계획'의 일부이다. 호응을 얻지 못하여 실행되지 않았다. 이를 안타깝게 여겨 몇 차례인지는 알수 없으나 첫 강의시간에 필자는, 매학기 초에 'Campus Life Program'을 작성하여 실천하고, 학기가 바뀌면 이를 보완, 재작성, 실천을 반복할 것을 학생들에게 권고했다. 우선 자신을 철저하게 분석, 평가한 다음에 전공과목의 학습계획, 컴퓨터 활용능력 향상계획, 외국어 능력 향상계획, 기타 계획을 근간으로 구체적인 프로그램을 작성하도록 권했다. 그 결과, 소수의 학생들이 호응했고 다음의 글은 그 가운데서 뽑힌 것이다.

1. 컴퓨터 능력 향상

컴퓨터 능력에 관해서는 문헌정보학과이기 때문에 필수적이라고 생각을 하고 있습니다. 그래서 우선은 워드1급과 컴퓨터 활용능력 2급과 정보처리기사를 졸업하기 전에 따려고 계획 중이고, 우선 이것을 따고 나면 다른 것을 더 해보려는 생각입니다.

2. 영어(외국어)능력 향상

외국어는 필수과목이라고 생각을 해서 토익과 토플을 준비하고 있어요. 지금은 토익만 준비하고 있고요. 시험을 보고 있습니다. 회화가 좀 많이 부족해서 회화공부를 조금 열심히 해보려고요. 영어는 익숙하다고 느끼면서도 말로써 표현하기가 너무 힘이 들더라고요. 발음도 많이 부족한 점도 있고요. 꾸준히 열심히 해볼래요. 그래서 나중에 번역사 시험도 보고 싶어요.

3. 전공학습계획

전공공부는 수업시간에 들은 것을 위주로 하고 있는데요. 저는 사서직 공무원시험을 보려고 생각 중이라서 전공과목도 시험을 보니까 그에 따라 공부를 하고 있습니다. 사실 학교 다니면서 리포트에 시험에 영어공부에 시간이 부족하기는 하지만요. 그리고 교수- 緩疵甦 뗍湯隙犬 조직연습 둘 다 열심히 듣고 있어요. 그런데 제가 KDC나 DDC가 없어서 개인적으로 공부하는데 조금 어려움이 있어요. 수업시간에 든 둘 만으로도 충분한데 개인적으로 공부를 더 하고 싶은 생각이 들어요. 개인적으로 구입을 할 수도 있나요?

4. 개인적인 관심분야 학습계획

3학년이고 해서 개인적으로 무얼 해야 할까 고민을 많이 하는데요. 개인적으로는 우선 사서직을 마음에 두고 있어서 그에 따른 공부를 하려고 맘에 두고 있지만 사서직을 워낙 조금 뽑아서 자료실도 생각하고 있어요. 공부하면서 일본어나 중국어 공부, 한자공부를 열심히 하려고요. 사실 취업을 위해선 많은 걸 준비해야 한다는 걸 아는데 마음만 앞서요. 하나씩 차곡차곡 열심히 해보려고 생각해요.

5. 취업계획

사서직 공무원 시험을 생각하고 있고요, 자료실이나 아동도서관도 생각을 하고 있어요. 제가 보육교사 1급 자격증이 있고 아이들도 좋아하고 전공도 살리고 좋을 것 같아서요. 그리고 전공을 살리고 싶은 생각을 많이 하거든요. 배우는 것이 이거다 보니 그렇게 되네요.

6. 과외학습

과외학습에 대해선 어떤 것을 의미하는 것인지 잘 모르겠어요. -김민영

대학생이 된지 어느덧 1년 반이 지났다. 되돌아보면 후회하는 시간이 많은 날들이었다. 철없던 1학년 시절을 뒤로하고 이제는 계획을 세우고 그것에 맞게 하나하나 이뤄가며 지식인다운 학교생활을 하려고 한다. 무엇보다도 대학생활을 함에 있어 중요한 것은 전공과목에 대한 공부라고 생각한다. 전문인이 되려고 문헌정보학과를 선택한 만큼 학점관리가 중요할 것이다. 그러기 위해서는 수업시간에 충실하며 과제를 열심히 할 것이다.

전공공부뿐만 아니라, 기본소양을 쌓기 위해 교양을 잘 선택하여 공부할 것이다. 그리고 취업을 위한 준비로 교직과목을 이수할 생각이다.

다음으로, 컴퓨터에 대한 공부를 할 것이다. 우리 과는 컴퓨터를 어느 정도 다뤄야 한다는 걸로 알고 있다. 대학에 처음 합격했다는 것을 알고, '이제부터는 컴퓨터 학원이라도 다니면서 공부해야지' 하는 생각을 가졌었다. 그러나 그런 계획은 그저 계획일 뿐 실천되지 못했었다. 학교를 다니면서 컴퓨터 학원까지 다닌다는 것이 버거웠던 모양이다. 아르바이트 비를 유흥비에 탈진하기보다는 그것을 모아서 이번 여름방학부터는 컴퓨터의 기초부터 다시 학원을 다니면 배워 볼 생각이다.

컴퓨터 공부와 함께 영어에 대한 대비를 할 것이다. 요즘은 영어가 기본인 시대이다. 기본에 뒤쳐지면 다른 것을 갖췄다 하더라도 완벽한 것이 되지 못한다. 1학년 초에 영어에 대한 중요성을 인식하고, 명지대학교 외국어 교육원에 다녔었다. 그러나 적응이 안 되는 분위기 탓으로, 교육원에 나가지 않는 날이 더 많아지게 되었고 결국은 돈만 버리는 결과를 낳게 되었다. 의지가 부족한 탓도 있겠지만 솔직히 그 동안 영어에 대한 자신감이 턱없이 모자랐다고 생각한다. 특히 회화시간에 외국인교수님과 대화를 할 때, 머뭇머뭇 거리고, 자신감 없어 하는 것을 발견할 수 있었다. 영어를 잘하기 위해서는 무엇보다 그러한 자신감을 길러야 한다고 생각한다. 외국인과 직접 대화할 수 있는 시간을 늘려야 할 것이다. 컴퓨터 공부와 함께 영어회화학원을 다니며 영어에 대한 기초를 탄탄히 쌓을 생각이다.

영어와 컴퓨터도 물론 중요하지만, 요즘 들어 한자 공부의 필요성을 많이 느꼈다. 최근 서지학 시간에 간단한 리포트를 많이 내주시는 책의 대부분이 한자로 되어 있어 읽는데 어려움에 자주 처했었다. 과가 과인만큼 나중에 취업을 할 때도 한자를 많이 볼 것이라고 생각한다. 한자를 아는 것은 단기간에 이루어지는 것이 아니다. 따라서 한자능력시험을 대비하여 책을 1권 정도 구입하여 그것을 장기적으로 보며 공부할 생각이다. 아직 공부해 본 적이 없어서 하루에 어느 정도 해야 하는 지는 잘 가늠하지 못하지만 하루에 10개 정도 확실히 외우는 쪽으로 해야겠다. 그래서 3급 시험부터 시작해서, 차근차근 높은 단계에 도전해 볼 생각이다.

대학생이 된 이후에, 대학도서관 사서가 되거나 사서교사가 돼야겠다는 생각은 좀처럼 변하지 않는다. 과의 특성을 잘 살려 취업하는 것은 취업난과 요즘 대학이 많은 관계로 쉬운 일이 아니라는 것을 잘 알고 있다. 그러므로 나 자신을 먼저 갖추는 것이 중요하다고 생각한다. 일단은, 전공공부에 열중하고 다른 기초적인 것들을 갖출 것이다. 필요한 상식이나, 교양 및 인격 이외에도 외국어 능력을 기르도록 할 것이다. 그리고 현재 사서교사가 되기 위한 첫 단계로 교직수업을 듣고 있다. 아직도 몇 번의 교직수업이 있는데 이것을 잘 활용할 수 있도록 해야겠다.

이러한 계획이 말뿐만이 아닌 실천이 되도록 하는 노력이 가장 필요할 때이다. -김수희

대학교에 들어온 지 벌써 1년이 훌쩍 지났다. 지난 1년이라는 시간동안 내가 이루어놓은 일에 대해 생각해 보았는데 해놓은 것이 아무것도 없다는 것을 깨달았다. 지난 1년 동안 후회되지 않을 만큼 놀았다는 것 말고는 아무것도 없었다. 현재 나는 놀았던 만큼 해 놓은 것이 없기에 해야 할 일이 아주 많다. 나

의 부족한 면을 채우기 위해서는 많은 계획이 필요하겠지만 여기에는 비교적 단기계획 위주로 나타낼 것이다. 일단 세운 단기계획부터 지킨 후에 그에 맞는 장기계획을 세울 것이다. 세계화 시대에 발맞춰나가는 현대사회의 필수요소는 영어와 컴퓨터 활용능력이다. 하지만 나는 이 2가지 중 어느 것 하나 제대로 활용할 수 있는 것이 없다.

필수 중의 필수인 영어는 영어권으로 어학연수를 간다면 실력이 많이 늘 것이다. 하지만 어학연수비용까지 부모님에게 지원해달라고 할 수 없으므로 내스스로 비용을 마련해 갈 것이다. 이것마저도 힘든 경우에는 워킹 홀리데이 같은 제도를 이용해서라도 어학연수를 갔다 올 것이다. 영어실력은 영어공부는 단기간에 되는 것이 아니므로 조금씩 해 나갈 생각이며 기초부터 다시 할 생각이다. 두 번째, 컴퓨터 활용능력은 전공공부에 도움이 되는 인터넷 정보 검색사 자격증을 따려고 마음을 먹었는데 2학년 초기에는 2급 자격증을 딸 생각이었으나 2급보다는 1급이 훨씬 효용성이 있어 보이고 2학년 1학기 때 바쁘다는 핑계로 공부를 하지 않았기에 시간을 좀 더 투자해 1급 자격증을 따기로 했다. 이 자격증 공부는 이번 여름방학부터 시작해서 2학기 때 초반에 시험 볼 계획을 가지고 있다.

2학기 때부터 한자공부를 시작할 계획이다. 이 한자공부는 책을 사놓고 매번 몇 장씩만 보다가 책만 덮은 기억이 여러 번 있다. 하지만 이번에는 기어이 이 공부를 다시 시작해 한자검증시험을 꼭 볼 것이다. 고등학교 때까지는 그다지 한자의 필요성을 느끼지 못했고 한글이 있는데 한자가 무슨 필요인가 하는 생각을 가지고 있었는데 한자 영향권에 있는 우리나라는 한자 없이는 생활할 수 없다는 것을 대학에 입학하고 나서부터 많이 느끼고 있다. 하지만 이번에는 기어이 이 공부를 다시 시작해 한자검증시험을 꼭 볼 것이다. 아무리 한글시대라고 하지만 내가 너무 무지해서 한자를 모르고서는 생활하기가 힘들다는 것을 요즘 많이 느낀다. 창피한 얘기지만 시험 볼 때 문제를 한자로 내시는 교수님들이 계시는데 내가 한자를 읽지 못해 시험 보면서 당황했던 기억이 있다. 또한 전공공부에 있어 한자는 영어와 함께 필수라는 것을 2학년 들어서 뼈저리게 느끼고 있다.

이번 여름방학 때 인터넷 정보검색사 공부와 함께 운전면허증을 딸 생각이다. 아직까지 운전면허증도 따지 않았고 필요성도 느끼지 못했는데 이번에 아빠께서 쓰러지시는 것을 보고 따야겠다는 생각을 하게 되었다. 아빠께서 공장을 운영하시는데 거래처에 물건 납품하실 때 내가 운전을 할 수 있다면 아빠가 피곤하실 때 내가 대신 운전을 하면 정말 좋을 것 같아 운전을 꼭 배워야겠다고 마음먹었다. -김은주

1. 공 부

내가 대학에 온 가장 첫 번째 이유이기도 하다. 우선 나는 내가 선택한 전공 분야에 대한 폭넓은 지식을 쌓고 싶다. 또한 대부분의 기업체에서 필수조건으로 요구하고 있는 자격증에 대해서도 관심을 기울여야 할 것 같다. 나의 전공 분야에 대한 자격증과 그 외의 자격증을 통틀어서 적어도 2-3개 정도의 자격증을 따야 하지 않나 생각하고 또 그렇게 계획하고 있다. 우선 2학년 때는 한자능력 자격증을 소지하고 싶고 3학년 때는 컴퓨터 자격증을 소지하고 싶다. 물론 취업이나 또는 더 좋은 곳으로의 취직만을 원해서 그러한 생각을 가지고 있는 것은 절대 아니다. 내가 관심을 가지고 선택한 분야인 만큼 그 분야에서 보다 나은 인재가 되고 싶고 또 사회에서 없어서는 안 될 사람이 되고 싶기 때문이다. 우선 2학년 때는 한자능력 자격증을 소지하고 싶고 3학년 때는 컴퓨터 자격증을 소지하고 싶다.

- 영어(외국어)능력 향상

군대를 제대하고 나서 다시 영어책을 들여다보니 무척이나 암담했다. 전에

알던 것도 잊어버리고 완전히 새로 시작하는 기분이 들었다. 기초를 모르다보니 독해능력보다는 문법적으로 먼저 해야 할 것 같았다. 그래서 문법위주로 공부를 해서 토익시험을 보아보니 문법이 기초가 되지만 문법만이 중요한 건 아니라는 생각이 들었다. 그래서 방향을 전환해서 공부해야 할 필요성을 느끼게 되었다.

1) 기초적인 문법능력 유지 및 향상

2) 단어숙지와 독해능력 향상

3) 영어회화학원을 통한 청취능력 향상과 말하기 능력향상(방학 때를 이용하여 학원을 다니기 시작하여 계속적으로 다닐 생각임)

4) 2학년 2학기를 기준으로 토익시험 자주 보기

- 컴퓨터능력 향상

요즘 사회는 정보화시대인 만큼 컴퓨터능력은 중요하다고 생각한다. 지금도 컴퓨터를 잘 몰라서 학교생활을 하는데 컴퓨터능력이 뛰어난 사람에 비해서 힘들다는 생각을 많이 하게 된다. 대학교 생활에서도 컴퓨터능력이 중요한데 앞으로 대학교 생활에서 벗어나 사회라는 곳에 나가게 될 경우에는 컴퓨터능력의 중요성은 더욱 커지게 되리라고 생각한다. 따라서 대학생활 동안 컴퓨터능력을 향상시킬 필요성을 많이 느끼게 된다. 컴퓨터 분야가 넓은 만큼 내가 필요로 하게 되는 분야의 컴퓨터능력을 향상시키고 싶다. 따라서 문헌정보학과와 관련 된 부분의 컴퓨터 자격증을 가지고 싶다.

- 전공학습계획

전공은 우선 다른 것보다 우선하고 기초가 된다고 생각이 든다. 우선 문헌정보학과에 온 만큼 문헌정보학에 관련된 곳에 취직하고 싶은 것은 당연하다. 문헌정보학과에 관련된 곳에 취직해서 자신의 전공분야를 모르면 안 될 것 같다. 또한 전공분야인 만큼 대학생활을 하면서 배워나가고 능력을 키워야지 다른 곳에서는 습득하기 어려운 분야인 것 같다. 따라서 전공학습은 대학교 생활을 해나가면서 학교생활에 충실히 하면서 전공분야를 공부하고 싶다.

- 개인적인 관심분야 학습계획

군대에 있으면서 나 자신을 위해 투자한 것은 독서와 한자 익히기이었다. 한자의 중요성이 전보다 중요하지는 않지만 지금도 한자는 우리 생활의 한 일부분인 만큼 그 중요성은 아직도 크다고 할 수 있다. 제일 먼저 취득하고 싶은 자격증 또한 한자능력 자격증이다. 학교를 다니면서는 본격적으로 공부할 수가 없기 때문에 방학을 이용하여 8월에 보는 한자능력 자격증을 취한 다음에 거기서 그치지 않고 한자를 꾸준히 공부하고 싶다. 문헌정보학과 분야 또한 한자를 많이 알면 도움이 많이 될 것 같기 때문에 한자능력을 향상시키고 싶다.

2. 취업계획

문헌정보학과에 관심이 있어 들어온 만큼 나의 취업 제일의 목표는 사서가 되고 싶은 것이다. 사서 자리라는 게 수요는 많지만 공급이 부족한 현실이기 때문에 사서가 되기가 무척 힘이 든다는 이야기를 많이 들어왔다. 솔직히 대학교 사서가 되기 위한 구체적인 방법을 아직 잘 모르겠다. 군대 가기 전과 군 제대 후 학교를 다니면서 사람들과 많이 어울렸지만 그 구체적인 방법에 대해서는 다들 잘 모르는 것 같아서 나도 어떻게 준비를 해야 할지는 잘 모르겠다. 그러나 우선 학교생활에 열심히 임하면서 영어능력과 컴퓨터능력을 비롯해 그 밖의 능력을 키우면서 취업에 관하여 구체적으로 생각을 해보아야 할 것이다.

● 학년별 계획

- 2학년 : 군 제대 후 복학이므로 우선은 학교공부에 매진하고 싶다. 군대 가기 전에 1학년 생활은 학업에 충실하기보다는 친구들과 선배들과 어울리는 시간이 많았던 것 같다. 따라서 학업에 충실할 계획이다. 물론 학업에만 몰두한다는 것은 아니다. 대학교라는 게 자신의 전공과 일반적인 교양분야도 중요하지만 인간관계라는 부분도 중요하다고 생각한다. 친구들과 선후배관계도 중요하다고 생각한다. 따라서 학업에 비중을 두면서 인간관계 또한 잘 이루어나갈 계획이며 또한 군복무 중부터 생각해 놓았던 한자 자격증도 취득할 생각이다.

- 3학년 : 학교공부에 매진하면서 컴퓨터 자격증을 취득하고 싶다. 3학년 때에는 학교공부보다는 그 외적인 부분에 더 많은 투자를 하고 싶다. 아직은 컴퓨터 관련 자격증만 생각하고 있지만 더 많은 부분의 자격증을 취득하고 싶다. 또한 주기적으로 토익시험을 보아서 영어능력부분을 더욱 향상시키고 싶다. 우리 학교의 경우 토익 800점 이상 취득해 장학금으로 100만 원을 지급하는데 그것을 받는 것을 목표로 하고 있다.

- 4학년 : 4학년의 경우 이제 사회에 나갈 시점이 되므로 취업을 위한 방향으로 계획을 잡아 보고 싶다. 아직 2학년이라서 취업이라는 게 직접 피부에 닿지 않기 때문에 취업계획을 확실히 못 잡지만 4학년 때는 취업에 대해서 깊이 생각할 시기이므로 취업에 관련하여 학교생활을 해나가고 싶다. -신기석

고3 때의 어느 여름이었다. 강렬하게 쏟아지는 땡볕 아래, 숨이 턱 막힐 정도로 뜨거운 바람에 흔들리는 나뭇가지를 보고 있는 내가 있었다. 나도 저처럼 내 의지와 상관없이 이리저리 흔들리고 있는 게 아닌가, 하고 생각했다. 대학이라는 공동의 목표와 안정 된 직장, 편안한 삶을 꿈꾸는 우리들의 똑같은 삶을 살게 되는 것은 아닐까, 하고 생각했다. 내가 꾸던 꿈과 상관없이 점수에

맞게 조금이라도 나은 대학을 가야 하는 현실이 진절머리 나게 싫었다. 겨울, 나는 인천에 있는 I대에 붙었다. 점수에 맞춰 들어간 경제학과는 나와 맞지 않았다. 그래서 재수를 시작했다. 재수시절, 나는 셀수도 없이 방황을 하고 고민을 했다. 대학을 가면 나는 변할까? 지금의 나와 어떻게 다를까? 나는 성공할까? 그런 생각 끝에 나는 대학에 들어가면 내가 변할 것이고 무언가 지금과는 다른 현실이 있을 것이라고 결론을 내렸다. 그리고 지금, 1년 반의 대학생활 동안, 내가 꿈꾸던 대학생활은 저절로 변하는 것이 아니라 내가 변하게 만들어야 한다는 것을 깨달았다. 의지와 상관없이 바람에 이리저리 흔들리던 나뭇가지였던 내 모습에서 벗어나, 내 의지대로 이곳저곳으로 뿌리를 뻗어 가는 내 모습을 만들어가야 한다는 것을 깨달았다.

2학년 1학기 동안 문헌정보학을 공부해 본 소감은 다른 과도 마찬가지겠지만, 굉장히 전문적인 학문이란 생각이 들었고 한문과 영어를 기본적으로 할 수 있어야 하는 어렵고 힘든 학문이라는 것이었다. 어느 날, 친구가 내게 물었다.

"전공이 뭐?"

"문헌정보학"

"……"

사람들은 대개 문헌정보학과에서 무슨 공부를 하나, 라는 생각을 한다. 남들처럼 힘들게 공부하고 있는데 누구나 다 할 수 있는 책 정리 일을 대학에 들어가서 4년씩이나 공부하는 나를 의아하게 생각하며 인정해주지 않는다. 남은 대학생활 동안 취직을 할 때까지 나는 주위 사람들의 의아한 눈길 속에서 힘들게 공부해야 할 것 같다. 그런 만큼 후에 인정을 받고 싶다. 떳떳하게, 문헌정보학과를 나와서 이만큼 성공했노라고 말하고 싶다.

한 학기 당 5개의 전공 중 나는 정보검색 쪽의 전공을 선택할 것이다. 꼭 들어야 하는 전공 외에 내가 선택할 수 있는 전공의 기회를 정보검색 쪽으로 비중을 두고 싶다. 현재, 정보조직, 정보조직연습, 정보검색론, 이렇게 3개의 전공을 듣고 있는데 공부해 본 결과 내 적성에 맞는 것 같다. 특히, 정보검색론은 수업시간이 기다려질 정도로 적성에 맞는 것 같다. 몇 달 전에 정보검색론 시간에 Dialog사에 취업한 선배님이 오셔서 강의를 해주셨는데 나도 그 선배님처럼 되고 싶다는 생각을 수업시간 내내 했다. 내 미래에 대한 방향을 잡을 수 있는 멋진 시간이었다.

정보검색은 컴퓨터 활용능력이 필수조건이다. 필수교양으로 컴퓨터 활용과 OA를 배우기는 했지만 조금 더 깊게 배워야 할 것 같다는 생각이 들었다. 그래서 이번 방학동안에 '인터넷 정보검색사 2급'에 도전해 보려고 계획 중이다. 방학이 시작되자마자 교재를 사서 하루에 3시간씩 공부하고 홈페이지도 만들어 볼 생각이다. 2급에 성공하면 이번 겨울방학에는 1급을 볼 것이다. 또다른 컴퓨터 활용 공부계획은 1급을 딴 후에 차차 계획해 볼 생각이다.

대학생들이 느끼고 있는 취업의 필수조건에 대해 묻는 조사가 있었다. 당연히 1위는 영어능력이었다. 자신의 영어능력 부족이 취업의 방해요소라는 결과도 나왔다. 나도 영어에 대한 부담감이 상당히 컸다. 영어회화 시간이 두려울 정도였고 공부도 잘 되지 않았다. 당연히 학점은 잘 나오지 않았다. 고민 끝에 어차피 피할 수 없는 과정이고 내가 하고 싶은 것을 하기 위해 꼭 해야 한다는 생각에 미치자, 나는 그날 바로 서점에 가서 단어집과 문법책을 샀다. 지금은 틈틈이 단어집도 보고 휴일에 시간을 내서 문법을 공부하고 있는데 잘하지는 못하지만 영어를 공부하는 것이 재미있고 두렵지 않게 되었다. 그래서인지이번에 듣는 영어2는 영어1을 들을 때보다 수업시간에 졸지 않고 집중하여 듣는다. 단어퀴즈나 정기시험 준비도 열심히 하고 있다. 이번 방학에는 혼자 공부하기 벅찼던 부분을 영어학원을 다니면서 차근차근히 실력을 향상시켜 세계화 장학금을 목표로 열심히 공부할 계획이다.

내 꿈은 사서교사가 되어 삶을 다지고 정보검색에 관련한 또 다른 직업으로 삶을 완성하는 것이다. 현재 나는 교직을 이수하고 있는 과정에 있는데, 3학년에 올라가기 전에 성적에 의해서 교직을 이수할 수 있는 자격이 가려진다. 전공성적도 좋아야 하고 교직과목 점수도 좋아야 한다. 거기다 학과의 정해진 인원만이 교직을 이수할 수 있게 되어있다. 문헌정보학과는 다른 학과와는 달리 학과 전체 인원의 50%가 교직을 이수할 수 있다. 유리한 점도 있지만 임용고시라는 공동의 목표가 있기 때문에 결과적으로 함께 공부하고 있는 친구들과 경쟁해야 하는 게 사실이다. 학과공부를 열심히 하는 것이 교직을 이수할 수 있는 자격을 받는 중요한 방법이지만, 내가 왜 교직을 이수해야 하는가, 라는 질문에 뚜렷한 대답을 할 수 있어야 한다고 생각한다. 사서교사는 아주 매력적인 직업이다. 일반 직장인처럼 퇴출당할 걱정을 하지 않아도 되고 정기적인 방학 덕분에 개인적인 시간이 두 배, 세 배는 많기 때문이다. 그 시간동안 내가 하고 싶은 정보검색에 관련한 공부를 할 수 있으니 얼마나 좋은가. 그러나 무엇보다 매력적인 것은 한창 자라나는 아이들에게 가장 기억에 남을만한 책을 만들어 줄 수 있는 보람이 있기 때문이다. 후에 내가 사서교사가 되어 아이들과 함께 책을 읽는 모습을 상상하면 의욕이 불타오른다. 그래서 나는 교직을 이수하고 싶다. 교직을 이수할 수 있게 되면 졸업하고 바로 임용고시에 붙을 수 있도록 준비를 할 것이다. 그리고 사서교사가 되어 아이들과 함께 꿈을 나눌 수 있기를 바란다.

1학년 때의 나와 지금의 나와 비교했을 때, 확실히 달라진 점은 도서관의 출입이 잦다는 것이다. 1학년 때는 대학생활에 적응하기에 바빴던 것 같다. 어려운 전공공부에 익숙해지려면, 낯선 친구들과 친해지려면 시간이 많이 걸렸다. 일 년의 세월이 흘러 지금은 대학생활에 적응이 되어서 내 자신을 돌아볼 여유가 생긴 것 같다. 나를 발전시키기 위해 책을 읽기로 결심했던 때가 1월이었다. 학교 가는 버스 안에서, 전철 안에서 책을 읽기로 계획을 세웠다. 통학하는 시간이 1시간 남짓 되기 때문에 일주일에 한 권 정도는 볼 수 있겠다고 생각했다. 시험 때문에 책을 읽을 시간이 나지 않을 때도 있었지만, 나 나름대로 내 자신을 평가해 보면 미흡하기는 하지만 격려의 점수를 주고 싶다. 이제는 좋아하는 작가도 생겼다. 신경숙의 『외딴 방』이나 그가 모르는 장소는 도서관에서 책을 빌려다 읽고 너무 좋아서 집에 사다 두었다. 움베르트 에코의 『장미의 이름』도 재미있게 읽었던 기억이 난다. 이번 방학에는 내가 읽지 않았던 장르에도 도전해 볼 생각이다. 한번 읽었지만 그 책의 맛을 다 이해할 수 없었던 마르께스의 『백 년 동안의 고독』이나 아시모프의 『파운데이션』 같은 장편도 읽어 볼 생각이다. 이런 노력이 후에 사서 교사가 되었을 때 아이들에게 책의 느낌과 감상을 다양하게 전해 줄 수 있는 밑거름이 되었으면 좋겠다. -문주연

1. 컴퓨터 능력향상 : 우선 예전에 취득한 워드자격증이 있지만 너무 미흡하기에 이번 다가오는 방학을 이용해서 정보검색이나 정보처리 기능사 자격증에 도전해 볼 계획입니다.

2. 영어(외국어)능력 향상 : 기본적으로 토익공부와 그 외에 다른 외국어, 즉 일본어를 좀 더 공부해서 약간의 회화와 읽을 수 있는 정도의 실력을 쌓을 계획입니다.

3. 전공학습계획 : 아직 구체적인 전공학습 계획은 없지만 우선은 그때마다의 진도에 맞게 제때 이해하고 미리미리 읽어두어 내용을 미리 파악해두려고 하고 있습니다.

4. 개인적인 관심분야와 학술계획 : 요리 쪽으로 관심이 많은 편인데 아직은 취미로 하고 싶고, 문헌정보학과에 편입한 이상 학과에 관련된 분야로 관심을 두고 있으며 진로 방향도 과에 관련한 분야로 나아가고 싶습니다.

5. 취업계획 : 우선은 계획한 한자 공인 3급 자격증, 정보검색, 일본어 위주의 자격증을 취득하는 쪽으로 계획을 잡고 있으며 아직까지 확고한 직장과 부서는 생각해보지 않았습니다. 단, 몇 년 전부터 생각해 온 여군 장교시험에 응시해 보고픈 계획은 있습니다. 나이가 걸리긴 하지만 꼭 하고 싶은 것이라 정훈병과나 보병 쪽으로 졸업 전에 지원할 생각입니다. 그렇다고 확실히 여군 지원만을 생각하는 것은 아니며 다른 방향으로도 좀 더 알아보며 제 적성에 맞는 직업을 택하고 싶습니다. -류주현

처음 대학을 입학했을 때에는 일단 입시지옥을 벗어난 데에 대한 기쁨과 대학생만이 느낄 수 있는 자유로움에 빠져들어 앞으로의 대학생활에 대한 계획이라고는 없었다. 벌써 1년하고도 반이 아무런 성과 없이 놀기만 한 채 지나가 버렸다. 이 시점에서 대학생활 계획서를 쓴다는 것이 조금 늦은 것 같기도 하지만 더 많이 남은 시간을 위해 새로운 마음으로 새로운 각오를 다지기 위해 대학생활 계획서를 준비하고자 한다.

21세기 정보화, 국제화 시대에서 가장 요구되는 능력은 아마도 컴퓨터능력과 외국어능력일 것이다. 컴퓨터를 자유롭게 다루는 능력은 어디에서나 요구되고 있지만 아직까지도 나는 컴퓨터의 기본적인 것밖에 다루지 못하는 수준이다. 컴퓨터를 배우기 위해 컴퓨터학원을 다닌다든가 컴퓨터 공부에 파고들어 컴퓨터 공부만 하는 것보다는 학교에서 교양과목을 적절히 이용하는 것이 더 좋은 방법인 것 같다. 컴퓨터에 관련 된 교양과목이 꽤 많은데 내 수준에 맞춰 단계별로 수업에 열중하면서 공부하면 따로 시간을 내지 않아도 어느 정도 수준까지는 할 수 있을 것이다. 또한 요즘은 자격증이 많이 요구되므로 별 것 아닌 것 같아 보이는 사소한 자격증까지도 따놓는 것이 좋을 것 같다. 예를 들어, 워드자격증 같은 것 말이다. 워드자격증을 딸 정도의 실력이 되는 사람은 많지만 워드자격증을 매우 사소하게 여겨 따지 않는 사람도 많다. 그러나 이

런 사소한 워드자격증이라도 있는 것이 없는 것보다는 나을 것이다.

컴퓨터능력 외에 요구되는 것으로 외국어에 대한 능력을 들 수 있다. 다양한 외국어를 구사할 수 있으면 금상첨화겠지만 한 가지도 자유롭게 구사하기 힘든 것이 현실이므로 가장 보편적으로 이용되고 있는 영어에 대한 능력을 키우는 것이 제일 나을 것 같다. 우리나라 사람 대부분이 영어에 대해 문법지식은 있지만 막상 말로는 나오지 않는 답답함을 느끼고 있을 것이다. 나 역시 그렇다. 이 문제점은 영어회화 테이프 같은 듣기교재를 많이 이용하여 많이 들어보고 창피해하지 않고 무조건 많이 말해보는 것이 가장 좋은 해결책인 것 같다. 토익시험을 보는 것도 좋은 방법 중에 하나 일 것 같다. 토익점수를 내기 위해서라도 토익시험에 대한 거부감도 줄이고 영어공부를 하는데 많은 도움이 될 것 같다.

마지막으로, 문헌정보학과 특성에 알맞게 한문을 많이 알아야겠다. KDC나 여러 가지 자료들을 보면 한문으로 되어 있는 것이 많은데 그럴 때마다 한문을 몰라 많이 당황하곤 했었다. 그래서 얼마 전부터 한문공부를 시작했는데 너무 어려워서 마음먹은 것처럼 되지가 않는다. 우선 신문을 많이 읽으려고 노력 중이다. 신문을 읽으면서 내용에 맞게 한문의 음을 먼저 말하고 나중에 맞춰보는데 지금은 대부분 틀리지만 자유롭게 읽을 수 있을 때까지 열심히 할 것이다. 그래서 나중에 한문에 자신감이 생기면 자격증 시험도 볼 생각이다.

내가 대학생활을 하면서 필요한 능력이 이 세 가지 이외에도 많지만 욕심 부리지 않고 차근차근 이 세 가지 꼭 필요한 것들을 먼저 이뤄놓은 다음에 나중에 더 구체적인 것들까지 열심히 해서 내 능력을 향상시키고 싶다. -박경은

1. 전공학습 계획

솔직히 1학년 때는 전공수업을 들어도 거의 알아듣기 힘들었고 어렵단 생각부터 먼저 했다. 그리고 대학교에 들어오기 전에 내가 생각했던 공부와 너

무 달라서 과연 적성에 맞는지 고민도 많이 했다. 그러다 보니 수업도 열심히 안 듣고 공부도 소홀히 했다. 그런데 2학년이 되어서 전공수업이 많아지다 보니 열심히 해야겠다는 생각이 들었다. 수업을 듣다보니 우리 과에 점점 매력이 느껴졌다. 아직은 들어도 알지 못하는 부분이 많기는 하지만 나름대로 재미있고 관심도 많다. 아직 취업에 대해 구체적으로 생각하지는 않았지만 사서 쪽으로 나가려고 생각 중이다. 전공공부에 대해서는 따로 하는 것보다 수업시간에 열심히 듣고 방학동안 복습하는 방식으로 할 계획이다.

2. 영어(외국어)능력 향상

고등학교 때부터 영어에 대해서 엄청난 complex가 있었다. 그래서 대학에 오면 영어공부를 열심히 하겠다는 생각을 오래 전부터 하고 있었다. 특히 listening이 정말 부족했는데 우리 학교에 ALS라는 영어청취 동아리가 있어서 동아리에 가입을 했다. 영어 청취 동아리라고 해도 독해도 같이 하고 해서 도움이 많이 될 것 같았다. 1학년 때는 수업만 들었는데 지금은 2학년이 되어서 수업도 진행한다. 수업 진행하려면 많이 준비해야 해서 내 영어공부에도 많은 도움이 된다. 따로 영어학원을 다니는 것보다 동아리에서 공부하는 것이 더 도움이 많이 되는 것 같다. 우선 올해까지는 영어공부는 따로 안 하고 동아리 수업에만 충실할 생각이다. 내년부터는 시간을 내서 따로 공부할 생각이다. 그래서 토익이나 토플도 볼 계획이다.

3. 컴퓨터 능력향상

컴퓨터를 너무 못해서 작년에 정보학개론 들을 때 엄청나게 헤맸다. 지금도 교양으로 컴퓨터수업을 듣고 있는데 모르는 게 너무 많아서 걱정이 많다. 우리 과가 컴퓨터를 많이 사용하므로 컴퓨터를 열심히 배워야 한다는 생각을 항상 가지고 있다. 요즘은 컴퓨터 책이 잘 나온 게 많으니까 방학 때 틈틈이 공부할 생각이다.

4. 한자능력 향상

내가 한자를 너무 모른다는 사실을 요즘에서야 뼈저리게 느끼고 있다. 전공을 들을 때 기본적인 한자도 거의 모르고 있다. 그래서 이번 해에는 영어나 컴퓨터보다 한자에 더 중점을 두고 공부를 할 생각이다. 한자능력시험 2급을 준비해서 이번 해에 응시할 생각이다. 그리고 며칠 전에 신문을 보다가 오늘의 한자라고 한자 몇 개가 나오는 것을 봤는데 매일 가볍게 봐도 도움이 될 것 같아서 매일 보려고 노력 중이다.

5. 과외활동

솔직히 대학 들어와서 공부보다는 다른 활동에 더 많이 관심을 가지고 있었다. 사람 만나는 것을 좋아해서 지금 과와 동아리에서 집행부를 맡고 있다. 둘 다 하는 게 벅차긴 하지만 모두 나에게 소중하므로 둘 다 열심히 하려고 노력하고 있다. 그리고 내가 여행을 아주 좋아한다. 이번 1월에 일본 배낭여행을 5박6일로 갔다 왔다. 모든 준비를 내가 하고 가는 배낭여행이었는데 정말 힘들었지만 남는 것도 많았고 얻은 것도 많았다. 정말 좋은 경험이었다. 이번 여름에는 유럽여행을 가고 싶어서 2월부터 준비를 했다. 유럽여행은 아주 예전부터 내가 꿈꾸던 일이었다. 그래서 1학년 때부터 돈도 악착같이 모았다. 이번 학기는 거의 유럽여행을 준비했을 정도로 내가 많은 열정을 쏟아 붓고 있는 내 인생 프로젝트다. 아는 만큼 보인다는 말처럼 책도 많이 보고 정보도 많이 수집하고 있다. 많이 준비한 만큼 많은 것을 얻어 올 수 있는 여행을 하고 싶다. -박현경

명지대학교에 편입하여 들어온 지도 벌써 2학기가 다 지나갔다. 학과공부

에 적응한다는 핑계로 다른 공부는 못 한 것 같다. 그래서 남은 2학기 동안에 나의 계획을 세우려 한다.

1. 학과공부
나의 목표는 학과공부를 더 열심히 하여 학점 3.5를 맞는 게 우선 목표이다.

2. 학과 외 공부
- TOEIC : 1년 안에 850까지 끌어올리는 것이 나의 목표이다. 이번 년도까지는 지금 나의 토익점수는 400점에서 600점까지 끌어올리는 것이다.
- 자격증 : 정보처리기사나 정보검색사나 엑셀에 관한 자격증 중 2개를 졸업 전까지 따는 게 목표이다.
- 영어공부 : 기회가 된다면 휴학을 하고 어학공부를 하러 떠나고 싶다. 이것은 아직 구체적인 계획은 아니며 구상 중이다.
한자공부 : 평소에 한자를 좋아했다. 그리고 학과공부에도 많은 도움이 되는 것 같아 한자시험을 차근차근 보아서 자격증을 따 둘 생각이다.

3. 공부 외 계획
몸이 약해서 운동을 1년 이상 꾸준히 하여 건강관리를 할 생각이다. 기회가 된다면 화술학원에도 다녀보고 싶고 여행도 꼭 다녀와서 재충전 겸 자신감도 키우고 싶다. -안지영

대학교 2학년, 이제 나의 미래를 위해 좀 더 구체적으로 생각 해 볼 시간이 된 것 같다. 고등학교 때는 대학교에 입학을 하면 나의 미래가 보장 된 것 같았으나, 우리 학교 문헌정보학과에서 공부해보니 꼭 대학만이 미래를 보장해 주는 것은 아니었다. 끊임없는 자기노력과 관리만이 나를 좀 더 내가 원하는 미

래로 가는 것임을 다시 한 번 깨닫게 되었다.

현재 나의 장래 희망은 딱히 정해진 것이 없다. 그렇다고 내 미래를 생각하지 않고 살아간다는 것은 아니다. 초·중·고등학교를 거쳐 지금 나의 전공인 문헌정보학이라는 학문을 택한 것만으로도 큰 수확이라고 생각한다. 지금과 같이 급변하는 세상에는 평생직장이라는 말이 있을 수 없다. 물론, 구체적으로 나의 미래를 그려보면서 그 꿈을 이룰 때까지 노력한다면 더 좋겠지만, 지금의 전공학문을 열심히 배우고 노력해도 아직까지 나에겐 2년 반이라는 시간이 있어서 그 때까지 내가 무얼할 것인가에 대해 정하는 것도 늦지 않다고 생각한다. 나는 현재의 내가 미래에 무엇이 되어있든 그 곳에서 좀 더 당당하고 멋진 나를 위해 지금부터 내가 원하는 자리에 서기까지 내가 어떤 노력을 해야 할 것인가에 대해 구체적으로 써보기로 하겠다.

우선 지금의 나는 명지대학교 문헌정보학과 학생으로 전공공부에 충실히 해야 할 것이다. 우리 학과공부는 다른 학과공부도 마찬가지겠지만, 영어·한문 실력, 컴퓨터능력이 필수적이라 하겠다. 영어는 현대사회를 사는 사회인이라면 누구나 꼭 해야 하는 언어이고 학문이다. 나는 나의 영어능력 향상을 위해 기말고사가 끝나는 이번 여름방학부터 당장 공부를 할 작정이다. 토익을 제대로 본 적은 없지만 졸업을 위한 토익점수와, 어딜 가든 그 곳에 원하는 인재가 되기 위해서는 고득점은 필수라 하겠다. 현재는 고등학교를 졸업하고 체계적으로 영어공부를 그동안 하지 않아서 그나마 알고 있는 것도 많이 잃어버린 상태이다. 방학이 시작되면 토익 책을 한 권 사서 처음부터 끝까지 볼 것이다. 또한 한문실력 향상을 위해서 올해 친구와 함께 한문검정능력시험에 도전할 계획이다. 한문이란 것이 암기가 위주로 되기 때문에 공부하는데 많은 지장은 없을 듯하다. 영어와 가장 중요한 것이 컴퓨터 사용능력이라 할 수 있다. 나의 현재 수준은 인터넷을 무리 없이 다루는 것과 별다른 어려움 없이 리포트를 작성하는 수준이다. 그러나 현대사회에서 원하는 인재는 이것뿐만이 아니라 수준 높은 OA 활용능력을 원할 것이다. 이것에 부응하기 위해 나는 OA 관련 책을 구입, 엑셀과 파워포인트를 수준급 이상의 실력으로 향상시킬 계획이다. 지금까지 쓴 것은 이번 여름방학 안에 시작할 것은 물론이고, 내가 사회에 진출하기 전까지 달성해야 할 목표이기도 하다. 여기에 나는 제2외국어로 일본어를 좀 더 공부할 계획이다. 현재의 내 일본어 실력은 고등학교 수업시간에 배운 것이 고작이다. 일본어를 나의 또 다른 특기로 삼아, 남들보다 좀 더 나은 일본어 실력을 기르기 위해 2004년에 일본어능력시험 2급에 도전할 계획이다. 고등학교 때 따 놓은 일본어능력 4급은 현재 그다지 쓸모 있는 자격증은 아니다. 이보다 더 높은 2급, 1급을 취득해 나가는 것이 나의 목표이다.

이런 공부를 토대로 나는 취업을 나가기 전이든 나가고 나서든 자격증 취득에 아낌없는 투지와 지간을 쏟을 것이다. 일단은 기본적인 공부가 된다면 컴퓨터 관련 자격증 취득시험에 응시할 계획이다. 남들보다 괜찮은 곳으로 취업을 나간 사람들의 얘기를 들어보면 그들의 강점은 다른 사람들이 많이 가지고 있지 않은 컴퓨터 관련 자격증이었다. 현재 나는 컴퓨터를 능숙히 다루지는 못하지만 꼭 해야 한다는 생각과 할 수 있다는 자신감을 갖고 이 모든 것들을 해 나간다면 꼭 해낼 수 있을 것이라 믿는다. -유수림

1. 취업을 위해 졸업 전까지 취득하고 싶은 자격증
- 컴퓨터 : 컴퓨터 활용능력 1급, 인터넷 정보검색사 1급, 워드 1급
- 한자 : 한자능력고사 2급
- 일본어 : 일본어능력고사 2, 3급

2. 영어실력 향상을 위한 학습계획
- 두 달에 한 번씩 토익시험을 꾸준히 본다.

- 영어듣기 : 매일 꾸준히 30분 정도만이라도 듣기!(아침에 학교 갈 때 전철에서 졸지 말고 40분씩 꼭 듣기)

1) 처음 두 달 동안은 영어동화 테이프를 가볍게 계속 반복해서 듣는다. 절대 자막을 보지 않고 관사 하나라도 정확하게 들릴 때까지 반복해서 듣는다. (이렇게 동화테이프를 2개정도 듣고 자신감을 붙인다.)

2) 중학생 교과서 듣기 테이프를 듣고 고등학생용 영어 듣기 테이프를 듣는다.

3) 토익용 리스닝 테이프를 듣는다.(이제 이 토익용 듣기 테이프만 계속 반복해서 듣는다.)

- 영어단어 : 시간을 내서 하려는 생각보다 자투리 시작을 활용해서 단어장 수첩을 들고 이동할 때 눈으로 빨리 훑는다.(학기 중에는 집에 가는 전철 안에서 단어장을 본다.)

- 영어문법 : 토익용 영문법 정리 노트를 계속 눈으로 훑어보고 문제 풀이하다가 모르는 것만 노트 참고한다.

3. 개인적 관심분야의 학습

- 학기 중 : '친절 서비스 전문가 과정'에 관련된 책 수집. 잡지, 인터넷 정보를 계속 스크랩한다.

- 방학 중 : 서비스 매너 강사 관련 책들을 많이 읽고 교육기관의 강의를 듣는다.

4. 과외학습(교양수련)

- 학기 중 : 신문의 관심 있는 분야의 면을 통독, 속독한다.

- 방학 중 : 신문전체를 1시간 정도 자세히 읽는다.(경제, 정치 분야도 읽기 싫어도 참고 읽는다. 읽다가 모르는 경제용어는 인터넷에서 찾아서 수시로 알

고 넘어간다.) 다양한 종류의 심리분석에 관한 책을 읽는다.

5. 아르바이트 활동
- 방학 중 : 아르바이트는 주말, 평일에는 학습활동.

6. 체력단련 활동
- 학기 중 : 등교 전 아침에 헬스장에서 헬스(40분 정도만)
- 방학 중 : 매일매일 한 시간 정도

7. 사 색
일기를 매일 쓰고, 잠자기 전 10분 정도 앉아서 곰곰이 하루를 반성하는 시간을 갖는다. -이은주

1. 전반적인 대학생활 계획
대학생활을 시작하기 전에 막연히 생각하던 것이 있다. 우선 대학생활을 하면서 대인관계를 넓히겠다는 생각이 있었다. 하지만 지금 생각해봤을 때 사람들을 많이 알아간다는 것은 그만큼 사람을 많이 잃게 된다는 뜻이 될 수도 있다는 것을 알았다. 사람과의 관계라는 것이 사람에게 관심을 가져주고 조그만 것을 신경 써주면서 발전하고 더 좋아지는 것이라고 생각한다. 하지만 많은 사람을 알게 되고 넓은 대인관계를 유지하려면 신경 써야 할 사람이 많아진다는 것이 되는데 그렇게 되면 그 전에 알던 사람을 잃게 될 가망성도 많아진다는 의미가 된다는 것을 알게 되었다.

그리고 대학에 가게 되면 꼭 하고 싶은 것이 세 가지 있었다. 첫 번째는 첼로이고 두 번째는 테니스 그리고 세 번째는 사진 찍는 것이었다. 하지만 셋 중에 진짜 배운 것은 사실 하나도 없다. 그것이 지금 생각해 보았을 때 가장 후회된

다. 하지만 나에겐 대학생활이 아직 2년이 남았기 때문에 그것을 이루기 위해서 노력할 수가 있다는 게 안심이 된다.

2. 컴퓨터, 외국어 능력향상

일단 컴퓨터랑 외국어는 내가 취업할 때 필수적인 요소가 되는 것이라 계획이라는 말뿐만 아니라 어쩔 수 없이 해야 하는 것이 될 수도 있다. 하지만 억지로 하는 것보다 즐겁게 하는 것이 더 도움이 될 수 있기 때문에 계획을 세워 실천할 것이다.

우선 영어인데 졸업을 하기 위해서는 토익점수가 500점 이상이 되어야 한다. 그렇기 때문에 2학년 말까지는 토익점수를 적어도 500점 이상으로 끌어올릴 것이다. 그리고 매학기 100점씩 올려서 4학년 졸업할 때까지는 800점 이상으로 끌어올릴 것이다.

그리고 나의 계획 상 한자능력 검정시험이 들어가 있다. 올 여름방학 때 여기에 매진하여 2학년 끝날 때까지 3급을 딸 예정이고 3학년 때는 2급까지 딸 예정이다. 2급 정도면 어지간한 한자는 다 읽을 수도 있기 때문에 2급까지만 딸 예정이다.

그리고 컴퓨터는 우선 어디서나 기본이 되는 워드 프로세서를 취득할 예정이다. 솔직히 어디서 인정해주지도 않는 자격증이지만 없으면 안 되는 자격증이기 때문에 올 여름방학 때 꼭 딸 예정이다. 그리고 우리 과 특성에 맞는 인터넷 정보검색사 자격증을 딸 예정인데 우리 과 소모임인 엔터에서 인터넷 정보검색사 자격증을 따려고 공부하고 있는 중이기 때문에 그곳에서 공부하면서 인터넷 정보검색사 자격증을 딸 것이다. 그리고 컴퓨터의 기본을 충실히 하는 시간을 가질 것이다.

3. 전공학습계획

솔직히 아직까지 전공학습계획을 잡아놓지는 않았다. 솔직히 아직 2학년이라서 전공에 대해 아직까지 잘 알지 못하기 때문에 그런 것 같기도 하다. 하지만 우선 학교에서 듣는 전공과목의 학점을 잘 받는 것이 목표이기도 하다. 그리고 정보화시대인 요즘의 추세에 맞추어 컴퓨터 관련과목을 꼭 수강하고 열심히 들어야겠다. 물론 다른 과목들도 열심히 들어야겠지만.

4. 개인적인 관심분야 학습계획

앞에서 언급했다시피 개인적인 관심분야는 사진과 첼로, 테니스였다. 하지만 대학에 들어와서 개인적인 관심분야는 조금씩 바뀌었는데 첼로는 아직까지 관심이 있고 사진은 솔직히 돈이 많이 들어 관심이 줄어들었다. 그리고 재즈댄스에 아주 관심이 많아졌는데 올 여름방학 때는 꼭 재즈댄스 강좌를 수강하고 싶다.

5. 취업계획

처음에 우리 문헌정보학과에 입학했을 때는 솔직히 아무것도 모르고 뭐하는지도 모르고 입학원서를 냈다. 그래서 우리 과가 썩 마음에 들지 않았다. 그때만 해도 어떻게 해서든지 우리 과를 벗어나고 싶었다. 그리고 1학년 때 문헌정보학통론 수업을 들을 때 조차도 너무 문헌정보학과가 싫어서 전과를 어떻게 하나 많이 고민했었다. 하지만 2학년 때 생각도 많아지고 전공과목도 많이 들으면서 우리 과가 점점 좋아지기 시작했다.

그런 생각이 들기 시작하면서 처음엔 취업과 아무 상관없는 것을 하고 싶었다. 그런데 지금은 문헌정보학과가 너무 좋고, 도서관이라는 공간이 너무 좋아져서 도서관에 관련 된 일을 하고 싶었다. 그러면서 생각이 정리된 것인데, 중고등학교 다닐 때 의학 쪽에 관심이 참 많았다는 생각을 가지면서 내 관심

분야와 지금 내가 전공하고 있는 과목을 결합하게 되었다. 그래서 생각해낸 것이 의학도서관이다. 나는 의학도서관에서 일하고 싶다. 그러면서 내가 관심을 가지는 것에 한걸음 다가갈 수도 있고 또 내가 전공하는 것을 살려서 더욱 발전할 수 있을 것이라는 생각이 든다. 만약 의학도서관에 들어갈 사정이 안 된다면 공학도서관이나 과학에 관련된 다른 도서관에서 일하고 싶다. 그래서 나의 꿈을 이뤄가고 싶다. -이희정

1. 컴퓨터 능력 향상

인터넷 정보검색사 자격증을 취득할 것이고, 포토샵이나 플래시를 더 익혀서 홈페이지를 개설할 것입니다.

2. 외국어 능력향상

지금까지 토익시험을 한번 봤는데, 7월 달에 또 볼 예정입니다. 대학재학 중 일정점수를 목표로 해서 꾸준히 공부하려고 합니다. 영어 외에도 불어나 일어 기본 회화 정도 가능하게.

3. 진로계획

졸업 후, 대학원 진학이나 유학을 갈 생각입니다.

4. 개인적인 관심분야 학습계획

개인적으로 영화에 관심이 많은데 관련서적을 많이 읽고, 영화도 많이 보고 분석하고 싶습니다. 그 외에 컴퓨터 그래픽 공부도 하고 싶고, 글 쓰는 연습을 할 겁니다.

5. 취업계획

직장에 취직하기보다, 전문 프리랜서가 되기 위해 대학 재학 중 실력을 키울 겁니다. -최금지

사서직에 관한 나의 견해

'문헌정보학 사상'을 강의하면서, 우리 학과 학생들은 과연 사서직에 관하여 어떤 생각을 가지고 있을까? 하는 점은 필자의 궁금한 일 중의 하나였다. 글쓰기 능력과 궁금증을 해소하기 위하여 사전준비와 참고자료 없이 강의시간에 글을 쓰도록 학생들에게 주문했다.

사서직은 정보관리전문직으로서 현대사회가 주목하는 유망한 직종 중의 하나라고 볼 수 있다. 그 이유는 현대사회에서 정보가 가지고 있는 부가가치가 커졌음을 의미해준다. '정보가 힘'이라는 말이 있듯이 급격히 변해가는 현대사회에서는 누가 어떤 정보를 얼마나 빠르고 정확히 받아들이는가에 따라 현저한 차이를 보여줄 수 있다는 것이다. 그렇기 때문에 광범위한 정보 속에서 적재적소에 맞는 정보를 찾아내는 일이 시급한 문제이다. 이것을 도와줄 수 있는 것이 '사서직'이라고 생각한다. 즉 사서직이라는 의미를 도서관에서 근무하는 사람이라고 한정하기보다는, 광범위하게 다양한 정보를 이용자의 요구에 충족시키는 것보다는 이용자가 다양한 자료에 접근할 수 있는 터미널(인터넷상의 검색)을 제공해주는데 불과하며, 정보검색사 이용방법이나 이용자의 정보요구에 대한 충족도에 대해서는 아직 미흡한 점이 많다. 따라서 사서직이 전문직으로 나아가기 위해서는 꾸준한 노력이 필요함을 알 수 있다.

우선, 사서직이라는 과거의 고정관념을 깨버리고 신선하고 친근하게 이용자에게 다가서야 한다. 예를 들면, 도서관을 공부하는 곳이라는 고정관념에서 다양한 문화센터로 친근감을 주고, 데스크에만 앉아있는 사서직보다 직접 걸어 다니면서 어려움을 겪고 있는 이용자에게 다가서는 사서와 이용자 사이에 친근감이 형성되어 도서관을 즐겁고 유쾌한 곳으로 인식하도록 해주어야 한다. 둘째, 질적인 측면에서 다양한 이용자의 욕구·충족을 만족시키기 위해 사서의 훈련이 필요하다. 외국처럼 대학원에서 문헌정보를 전공해서 대학교 때의 전공과 연계시켜 주제별 전공 사서를 양성하는 것도 좋지만 우리나라의 현실을 반영할 때 문헌정보학과에서 부전공을 필수로 한다거나, 사서가 필요로 하는 교육과정 프로그램의 개발도 시급하며, 이것을 장기적으로 국가에서 지원해주는 것도 필요하다고 생각된다(ex. 학교 도서관 사서직 : 교육학+문헌정보학 프로그램 등). 셋째, 사서 내면의 마음가짐이 필요하다. 즉 봉사정신과 협동심, 책임감, 자부심 등을 가지고 이용자에게 다가설 때 질적으로 만족된 정보를 제공할 수 있을 것이다.

이러한 꾸준한 노력으로 좀 더 다양하고 질 높은 정보를 제공해야만 유망한 전문직종으로서의 사서직이 될 수 있다고 생각한다. -김민영

인쇄술이 발달하기 전에 책은 무척 귀중한 것이었다. 전쟁 후에도 전리품으로 책을 수집하였고 부자들은 부의 축적을 책으로 하기도 하였다. 이 시절에는 학자들이 장서를 관리하고 얻고자 하는 정보가 있을 때에는 사서를 찾았기 때문에 사서의 직위가 높았다. 움베르트 에코의 소설 『장미의 이름』을 보면 원하는 책을 보기 위해서는 library keeper라 불리는 사서를 통해야만 했고, 사서는 최고로 지적능력이 뛰어난 사람이 맡았기 때문에 그 직위가 높았다. 또한, 사서 자신은 모든 정보를 제약 없이 볼 수 있었기 때문에 지적능력은 더욱 향상되었다. 그러나 인쇄술이 발달하고 예전처럼 책이 귀중품 취급을 받지 않게 되면서 사정은 달라졌다. 사람들이 사서의 도움 없이도 원하는 정보를 쉽게 얻을 수 있게 되면서 사서는 그저 도서관의 책을 정리하는 사람쯤으로 인식되기 시작한 것이다.

기술이 발달하고 인터넷이 보편화되자 사람들이 더 이상 도서관을 찾지 않

을 것이라는 예견까지 있었다. 인터넷으로 원하는 정보를 쉽게 얻을 수 있는데 도서관이나 사서가 무슨 도움이 되겠냐는 것이다. 하지만 인터넷의 단점이 나타나자 이런 주장은 수그러지게 되었다. 정보의 바다라는 인터넷으로 원하는 정보를 찾을 수 있게 되었지만, 이러한 정보는 소소한 정보일 뿐이었다. 연구나 지적능력의 함양들을 위한 고급정보를 인터넷에서 찾는다는 것은 모래 속에서 진주 찾기 같은 일이었다. 여전히 인류의 문화발달을 위해서는 도서관이 필요하고 도서관이 제 기능을 할 수 있게끔 하는 것이 바로 사서이다. 정보의 홍수시대에서 올바르고, 이용자들이 원하는 정보를 정리하고 재가공하여 전달하는 일을 바로 사서가 해야 한다는 것이다. 지식이 부를 창출한다는 지식사회에서 사서의 역할은 매우 중요하다 하겠다.

현재 우리나라의 경우 사서는 4년제 대학의 문헌정보학과를 졸업 혹은 복수 전공하거나, 대학원에서 문헌정보학을 전공하여 학위를 받으면 국가로부터 사서자격증을 받는다. 그러나 이로는 뭔가 부실하다는 느낌을 받는다. 사서직은 거시적으로 문화의 보존과 전승 및 창달을 과제로 삼는 사람들이다. 그러므로 높은 수준의 지적인 능력, 투철한 봉사 정신과 협동심, 전문직다운 책임감, 끊임없는 자기개발 등의 자질이 필요하다. 사서가 전문직이라지만 현재처럼 학부과정만 마치면 무조건 자격증이 나오는 것은 옳지 못하다고 본다. 의사, 변호사 등처럼 확실한 전문직으로 자리 잡으려면 자격시험이라든지 전문대학원제의 도입을 추진해야 할 것이다.

문화발달을 바다를 건너가는 과정이라고 본다면 배는 도서관이고 뱃사공은 사서라 할 수 있겠다. 뱃사공이 잘해야 배가 바로 가는 것이므로 그 자질을 잘 갖추기 위해 노력해야 할 것이다. -김세진

다양한 정보가 급속도로 증가하는 요즘 시점에서 정보관리전문직은 그 이상을 더해가고 있다고 생각한다. 하지만 아직도 많은 사람들이 사서=정보관

리전문직이라고 생각하지 않는다는 데서 문제는 출발한다. 이것은 사회적 인식 부족에서 비롯된 것으로 앞으로 사서가 될 입장인 우리가 앞장서서 사서에 대한 사회적 인식을 한 단계 업그레이드 시켜야 한다고 본다.

사서의 역할은 도서관을 비롯한 정보시스템을 효율적으로 관리하여 정보 이용자들의 정보요구를 충족시킴으로써 정보의 만인 공유를 실현시키는 것이다. 수많은 정보가 범람하는 가운데 자신이 원하는 정보를 찾는 일은 점점 더 어려워질 것이라고 본다. 이렇기 때문에 사서의 역할은 그만큼 더 중요한 것이고 필수적인 것이다.

사람들에게 사서의 역할을 재확인시키고, 널리 알리기 위해서는 첫째, 법의 제도부터 올바르게 재정립되어야 한다. 현재 우리나라는 준사서, 2급 정사서, 1급 정사서 이렇게 구분되어진 사서자격증이 있는데 대학 내 문헌정보학과 졸업자 외에도 사서자격증을 취득할 수 있는 것이 문제점이다.

대학에서 4년 동안 문헌정보학을 전공한 경우나, 타학문을 전공했으나 일정한 사서교육과정만 이수하면 똑같은 사서자격증을 준다? 이것은 문헌정보학도의 입지를 좁히는 문제점이 될 수 있을 뿐만 아니라 사서의 질에도 문제가 있다고 생각한다. 아이러니컬한 것은 성균관대, 계명대처럼 문헌정보학과가 있는 학교에서 사서교육원도 함께 운영하고 있다니 개탄하지 않을 수가 없다. 둘째, 공공도서관에서의 사서의 역할도 바뀌어야 한다고 본다. 일반 이용자들에게 보이는 사서의 모습은 책을 대출, 반납 시켜주고 서가에 자료를 꽂는 이런 모습 밖에 없다. 대출, 반납, 서가 재정리 이런 일들은 꼭 필요한 부분이지만 그 일들이 단순하고 반복적으로 보이는 것은 어쩔 수 없는 것이다. 아직은 힘들겠지만 이러한 일들을 차츰 기계화와 고용(대출과 반납의 경우 기계화 가능. 서가에 자료를 배열하는 것은 자원봉사자와 아르바이트생 고용)을 통해 해결하고 사서는 보다 자료의 내실화와 자료관리 측면에서 총괄하는 역할로 나아가야 한다고 생각한다.

현재 공공도서관 내 열람실 비율이 자료실 보다 더 많은 공간을 차지하고 있다. 도서관은 자료를 찾고, 그 자료를 활용하여 공부하는 곳이지 본인의 책을 가지고 공부하는 곳은 아니라고 생각한다. 하지만 많은 사람들이 후자 쪽으로 생각을 하며 시험기간 중에 긴 줄이 만들어지는 진풍경이 연출되기도 한다. 캠페인을 통해 이러한 인식부터 차츰차츰 바꾸어 나가야 한다고 본다. 셋째, 사서자격증의 취득요건을 좀 더 강화시켜야 한다고 생각한다. 현재 4년제 문헌정보학과 졸업생에게 주는 정사서 2급 자격증에서 일정 학점 이수 후 자격시험을 통해 자격증을 주는 것으로 바꿔야 한다고 본다. 특히 우리 학교의 경우처럼 전공필수가 없다는 전제 하에서 자기가 원하는 과목만을 골라 단순히 전공 70학점만 이수하면 사서자격증을 주는 것은 사서의 중요성을 주장하는 우리 입장에서 그것을 오히려 막고 있는 악재라고 생각한다. 필수전공 이수 후, 자격시험을 통해 사서자격증이 나온 사람이 좀 더 내실 있고 알찬시험을 통해 배출시켜야 한다. 그밖에도 실무도 연계된 수업(3주간의 실습기간은 실질적인 업무를 익히는데 너무 부족하다), 사서들이 생각하는 사서의 사회적 위치 등을 되돌아볼 필요가 있다.

이 모든 것이 하루아침에 바뀌는 것은 아니지만, 단 한가지라도 바뀌는 것이 사람들에게 피부로 와 닿기 시작한다면 우리 사회에서도 사서의 입지가 바르고 탄탄할 날이 곧 오리라 믿는다. -김혜리

사서직은 일명 정보관리전문직이라고도 불리며, 이들의 역할은 도서관을 비롯한 정보시스템을 효율적으로 관리하여 정보이용자들의 정보요구를 충족시킴으로써 정보의 만인공유를 실현하는 것이다. 사서들은 정보의 효과적인 유통과 문헌과 이용자의 효과적인 커뮤니케이션이 이루어질 수 있도록 노력한다.

사서직은 미시적인 관점에서 정보서비스를 위한 모든 과정의 효율화를, 거

시적인 관점에서 문화의 보존과 전승 및 창달을 과제로 삼는다. 도서관은 사회교육기관이고, 독서시설에 그치는 것이 아니라 만인을 위하여 지식을 수집하고 보존하는 기관이므로 사서는 이 커뮤니케이션을 위한 업무를 수행한다. 그러므로 사서직은 높은 수준의 지적인 능력, 투철한 봉사 정신과 책임감, 협동심, 끊임없는 자기개발 등의 자질을 갖추고 실천함으로써 사회발전에 공헌하고 있다. 사서는 문헌에 대한 다양한 정보를 체계적으로 인지하고, 이용자들의 요구에 성실히 답하고 봉사할 수 있어야 한다. 그리고 도서관 내의 문헌을 이용한 정보, 문화의 커뮤니케이션의 매개자로서의 역할에 충실하여 책임감을 갖고 임해야 한다. 도서관의 주목적은 변하지 않지만, 이용시설과 환경은 끊임없이 변화하므로 여기에 대해서도 관심을 갖고, 스스로도 더 많은 능력과 여러 자질을 갖출 수 있도록 노력해야 한다.

사서는 4년제 대학의 문헌정보학과를 졸업 혹은 복수 전공하거나 대학원에서 문헌정보학을 전공하여 학위를 받으며 국가로부터 사서자격증을 받는다. 아울러 대학과정에서 교직과정을 인수하면 사서교사자격증까지 획득할 수 있다.

정보가 급격하게 증가함과 동시에 정보 이용자들의 요구가 다양성을 띄게 되었다는 복합적이고 거대한 사회적 흐름을 정보관리의 필요성과 그 책임을 묶어서 '인포메이션 풀'이라는 사회적 장치를 탄생시켰고, 이 창의적이고 주체적으로 운영하는 자원이 곧 사서직이다.

사서는 이용자들의 다양한 요구들을 인식하여 올바르게 정보를 이용하고, 필요한 정보에 접근할 수 있도록 봉사할 수 있어야 한다. 그러기 위해서는 사서 스스로 변화 된 정보매체들을 인지하고 있어야 하고, 그리고 그 매체들의 이용방법 등을 사전에 알고 있어야 한다.

현대사회는 넘쳐나는 많은 정보로 인하여 자기가 필요한 정보를 찾고 접근하는 것이 매우 중요하다. 이런 점에 있어 사서는 이용자와 정보들 사이에서 역할을 해야 한다. 더구나 현대사회는 전통적인 생산요소 이상으로 지식과 정보를 중요한 자원으로 인식하고 있으며 그 정도는 점차 심화되고 있다. 정보는 에너지이며 곧 힘이라는 것이다. 지식기반사회로 접어들면서 필요한 정보를 얼마나 많이 갖고 있느냐가 중요하게 되었다. 따라서 사서는 이용자가 필요한 정보에 접근하고 그 정보를 이용할 수 있는 역할을 한다. 그러므로 정보관리전문직으로서의 사서직은 현대사회가 주목하는 유망한 직종 중의 하나라고 단정할 수 있다. -송지숙

우리가 살고 있는 현대사회에서는 인적·물적 자원 외에도 정보라는 자원이 큰 영향을 미치고 있으며 어떠한 자원보다도 중요시되고 있다. 정보의 홍수 속에서 얼마나 빠르고 편리하게 내가 필요로 하는 정보와 자료를 찾을 수 있는가가 빠르게 변화하고 있는 이 시대에서 살아남을 수 있는 경쟁력으로까지 판단되고 있기 때문이다.

'얼마나 빠르고 편리하게 내가 필요로 하는 정보와 자료를 찾을 수 있는가' 바로 이 점이 사서직을 존재하게 하고 현대사회에서 주목받고 있는 이유이다.

내가 필요로 하는 정보와 자료를 빠르면서 편리하게 찾기란 생각처럼 쉽지 않다. 우리는 한번쯤은 정보를 찾을 때 시간이 너무 오래 걸렸다거나 번거로웠거나 찾고 나서보니 내가 찾고자 한 정보와 연관이 적어 당황했던 경험이 있을 것이다. 이럴 때 이용자에게 도움을 주고자 사서직은 존재한다. 이용자에게 더 좋은 서비스를 하기 위해서 사서들은 사서직만의 전문성을 갖추기 위해 끊임없는 공부와 연구를 하고 있다.

하지만 사서직은 유망한 직업임에도 불구하고 사서직에 관심이 있는 사람에게는 매우 흥미롭고 매력적인 직업이지만 이 분야 자체에 관심이 적은 사람에게는 생소하고 흥미롭지 않은 직업이기도 해서 많은 이용자들이 사서에 대해 거리감을 느끼고 쉽게 다가오지 않는 것 같이 아쉬울 때가 많다.

이를 해결하기 위해서 사서들은 안주해 있지 말고 적극적으로 사서직에 대

해 홍보도 하고 도서관 이용자 교육도 좀 더 쉽고 재미있게 하여 도서관 이용자도 늘리고 더불어 사서에 대한 인식도 변화시켜서 이용자들이 쉽게 다가올 수 있게 해야 할 것이다. 그리고 사서직만이 문헌정보학을 전공한 사람만이 가질 수 있는 전문성을 키워서 다른 분야의 사람들에게 우리의 분야를 침범당하지 않고 경쟁에서 밀리지 않게 더욱 분발하여 사서직의 자존심도 지켜나가야 한다고 생각하며 마지막으로 이 글을 쓰며 사서직에 대해 다시 한 번 생각해보는 좋은 계기가 되었다. -안지영

사람들이 흔히 이해하는 사서직에 대한 이미지는 도서의 대출과 반납정도이다. 다른 어느 직업보다 정적이고 하는 일이 없어 보인다는 것이 문헌정보학을 전공하는 학생들조차 그 의견을 같이 하고 있다. 지금까지 이미지가 그래왔다면 이제는 사서직에 대한 바른 이해가 필요하며, 전공인들 자체 내에서도 각성이 일어나 사서라는 직업에 대해서 알릴 필요가 있다.

내가 생각하는 사서라는 직업은 만능이다. 즉 한가지의 전문분야로만으로는 설명이 부족하다는 얘기이다. 자료를 기준으로 볼 때 그 자료의 선정(선정에서부터도 여러 능력이 필요하다. 형태, 수, 의뢰처 결정, 운송 등)부터 그것이 폐기될 때까지, 즉 자료가 태어나서 죽을 때까지의 생애를 사서가 지휘해야 한다는 것이다. 한마디로 정보서비스를 위한 전 과정이 포함되는 것이다.

바로 이 정보서비스를 위하여 사서는 자기를 끊임없이 개발하는 과정을 통해 전 분야의 지식에 관해 골고루 알아야 하며 사회·문화·정치·경제의 흐름 또한 파악해야 한다. 이 정보서비스를 이용하는 이용자들은 기존의 정보들을 통하여 새로운 지식을 창출하여 이것을 통하여 바로 문화전통이 계승되고 지식이 축적되는 것이다. 정보를 통하여 우리는 과거 로마의 화려한 모습으로 들어갈 수도 있으며 아래의 첨단산업 속으로도 들어갈 수 있으니, 이와 관련된 사서라는 직업이 어찌 매력이 없을 수 있겠는가?

하지만 무엇보다 사서는 이용자를 위한 서비스를 하는 일이다. 다른 기업처럼 이윤추구가 그 목적이 되지 않는다. 그렇기에 위에서 제시한 기술적인 부분으로만 사서를 말한다면 부족하다. 소위 서비스업에서와 마찬가지로 이용자의 만족이 있어야 하며, 그것을 위해 노력해야 하고 다시 이용할 수 있도록 만들어야 하는 책임이 있다. 이용자가 이용하기를 기다리는 수동적인 사서의 모습이 아닌 이용자가 무엇을 필요로 하는지, 서비스는 만족하였는지, 더 노력해야 할 것은 무엇인지 등 적극적인 모습으로 이용자들에게 다가가야 한다.

네모난 서가와 장서, 그리고 책걸상들은 도서관의 분위기를 무겁게 만들 수 있지만 사서의 노력으로 쉼이 되는 장소요, 다시 이용하고픈 곳이 될 수 있는 것이다.

변화하는 사회 속에서 정보의 요구도 다양해지고 도서관의 위치도 바뀌어 가고 있으며 사서 역시 예전과는 다른 새로운 직무기술들을 익혀야 하지만 이것과 동시에 이용자와 함께 움직이고 호흡하는 사서가 되는 것 역시 중요하다고 본다. 사서로 인해 이용자중 누군가가 새로운 지식을 얻거나 개발하고, 예술적인 감성을 찾아내는 작업을 하여 그것들을 다른 이들과 함께 공유하고 전파시키는 것, 나아가 그것이 문화의 역사 계승이 되는 그 중심에 사서가 있다는 것은 생각만 해도 가슴 뿌듯한 일이 아니겠는가?

처음에 제시했던 정적인 이미지의 사서가 이렇게 바뀌기까지 물론 많은 수고와 노력이 필요하겠지만 사서라는 직업에 자긍심을 갖고 노력한다면 이용자들이 먼저 알아줄 것이다. 정보의 물결 속에서 현대사회가 요구하는 만능의 사서직은 그러므로 이 시대의 유망한 직종이라고 아니 말할 수 없다. -엄청란

아직까지 도서관에 대해 잘 알지 못하는 사람들은 사서가 매일 하는 일 별로 없이 앉아서 시간만 때우는 편한 직업으로 많이 생각하는 것 같다. 하지만 나는 사서직을 전문직이라고 생각한다. 의사, 변호사 같은 전문직 말이다.

언제 수업시간에 사서가 전문직인지 아닌지 토론하는 시간이 있었는데 거기 있는 학생들의 대부분은 사서가 엄연한 전문직이라고 생각하고 있었다. 그렇지만 몇 가지 개선해야 할 문제점들을 지적했는데 우선 자격증의 수여, 훈련기관이 통일되어 있지 않고 여러 군데로 분산되어 있기 때문에 권위가 많이 떨어진다는 지적과 일반 4년제 대학에서 교육하는 내용에 실제적인 부분이 더 많이 들어가야 한다는 얘기도 있었고, 나는 낮은 급여 수준을 이야기했었다. 급료가 어느 정도 오르면 사서들도 거기에 부응하기 위해 조금이라도 더 노력할 것이고 사회적인 인식도 좋아지지 않을까 생각한다. 그리고 도서관을 전담하는 기관이 없고 도서관 정책 또한 윗사람들의 이익이나 자기명분을 세우려고 하는 데에 휘둘리다 보니 밑에서 일하는 사서들이 자신의 주관이나 신념을 가지고 일관되게 일을 하기가 힘들다는 생각도 든다.

사람들이 사서를 도서관의 붙박이 정도로 생각하지 않아줬으면 좋겠다. 그렇게 되기 위해서는 사서들이 먼저 많이 공부하고 도서관의 일뿐만 아니라 정보(책에 있는 것만이 정보가 아니다)를 어떻게 효과적으로 전달해야 하는지 (유익한 정보를 구별해내고 그것을 일반인들이 보고 잘 이해할 수 있게 전달하고 정보의 가치를 더 높일 수 있게 가공하는 등) 여러 방면에서 앞서가는 이른바 정보전문가로 자리매김해야 한다. -위복주

사서라는 직업은 도서관이라는 한정적인 공간만을 생각할 때 사서의 능력과 자질의 폭은 좁아질 것 같다. 도서관이라는 공간에서 이루어지는 정보의 요구 또한 생각보다는 많기는 하겠지만 도서관이라는 공간 이외에서 요구되는 정보의 요구 또한 많은 것이 요즘의 현실이기 대문이다. 그래서 인터넷을 이용하는 사람들은 흔히 도서관이나 사서의 역할을 가볍게 여기기도 한다. 그러나 아무리 인터넷이라는 것이 발달을 한다고 해도 도서관이나 사서가 제공해 줄 수 있는 맞춤정보의 제공에는 미치지 못 할 것으로 생각된다.

오히려 인터넷 등 정보기술의 발달을 더불어 더욱 인정받고 성장해야 할 분야가 도서관이자 사서라고 생각한다. 엄청난 정보의 양에서 이용자의 요구에 적합한 정보를 찾아 이용자에게 제공하는 등 전문분야로서 자리를 잡아야 한다고 생각한다.

사서의 변화와 기술의 발달에 따라 도서관이라는 공간적인 범위를 벗어나 다양한 접근방법을 통해 이용자의 요구를 충족시켜 주는 것이 사서라는 직업이 해야 한다고 생각한다. 그렇게 생각할 때 사서는 예전과는 달리 모든 분야에 대해 전문성을 발휘하는데 는 무리가 있다는 생각이 든다. 모든 분야에 대해 기본적인 지식은 알아야겠지만, 한 분야에 관한 전문사서가 되어야 한다고 생각한다.

한 분야에 대한 전문사서로서 이용자에게 적합하고 제대로 된 정보요구를 충족시켜 줄 때 앞으로 사회에서 인정받을 수 있는 사서가 되리라 생각된다. 이러한 사서가 되기 위해서는 전제조건으로 정적인 사서가 아니라 적극성을 띤 사고방식을 가져야 한다는 점이다. 이제 사서는 단순히 이용자가 찾아오기를 기다리는 것이 아니라 적극성을 띠어야 할 것이다. 이용자의 정보요구의 흐름을 미리 파악하고 적절하게 정보를 제공하는 등의 행동을 보여야 할 것이다.

내가 생각하는 사서라는 직업은 정보를 관리하고, 이러한 정보를 이용자에게 제대로 정보를 제공하는 서비스직이다. 서비스직은 이용자를 만족시키지 못하면 실패하고 만다. 사서라는 직업은 정보를 이용자의 요구에 맞게 제공해 만족시켜야 할 의무가 있으므로 이러한 역할을 제대로 수행해야 할 것이다. - 윤미주

우리는 현대사회를 정보화사회라고 구분 지으며, 그만큼 정보의 가치를 중요시하고 있다. 따라서 대량으로 생산되는 정보를 효율적으로 이용하기 위해서는 정보의 관리와 함께 그것을 보존해 나가는 작업이 수반되어야 한다. 이

러한 작업을 위한 중심에 있는 것이 바로 사서직인데, 아직 우리나라에서는 선진국들만큼 사서직에 대한 인식이 부족하다.

사서들이라고 하면 도서관에 앉아서 책이나 빌려주는 사람이라는 생각을 갖고 있는 것은 비단 일반 사람들뿐만 아니라 대학에서 학문을 배우고 있는 사람들 본인 또한 수동적인 봉사를 해왔기 때문이다. 따라서 사서직의 필요성과 중요성에 대해 알리는 것이 필요한데 사서는 수많은 정보 중에서 자신이 속한 기관의 목적에 부합되는 정보를 선택해서 양질의 정보를 도서관 이용자들에게 제공하고자 한다.

정보의 제공에 있어서는 이용자들이 보다 쉽고 빠르게 원하는 정보를 찾을 수 있도록 정보를 조직하고 관리한다. 이러한 과정을 원활히 수행해 나가기 위해서 사서들은 자신들의 전공분야 외에도 다양하고 폭 넓은 지식을 갖추기 위해서 노력하고 있다. 그것은 사서들이 다른 무엇도 아닌 정보를 다루는 직업이기 때문이다. 그러나 대부분의 사람들은 사서직의 이러한 역할을 모르기 때문에 도서관에 와도 사서를 이용하지 못하고 혼자 힘으로 문제를 해결하려고 한다.

이런 현실의 반복이기 때문에 사서들은 전공과정에서 배운 참고봉사를 충분히 수행해보지 못하고 그로 인해서 단순 업무의 반복에만 길들여지게 되면 사서들은 자신들의 가치를 증명시키지 못하게 될 수도 있는 것이다. 따라서 사서직이 정보의 관리에 있어서 전문직으로 인정받기 위해서는 사서들의 업무 상 노력과 함께 사서직이 무엇인지 더 나아가 문헌정보학이 어떤 학문인지 대중들에게 적극적으로 알리는 것이 필요하다.

도서관을 이용하게 되는 많은 사람들이 사서들의 역할에 대해 알고 사서들에게 정보 봉사요구를 할 수 있고 사서들은 이들의 정보요구에 부응하기 위해서 보다 전문성을 확보해 나가는 활발한 피드백 작용이 이루어진다면 사서들은 사서직에 대한 자신의 역할에 긍지를 갖게 될 것이고 뿐만 아니라 정보관

리 전문직으로서 현대 사회가 인정하게 될 것이다. -윤지현

　정보화란 말이 온 사회에 유행처럼 번져온지 수년이 흘렀다. 어쩌면 사랑이라는 말보다 정보란 말이 이 시기에 더 흔한 말일지 모른다. 그만큼 정보를 우리 주위에서 쉽게 찾아볼 수 있다는 이야기다. 하지만 도처에 널려 있는 정보를 효율적으로 이용하는 사람은 흔치 않다.

　대학생들의 정보이용이라 함은 기껏해야 리포트에 관련된 자료를 찾으러 인터넷의 웹문서를 뒤지거나 도서관에서 관련서적 몇 권을 뒤적거리는 일뿐이다. 무엇이 정보화사회란 말인가?

　사서직이란 우리 주위에 아무렇게나 흩어져 있는 정보를 보기 좋게 정리하는 일이다. 바로 효율적 정보이용을 돕는 모든 일을 말함이며, 우리 주위에 널려있는 정보를 관리하여 이용자가 쉽게 접근할 수 있도록 돕는 일을 말함이다.

　예를 들어 최근에 NAVER에서 개발한 지식in이란 검색방법도 우리 도서관에서 사서가 하던 일을 이름만 바꿔 웹상에 정리한 것이다. 이처럼 지식in이라는 정보관리를 통해서 이용자는 정보에 더욱 쉽게 접근할 수 있다. 이제는 이전 시대와 다르게 정보를(지식을) 새로이 창조하기보다는 있는 정보를 얼마나 빠르고 쉽게 접근할 수 있느냐가 더 중요쟁점이 되었다.

　정보를 관리하는 일이 관리하여 효율적으로 이용시킴이 새로운 또 다른 정보가 되는 시기에 이른 것이다. 이에 부응하여 정보를 이용, 관리하는 사서의 역할도 더욱 증대될 것으로 기대된다. 그러므로 앞으로의 사서는 정보봉사라는 특별한 사명의식과 높은 지적능력, 끊임없는 자기 계발을 통해 끊임없이 사회와 소통하여 이용자의 기대에 부합해야 할 것이다.

　유에서 또 다른 유를 창조하는 사서라는 직업은 직위고하를 떠나 남녀노소를 막론하고 현대사회에서 정보를 이용하는 사람에게는 꼭 필요한 일임에 재론의 여지가 없다. -장수남

'사서' 하면 중년의 여성이 뿔테 혹은 금테 안경을 쓰고 털 스웨터에 정장치마를 입은 채 약간은 어둠침침한 도서관에서 차분히 앉아 있는 이미지가 지배적인 때가 있었다. 그런 생각 자체가 도서관은 어둡고 조용하며 차분한 곳이라는 인식이 강했다는 것을 말해준다. 하지만 사회가 변화함에 따라 도서관의 모습도 변하고 있고, 또 그에 따른 사서의 이미지도 바뀌고 있다.

정보가 급증하고 그에 따른 이용자의 요구가 늘어감에 따라 도서관의 역할은 점차 증대되고 있다. 더 이상은 사서가 조용하고 차분히 앉아서 이용자의 질문만을 기다린다거나 예전에 해오던 일만을 반복하는 소극적인 역할에 그쳐서는 안 될 것이다.

그렇다면 변화하는 사회에서의 사서의 역할은 무엇인가를 살펴 볼 필요가 있다. 사서의 역할은 도서관을 비롯한 정보시스템을 효율적으로 관리하여 정보요구를 충족시킴으로써 정보의 만인 공유를 실현하는 것이다(김용성. 2004).

즉 정보를 수집하여 보존하는 단계까지의 모든 과정을 효율화함으로써 이용자의 요구에 적절한 정보를 제공함은 물론 그들의 요구에 한발 앞서 정보이용을 선도하는 역할을 해야 한다. 또한 문화보존과 전승 및 창달에도 앞장서야 하는 것이 사서인 것이다. 그렇기 때문에 사서에게 높은 수준의 지적능력, 봉사정신과 협동심, 책임감, 그리고 끊임없는 자기개발이 요구된다.

지난 봄에 개봉되었던 영화 '투모로우' (원제:The day after tomorrow)에서 주인공 일행은 어마어마한 문제들에 대해 사서가 그 해결방법을 제시한다. '책은 불을 지필 때만 필요한 게 아니란다' 라는 대사와 '이 책은 인류에 단 한권 남아 있기 때문에 난 이것만은 지켜내야겠다' 라는 말은 사서의 역할을 단적으로 보여주는 부분이라 할 수 있을 것이다. 즉, 올바른 정보를 제공함으로써 나아갈 길을 제시해주고, 문화를 보존 계승하는 역할을 필요로 한다. -장효은 지구촌화, 세계화라는 말은 이미 일상적으로 되었다. 교통·통신 수단의 발전이 지구촌화, 세계화를 여는 포문이 되었다면 인터넷의 확신 및 보급은 전 세계 어디에서 일어나는 사건, 경향 등 모든 것들을 공유하게 해주었고 일상생활에서 흔히 접할 수 있는 용어가 되도록 했다. 그리고 이러한 흐름은 굴뚝산업에서 눈에 보이지 않는 산업으로의 흐름으로 변화시켰고 지구촌화, 세계화가 된 현재에 가장 중요한 것은 누가 적시에 적합한 지식, 정보를 획득하여 생산해내는 것인가로 바뀌어가고 있다. 하지만 대량 생산되고 유통되는 망망대해 같은 정보의 바다, 휩쓸려 갈 것만 같은 정보의 홍수 속에서 적시에 적재적소인 정보를 어떻게 획득하느냐가 문제이다. 그리고 사서는 바로 이러한 상황에 중요한 존재이다.

일반적으로 사서직이라고 하면 도서관에 우두커니 앉아 도서관 이용자들에게 책을 대출해주거나 반납해주는 아주 간단하기 그지없는 업무만을 하는 사람으로 생각하고 있다. 그만큼 사서에 대한 관심이 적은 것이기도 하겠지만 도서관의 업무란 일을 해도 표시 나지 않고 하지 않으면 표시나는 것이기도 하기 때문이다. 또한 사서직에 대한 인식이 눈에 보이는 그 수준으로만 생각하여 사서직의 사람들을 이용하지 않고 있다.

사서직이란 책을 비롯한 모든 정보들을 관리하는 사람들이다. 대량 생산되고 유통되는 정보의 홍수시대에 접합한 정보를 적시에 제공해주는 사람이다. 인터넷의 무분별한 정보들을 걸러주는 필터이다.

사서직의 지식은 한 분야에만 집중되어 있는 것이 아니며 인문과학·사회과학·자연과학 등 주요 분야에 대한 전반적 지식 하에 어떤 주제의 무슨 정보를 원하는지에 맞추어 필터링 된 정보를 가져다준다. 책에서부터 해외 웹 DB까지 정제된 정보를 제공·관리하는 전문직이 사서직이다. 이러한 사서직은 공공도서관, 대학도서관에만 존재하는 것이 아니며 초·중·고등학교 도서관에서 기업과 연구소의 자료실, 방송국 자료실 등 어디에서든 필요로 하고 있다. 수많은 자료들 속에 중요자료들을 획득할 수 있도록 빠른 시간 안에 제공해주기 때문이다.

사서직은 체계적으로 여러 분야의 흐름을 알고 있고 정보를 조직할 수 있는 정보전문가이다. 다가오는 지식정보와 시대에 정보를 조직하고 관리하는 사서직은 유망한 전문직종이다.

미래시대는 20:80의 시대라고들 한다. 20%의 사람들이 80%의 사람들을 먹고 살게 해준다는 의미로 20%의 사람들이 세상을 움직이는 세력들이다. 그리고 이 20%의 사람들은 정보를 다루는 능력에 차이가 날 것이며 그 정보의 중점에 사서직이 있음을 의심치 않는다. 물론 현재 대한민국의 현실 속에서 사서직에 대해 갖는 인식은 낮지만 말이다.

사서직이 전문직이라는 의식이 부족한 현재에 하나의 희망이 있다면 적어도 조금씩이라도 앞으로 나아가고 있다는 점이다. 정보의 중요성과 함께 야기된 도서관의 중요성에 대한 인식이 높아지고 이는 결국 사서직에 대한 관심으로 갈 것이라고 본다. 제대로 된 사서들 하에 제대로 도서관이 운영되고 그러한 도서관 하에 정확하고 적합한 정보를 획득하여 부가가치를 창출해낼 것이기 때문이다.

다시 한번 말하건대 사서직은 정보의 거대한 바다 속에 정보를 얻고자 하는 사람들을 밝혀주는 등대지기이다. 적시에 적재적소에 적합한 정보를 제공하여 주는 이가 사서이다. 사서의 중요성에 대한 이해는 정보화 사회에서 정보가 갖는 중요성을 알고 있는 것과 같다. 인터넷은 도구이며 사서직은 그 도구를 가장 효율적으로 이용하여 도움을 주는 인물이다. 사서직에 대한 이해와 고찰은 사서직의 발전에만 머무르는 것이 아니며 이는 다가오는 시대에 나라의 발전을 만들어내는 원동력이기도 하다는 사실을 잊어서는 안 된다. -채명리

현대사회는 급변하는 정보 속에서 자신에게 필요한 정보만을 택하여 이용

하지 않고서는 사회적응력을 키울 수 없는 상황이다. 너무도 빠르게 변하고 있는 정보의 형태와 가치는 사람들로 하여금 혼란과 공황상태를 느끼게 할 수 있다. 정보를 빠르게 입수하고, 그를 바탕으로 자기 발전을 꾀하는 사람은 사회 속에서 선두주자가 되지만, 그러한 분류의 사람들은 소수에 불과하고 대부분의 사람들은 너무도 방대한 정보의 양에 허덕이고 있다. 이렇게 인쇄매체, 미디어매체 등 다양한 형태에서 나오는 정보 속에서 헤매는 사람들에게 정보로 통하는 길을 알려줄 수 있는 역할을 하는 것이 사서이다.

사서는 정보관리 전문직이라고도 하며 도서관을 비롯한 정보센터에서 이용자들의 정보충족 욕구를 만족시켜주는 직종이다. 요즘은 인터넷이 발달하여 대부분의 사람들이 쉽게 정보를 이용할 수 있지만, 정보의 질과 전문성, 지속성 측면에서 그 한계를 드러내고 있다. 좀 더 검증되고, 전문적인 정보를 얻을 수 있는 곳은 도서관 및 정보센터이고 이곳에서 사서들은 객관화 된 지식을 제공해준다.

사실, 아직 우리나라는 사서라는 직업에 대해 생소한 느낌을 가지고 있는 것이 현실이다. 문헌정보학이라는 학문을 모르는 사람들이 많을뿐더러 도서관의 사서를 동네 책방의 주인처럼 여기는 사람들도 있다. 외국에서는 전문직종의 하나로 여겨지는 사서직이 왜 우리나라에서는 아직 이러한 수준의 대접을 받는 것일까?

우리나라의 도서관 인식에서 그 이유를 찾아볼 수 있을 것이다. 도서관은 다른 어떤 기관보다 생활 및 학술활동에 필요한 정보를 우선적으로 찾아볼 수 있는 곳이다. 하지만, 이용자들은 도서관이 단순히 책 빌리는 곳, 공부방처럼 자기학습을 하는 공간으로 인식하고 있는 오류를 범하고 있다. 이러한 잘못된 인식이 우리 사회에 만연하여 지역문화발전, 나아가 국가발전의 원동력이 되어야 할 도서관에 방해물이 되는 것이다. 이용자들의 이러한 잘못된 인식도 있겠지만 도서관에서 일하는 사서들의 태도도 지금과는 달라져야 할 것이다.

솔직히, 도서관에서 제대로 된 참고봉사를 받아본 적이 없다. 다른 사람들의 의견을 들어봐도 도서관의 사서가 친절하게 웃으면서 자료이용 및 안내에 대해 설명해주는 경우를 거의 못 봤다고 하니 사람들이 더더욱 도서관 이용을 꺼리게 되는 것은 아닐까라는 생각을 해본다.

사서는 도서관의 운영 및 관리에도 책임이 있지만 이용자를 대상으로 하는 서비스직이다. 자료와 지식을 얻기 위해 도서관을 찾아온 사람들에게 최대한 성실하고 최선을 다하는 봉사정신을 보여주어야 한다. 정보를 잘 관리하고, 검색하는 것도 사서에게는 중요하고 필수적인 임무지만, 이용자들이 원하는 자료를 보다 정확하고 빠르게 얻을 수 있도록 함께 노력해주는 것 역시 중요하다.

사서직에 종사하는 사람들은 나름대로 최선을 다하고 있겠지만 우리 사회에서 사서에 대한 평가가 그다지 좋지 못하다는 것은 더 분발하고 노력해야 한다는 것을 의미한다. 하지만 국가적으로 볼 때 우리나라 사서들의 근무여건이 열악하다는 것 또한 이런 현상을 보여주는 이유 중의 하나라고 볼 수 있을 것이다. 우리나라에서 도서관에 대한 투자가 다른 분야보다 미흡하고, 사서직역시 도서관 규모에 비해 적은 인원을 배치하다 보니 개인당 업무량이 많아질 수밖에 없는 것이다. 다른 업무에 치여 사서의 기본인 봉사정신을 잃고, 행정직에 얽매이게 되는 우리나라 도서관의 업무형태 역시 변해야 할 과제이다.

정부는 도서관 및 사서직의 중요성을 깨닫고, 근본적인 투자를 해야 한다. 사서들의 교육여건을 개선하고, 앞으로 정보가 국가발전의 원동력이 되는 현실에 발맞추어 정보의 일차적 수집, 보존, 발전기관인 도서관 및 정보센터에 대한 아낌없는 지원을 해 나가야 한다.

국가는 아낌없는 투자와 지원을, 사서는 투철한 봉사정신과 탁월한 능력을, 이용자들은 도서관 및 사서들에 대한 믿음과 성실한 이용자세를 가질 때, 우리나라의 도서관 인식변화와 발전을 꾀할 수 있을 것이다. -하순영

세상에는 수많은 직업이 있고, 그 다양한 직업들 중에는 시대의 흐름과 더불어 새롭게 생겨난 신종 직업이 있기도 하지만 필요성이 없어져 사라지는 직종도 있다.

사서직은 과거 도서관에만 국한된 고루한 직업이라는 뉘앙스를 풍기지만 그 내면에는 비전공자들은 거의 인식하지 못하는 시대적 유망성을 포함하고 있다. 사서직은 대학의 문헌정보학과생으로서 사서자격증을 갖춘 사람들이 주로 진출하는 분야이다. 대학원이나 전문대학, 사회교육원 등을 통해 사서자격을 획득하는 경우도 있겠지만 대체로 4년제 대학의 문헌정보학과 졸업생이 주를 이룬다.

사서직을 배출하는 문헌정보학 분야에서는 크게 세 가지 커리큘럼을 갖게 되는데 도서관학, 서지학, 정보학이 그것이다. 이 중 도서관학은 도서관이 경영에서부터 자료의 수집, 처리, 보전에 이르기까지의 모든 과정을 담당하고, 서지학은 문헌에 바탕이 되는 고문서들을 연구하고, 정보학은 전산기술의 발달로 인해 전자적 형태의 데이터들을 가공하여 제공하는 역할을 한다.

간단히 세 가지로 축약시켰음에도 문헌정보학 분야가 얼마나 다양성을 띠고 있으며, 여러 분야에 걸쳐 이용될 수 있는 잠재력을 지녔는지 충분히 알 수 있을 것이다. 앞으로는, 아니 현대사회는 지식이 주도하는 지식정보와 사회이다. 가치 있는 정보를 얻어서 지식으로 활용하기 위해서는 정확한 접근이 필수적이며, 정보를 필요로 하는 모든 이용자들에게 적절한 정보를 제공하기 위해 모든 제반작업을 담당하는 직업이 바로 사서직이다. 따라서 앞서가는 개인, 앞서가는 사회, 앞서가는 나라로 경쟁력을 갖추기 위해서는 사서직의 효율적인 이용이 절대적이다.

그러나 아쉬운 점은 정보의 필요성과 새로운 지식으로의 갈망은 커져만 가는데 비하여, 사서에 대한 관심과 지원이 부족하다는 것이다. 아직도 사서직을 고루하게 대우하고, 그 절대적인 필요성을 인식하지 못한 채 정보기술력만을 앞세우는 것이 우리 사회이다. 미래를 주도하고 싶다면 정보를 좀 더 빨리, 많이 잡아야 한다면, 사서를 이대로 방치하는 것은 최대의 낭비가 될 것이다. - 한미월

정보의 홍수 속에서 산다는 말이 있듯이 우리가 살고 있는 시대는 정보의 양이 이전 시대에 비해 급속히 증가하고 있다. 따라서 개인이 필요한 정보에 접근하는 것과 이용에 있어서 그 역할을 대신해 줄 수 있는 기능을 필요로 하고 있다. 여러 대체 기능들이 있지만 그 중에서 사서직 또한 정보길잡이의 역할을 하고 있다고 생각한다.

도서관 사서로서의 인식이 강하고, 단지 책을 찾아주는 협의의 기능을 많이 떠올릴 수 있으나 사서는 그 외에 정보 접근자에게 더 많은 서비스를 제공할 수 있다. 우리가 흔히 접할 수 있는 도서관의 사서뿐만 아니라 기업체나 공공기관의 자료실 등 정보를 다루는 곳이라면 사서직이 진출할 수 있는 곳이다.

정보를 정리하고, 목록화하고, 접근점을 만들어 이용자가 쉽게 찾을 수 있도록 도움을 주는 일이 사서직이라고 생각된다. 또한 직접적으로 정보를 제공해주는 것뿐만 아니라 관련분야, 관련학회, 잡지, 매체 등 다양하게 접근할 수 있도록 도와주는 일도 사서의 할 일이라고 생각된다.

아직 우리나라의 경우 사서직이 전문직임에도 불구하고 그 대우와 인식이 그렇지 않은데, 앞으로 이런 문제점을 국가고시라든지 자격제한조건을 갖추어 전문직으로의 인식이 인정받을 수 있도록 노력해야 할 것이다. 또한 사서직으로서 외국어능력, 컴퓨터능력 등 갖추어야 할 자격이 있지만 우선적으로 이용자에 대한 봉사의식이 많이 필요한 분야이다.

어느 업종이든 사람을 대신으로 하는 업무가 많지만 특히 도서관의 업무도 이용자와의 접촉이 많은 직업이다. 따라서 여러 사람을 상대할 때의 융통성, 사교성 등이 필요하고 이용자에게 보다 질 좋은 정보를 제공하기 위해 노력할

수 있는 마음가짐이 필요하다고 생각된다.

마지막으로 사서직이 전문직으로 인정받을 수 있도록 사서직에 있는 사람들 자체가 노력해야 할 것이고, 이용자의 요구를 충족시킬 수 있도록 항상 노력하고 발전하는 모습을 보여줘야 할 것이다. 그리고 철저한 직업정신으로 이용자에게 최대의 봉사를 한다는 마음가짐도 빠져서는 안 될 중요한 요건이라고 생각된다. -한선정

현대사회는 정보의 홍수라는 표현이 과장된 것이 아닐 만큼 정보들이 넘쳐나고 있다. 이런 정보와 지식들을 도서관 내에서 효율적으로 이용할 수 있게 관리해주는 사람이 바로 전문사서이다. 정보가 급격히 증가하고 이용자들의 요구가 다양해지면서 정보관리의 필요성이 더욱 중요해졌고 이런 요구의 충족을 위해서 사서들이 해야 할 일이 더욱 많아졌다.

새로운 정보시스템이 도입되거나 새로운 형태의 자료가 도서관에 들어오는 것을 대비해 많은 준비를 하기까지 하여야 한다. 지금 현재 사서가 되기 위해서는 학사과정을 마치거나 대학원에서 문헌정보학을 이수하면 사서자격증을 받을 수 있는데 개인적인 생각으로 사서의 전문성을 높이기 위해서는 학사과정, 즉 대학에서는 각자 자기(어떤) 분야를 이수하고 대학원에서 문헌정보학을 이수하여야만 사서자격증을 받을 수 있는 형태가 되어야 하지 않은가 싶다.

예를 들면 법학을 전공하고 문헌정보학을 대학원에서 이수하여 법에 관련된 세세한 부분까지도 잘 알고 있다면 이용자들 요구에 좀 더 충실히, 자세히 응해줄 수 있으리라 생각된다. 이처럼 전문적인 자기의 분야에서 책임감을 가지고 이용자의 요구에 만족스럽게 응해주어야 한다. 이용자들과 친근감을 가지고 지내야 하며 봉사정신 또한 투철해야 한다. 새로운 시스템과 자료들에 대한 준비와 끊임없는 자기개발과 관리가 필요하다.

이렇게 사서가 정보서비스와 정보관리를 하다 보면 이것은 문화의 보존과 전승 및 창달에까지도 영향을 주게 되는 것이다. 이런 사명감과 긍지를 갖는 것이 사서직을 맡는 데 있어 중요한 것이라고 생각한다.

그리고 우리나라에서 사서를 보는 시각을 바꾸도록 앞장서서 노력해야 할 것이다. 사서를 보는 인식이 책 빌려주는 사람 정도로 여기는 우리나라의 현실을 인정하고 올바른 도서관문화를 형성하여 도서관 속에서 정보를 서비스하는 사서에 대한 바른 인식과, 도서관은 자신이 원하는 정보를 얻을 수 있는 곳, 사람들과 커뮤니케이션이 가능한 교류의 장이 될 수 있도록 하는데 사서가 앞장서서 이끌어야 할 것이다.

지식과 정보는 현대사회에서 없어서는 안 될 아주 중요한 자원으로 인식되고 있으며 그것을 다루는 자원은 사서이다. 사서들은 앞서 말한 투철한 책임감을 가지고 정보를 서비스하고 정보의 만인공유를 위해 힘써야 할 것이다. - 홍정원

용돈봉투(2004. 1. 27.)

2004년도 건강한 한해, 모든 소망이 이루어지시는 한해 되길 바랄게요. -경중, 숙경 드림.

이 때부터 둘째 며느리는 매월 용돈과 함께 잊지 않고 짧으나마 인사말을 동봉했다.

2004. 2. 27.
용돈봉투

겨울인가 싶더니 어느새 봄이 찾아왔어요. 힘들었던 겨울을 잘 이겨냈으니 더 멋진 봄을 기대할 수 있을 것 같습니다. 믿고 지켜봐주셔서 감사해요. 행복한 3월 되세요. -경중, 숙경 드림.

호암친목회 회원님께

2004. 3. 10.

호암포럼

얼마 전에 뜻밖의 폭설이 내렸으나 조상님들의 음덕으로 모두 별일이 없음을 감사하게 생각하면서 안부 겸 한가지 의견을 제시합니다.

어제 '현대사회와 정보' 라는 과목을 강의하면서, 학생들에게 신문에 발표할 자신의 사망기사를 스스로 작성해보면 앞으로 대학 생활을 어떻게 할 것인지에 대한 해답을 얻을 수 있을 것이라는 권고를 하였습니다. 강의를 마치고 나오면서 우리 호암친목회 회원들도 미래지향적인 노력의 자취를 남길 필요가 있지 않을까? 라는 생각과 함께 마침 금년 5월 14일부터 뜻 깊은 행사가 있을 것이므로 이 기회를 출발점으로 삼아 우리 회원들이 주관하는 특별강연을 개최하자는 생각을 하였습니다. 가칭 '호암포럼' (Home Forum)이라고 작명하였고 그 운영방안은 대체로 다음과 같습니다.

1. 발표할 내용이나 주제는 부담이 없도록 자유 선택입니다. 예를 들면 다음과 같습니다.

-직장생활: 다양한 경험, 유쾌한 기억, 잊지 못할 일, 업적 및 실적, 봉급에 얽힌 이야기, 동료관계, 훈포상, 출장 등.

-학문분야: 정치, 경제, 사회, 문화, 교육, 과학, 예술, 철학, 역사, 지리, 종교, 언어 등.

-생활경험담: 의식주, 임신 및 출산, 부부관, 가정관, 부모와 자식, 형제자매,

조상, 친척, 간병 및 치료, 명절에 얽힌 이야기, 희로애락 등.

　-창작품: 시, 소설, 꽁트, 수필, 코미디, 만화 등.

　-국경일, 기념일, 공휴일, 각종 선거, 관광 및 여행, 옛날 옛적 어린 시절의 추억 등.

　2. 특강원고 및 발표시간: 발표자는 발표할 내용을 정리하여 발표 당일 회원들에게 배부하며 소요시간은 50분 이상으로 한다.

　3. 원고료: 발표자가 정리하여 배부한 특강자료 및 그 내용에 대한 보상으로 1편당 일십만 원을 당일 지급한다.

　4. 발표된 원고는 보완, 정리한 후 회원의 동의를 얻어 출판할 수 있다.

　5. 호암포럼은 월 1회 개최하며 장소는 호암친목회 회장이 결정한다.

　금년 5월의 기념행사는 독일 식구들도 주목하는 것 같고, 9월의 행사는 저 개인적으로 큰 기대를 하고 있습니다. 아울러 우리 회장님께 5월의 행사의 발표자가 되어주실 것을 부탁합니다. 회원들의 좋은 의견과 관심을 기대하면서 이만 줄입니다. 健康祝願.(건강축원)

자랑스러운 동생 용효에게

2004. 3. 18.
감사합니다

얼마 전에 보내준 소포를 잘 받았다. 정말 뜻밖이었고 그래서 더욱 고맙고 반가웠다. 커피, 카푸치노, 피부연고, 마늘압축기, 유아용 젖꼭지 등 소포에 담겨진 선물들과 동봉된 편지는 우리 식구들을 감동시켰고 기쁘게 하였다.

우리는 한 핏줄이라는 것, 우리는 서로 아끼고 사랑하고 있다는 것, 한국과 독일이라는 공간을 뛰어넘어 늘 서로가 궁금하고 염려한다는 것, 우리는 서로의 아픔을 말하고 듣고 서로 격려함으로써 이젠 어떤 어려움도 두렵지 않고 인내하고 극복할 수 있다는 사실을 우리 가족들에게 보낸 너의 선물을 통하여 다시 확인하였다.

아무쪼록 몸과 마음을 편안하고 즐겁게 만들도록 스스로 노력하기 바라며 그 노력이 생활화되기를 기원한다. 가볍게 얼굴 단장도 하고, 밝고 예쁜 옷을 자주 입어보렴. 독일에 갔을 때 너에게 전해 준 나의 회갑기념논문집에 너를 위한 시 한 편을 썼으니 마음이 울적하면 읽어보기 바란다. 아름답고 씩씩하고 성실하게 자라는 독일의 조카들에게도 반가운 소식을 전해주기 바란다.

자랑스러운 동생 용효 만세, 독일 가족 만세.

만남과 접근성

2004. 3. 25.

세수를 하고, 머리를 빗고, 화장을 하는 것은 만남을 위한 것이며, 화장품의 종류가 다양한 이유는 아름다움을 추구하는 측면이 있는가 하면 이것 역시 만남을 위한 것이다. 꽃이 아름답다는 것은 만남이 있기 때문에 가능한 표현이며, 누구와 잠자리를 같이 한다는 것, 보고 싶어 죽겠다는 말도 만남을 전제로 한다. 원소 자체보다 원소와 원소의 결합이 의미가 있는 것도 만남과 상통하며, 매스 게임의 아름다움은 많은 사람의 화합된 만남으로 가능하다. 문학작품의 가치는 독자와 작품의 만남에서 싹트며, Round table 이라는 회의 형태 역시 효과적인 만남을 위한 것이다.

우리가 살고 있는 주변의 이곳저곳에 만남의 광장이 있고, '광화문 만나'라는 상호도 있다. 복덕방은 집을 비롯한 부동산 매매를 원하는 사람들의 만남을 돕는 사회적 장치이고, 텔리비전을 비롯한 각종 매스 미디어는 사람과 생활정보의 만남을 돕는 커뮤니케이션 채널이며, 현대사회의 총아라고 불리는 컴퓨터는 정보의 생산, 처리, 저장, 검색, 제공 등 일련의 활동을 효율화함으로써 사람과 정보의 만남을 돕는 커뮤니케이션 채널이다. 도서관이 제작하여 운영하는 목록은 도서관이 소장하는 문헌과 그 이용자의 만남을 돕는 서비스 도구이다.

인간의 지식과 경험을 재구성하여 기록한, 다양한 형태의 문헌은 사람과 지식의 만남을 돕는 지식 전달매체이며, 지식을 생산하고 전달하고 그것을 획득할 수 있는 방법은 사람과 사람의 만남, 사람과 문헌의 만남, 사람과 조직의 만남이다. 이러한 맥락에서 교육은 이들 세 가지의 만남으로 이루어진 통합체이며, 만남의 방법, 만남의 도구, 만남의 수단, 만남의 기회, 만남의 광장, 만남의 촉매, 만남의 신분증, 만남의 징표, 만남의 거울, 만남의 과정이라고 할 수 있다.

그런데 만남은 무엇보다 접근성(accessibility)과 밀접한 관계가 있다는 것이 필자의 생각이다. 사람들은 생필품, 장난감, 책, 문구류 등을 사거나 사람을 만날 때 흔히 편리하고 가까운 곳을 선택하는데, 이를 두고 우리는 접근성이라고 말한다. 접근성은 사람에게도 적용된다. 어떤 이는 가까운 느낌이 들고, 가까이 가고 싶은 생각을 하게 하는가 하면 그 반대의 경우도 있다. 많은 사람들이 전혀 관심을 두지 않고 멀리 하려는 사람이 있는가 하면 그 반대의 경우도 있다.

마찬가지로 도서관과 그 이용자 및 접근성은 밀접한 관계가 있다. 도서관 이용자는 접근성을 고려하여 문헌에 접근한다. 즉 도서관이 얼마나 가까운 거리에 있는가? 그 도서관에 소장된 문헌은 접근하기에 편리한가? 분관은 있는가, 없는가? 개가식 서고인가? 목록은 이용하기 쉬운가? 전자도서관을 운영하는가? 장서는 잘 조직되어 있는가? 전산화는 잘 되었고 이용하기 쉬운가? 문헌 검색 시간과 비용은 어느 정도인가? 검색효율은 어떤가? 사서의 전문성은 어느 정도인가? 대출기간은 어느 정도이고 몇 가지나 대출할 수 있는가? 각종 수수료는 어느 정도인가? 등이 모두 도서관의 접근성에 영향을 주는 요인들이며, 이들은 물리적 접근성, 지적 접근성, 제도적 접근성으로 구분된다.

이용자가 행하는 도서관과 문헌의 선택은 거의 접근성에 따라 이루어지며, 가장 입수하기 쉬운 문헌 혹은 가장 이용하기 편리한 도서관이 먼저 선택된다. 그렇다면 서초동에 자리한 우리나라를 대표하는 도서관인 '국립중앙도서관'이나, 우리들이 살고 있는 지역에 자리한 공공도서관을 우리는 어떻게 평가해야 할까?

'연구자들이 수집하여 이용한 문헌들의 위치를 순위별로 제시하면, 개인장서, 소속된 기관의 도서관 장서, 지리적으로 접근하기 어려운 도서관 장서이다'라는 연구결과는 도서관과 문헌의 접근성이 얼마나 중요한가를 가리키는 것이다. 만남과 접근성은 우리의 영원한 화두이다.

교수와 학생

2004. 4. 18.

지난 해 우리 대학의 교육학습개발원은 '수업 개선을 위한 학생 대표들과의 공개 토론회 결과'를 유인물을 통하여 발표한 바 있다. 이 모임의 주요 내용은 크게 6개 항목으로 구분되었고 그 가운데 '존경스러운 교수님과 실망스러운 교수님'이라는 글이 있었다. 그 주요내용을 인용하면 다음과 같다.

존경스러운 교수님은 학생을 가르치는 열의가 있고, 학생의 이름을 외우고, 친근하게 과제의 수행과정을 체크해주고, 휴강하지 않고, 휴강할 경우 사전에 학생들에게 양해를 구하는 교수이다.

실망스러운 교수님은 강좌명과 실제내용이 맞지 않는 강의(자기 자랑, 자기 관심 분야 등)를 하고, 시험시간에 핸드폰을 이용하여 소음을 내거나 시간적 여유가 있음에도 불구하고 답안을 빨리 쓰라고 독촉하고, 강좌명과 교수의 나이가 어울리지 않고, 토론수업이나 발표 등에서 코멘트나 부연설명이 없고, 수업교재와 시험용교재를 별도로 생각하는 교수이다.

필자는 우리 대학의 교수들이 모두 훌륭하다고 늘 생각했으나 그것이 사실과 다르다고 하니 참으로 민망하고 당황스러웠다. 이 모임에서 학생들이 하고 싶었던 말을 요약한다면, 이러이러한 경우는 훌륭한 강의이고 교수이니 그렇게 해달라는 요청이며, 그 반대일 경우 학생들은 불만스럽다는 것이다. 물론 나머지 5개 항목의 내용들도 앞에 제시한 내용들과 상호관련성을 가지고 있기 때문에 이 모임에서 학생들이 밝힌 전체적인 내용은 '관심과 애정을 가지고 성실하게 학생을 가르쳐달라는 것'이라고 요약할 수 있다.

강의 중에 학생들에게 질문을 했을 때, 어떤 학생은 '앞에서 밝힌 학생의 답과 같다'고 대답한다. '그 학생이 무엇이라고 답을 했는데?'라고 재차 물으면 아무 말도 하지 못하는 경우가 있는가 하면, 어떤 학생은 생각하는 모습도 보이지 않은 채 대뜸 모르겠다고 답하기도 하고, 대답을 회피하거나 되도록 대답을 하지 않으려고 애를 쓰는 경우도 있다. 이런 상황에 직면하면 나도 모르게 그만 강의의욕이 떨어지고 흥이 깨진다. 다음의 경우를 생각해보자.

교수: 학생의 취미는 무엇입니까?

학생: 취미가 없습니다.

교수: 그러면 관심분야는 무엇입니까?

학생: 특별한 관심분야가 없습니다.

교수: 그러면 무슨 책을 주로 읽습니까?

학생: 특별히 흥미를 가지고 읽는 책이 없습니다.

교수: 그렇다면 나는 학생에게 충고삼아 다음과 같은 이야기를 전하겠습니다.

어떤 사람이 건강에 이상이 있다는 생각이 들어서 상담을 하기 위하여 병원으로 의사를 찾아갔습니다.

의사: 취미가 무엇입니까?

상담자: 취미가 별로 없습니다.

의사: 좋아하는 음식이 무엇입니까?

상담자: 별로 없습니다.

의사: 술은 좋아하십니까?

상담자: 아닙니다.

의사: 담배를 좋아하십니까?

상담자: 아닙니다.

의사: 여자를 좋아하십니까?

상담자: 아닙니다.

의사: 그렇다면 무엇 때문에 병원에 오셨습니까!

교육성과 100%라는 것은 기대할 수 없다고 한다. 맞는 말이다. 그러나 학생과 선생은 그것을 달성하기 위하여 성실하게 노력하고, 서로 아끼고, 사랑으로 꾸짖고, 문제가 있을 때 그것을 해결하려고 서로 고민해야 할 것이다. 그것이 진정한 교육이라고 생각한다.

대학생활을 통하여 아낌없이 젊음을 불태우면서 성실한 자세로 학문을 탐구할 수 있는 구체적인 방안을 한가지 제시한다면, '학생이 존경할 수 있는 교수 한 분을 선정하고, 대학을 졸업할 때까지 그 교수를 거울삼아 그 분의 언행 하나하나, 생활습관 하나하나를 그대로 모방하고 실천하자' 는 것이다. 학생 하나하나는 각 가정의 귀한 아들이고 딸이다. 그들을 어떻게 소홀히 다룬단 말인가! 그들은 미래의 조국을 이끌고 책임져야 하는 인물들이다.

아, 사랑하는 아버지, 그리운 어머니

용돈 봉투

2004. 4. 5.

3월 용돈이 너무 늦었어요. 죄송해요. ㅋㅋ. 안성에서 바쁘게 지내시는 아버님 모습 보기 좋아요. 예쁘게 변신할 안성 모습 기대되네요. 예쁜 꽃 피는 4월 멋지게 보내세요. -경중, 숙경 드림.

2004. 4. 27.

안성에서 일하시는 모습 보면 그렇게 평화롭고 좋아 보일 수 없으세요. 항상 건강 조심하시구요. 지금 모습 그대로 오래 오래 행복하시기만 빌어요. 안성의 야채들이 얼마나 컸나, 다음 주에 구경하러 갈께요. 건강하시구요. -경중, 숙경 드림.

2004. 5. 12.
그리운 어머님

어머님, '청춘을 돌려다오' 라는 뮤지컬을 관람한 뒤, 어머님께 이렇게 편지를 드립니다. 이 뮤지컬은 '어린이대공원' 후문에 위치한 '리틀엔젤스예술회관' 에서 공연되었는데, 우리 내외는 찬중 내외의 호의로 어버이의 날을 기념하여 이 공연을 관람하게 되었습니다. 공연 전에 조금 일찍 회관에 도착한 우리들은 저녁을 먹고 입장하기로 작정하고 이곳 저 곳을 두리번거리다가 '남원 추어탕' 이라는 식당에서 말 그대로 남원식南原式 음식으로 저녁식사를 해결하였습니다.

칠순이 넘은 한 홀아비(임하룡)와 한 부부(전유성, 전은주)가 주인공인 이 공연에서, '쉰 옥수수인 이 나이에 내가 빨간 양말과 넥타이 그리고 백구두로 한껏 치장을 하고, 젊은 여자들의 꽁무니나 따라다니고, 걸핏하면 핑크 레이디로 유혹을 하는 것은 먼저 돌아간 마누라를 생각하기 때문이야. 내가 우울한 모습으로 늙은 영감 티를 물씬 내면서 엉금엉금 재미없이 산다고 해서 죽은 마누라가 기뻐하겠어. 남들이 실없고 주책없는 영감탱이라고 흉을 보겠지만 나이에 연연하지 아니하고 젊게, 즐겁게, 재미있게 사는 것이 죽은 마누라를 위해서도 훨씬 좋은 일이 아니겠어!' 라고 홀아비는 큰 소리를 칩니다. 그리하여 그는 미국에서 살다가 이혼하고 돌아온 친구의 조카딸과 마침내 재혼에 성공합니다.

이 공연의 제목은 물론 1950-60년대에 유행하던 유행가의 제목이기도 하고, 신파극新派劇의 냄새가 물씬 풍기기도 하고, 눈물샘을 자극하는 내용일 것이라는 짐작도 있을 수 있지만 앞에서 간략하게 소개한 것처럼 사실은 코믹 뮤지컬이었어요. 이 공연을 보면서 저는 어머님이 몹시 그리웠습니다.

6.25동란의 큰 변란 속에서 남편을 잃으신 청춘의 어머님은 서울이 수복되던 9월 28일에 둘째 아들을 저 세상으로 보내었습니다. 3남 4녀의 자식들을 이끌고, 1950년의 연말에 보금자리 서울을 등지고 피난길에 올라, 경기도 안성군 양성면 노곡리에서 그해 겨울을 나던 중에 막내인 용덕은 천연두를 앓게 되었고, 그 흔적이 지금도 남아있습니다.

징그럽고 치가 떨린다고, 억울하고 분하다고, 서럽고 불쌍하다고, 자식들 때문에 죽을 수도 없다고, 수없이 말씀하시면서 어머님은 한이 맺힌 1950년대를 보내셨습니다. 무릎이 빠질 정도로 눈이 많이 오는가 하면, 가뭄이 계속되면서 흉년이 들고, 양식이 부족하여, 방앗간에서 쌀겨를 얻어다가 볶아서 자식들을 먹이면서도 어머님은 자식들을 교육시켜야 한다는 일념으로 평생을 사셨습니다.

남편의 행방을 수소문하면서, 둘째 아들을 땅에 묻으면서, 10년을 넘게 콩자반과 기름소금(소금에 참기름을 뿌린 것)을 자식들의 도시락 반찬으로 싸주면서, 수업료를 기한 내에 납입하지 못하여 학교에서 집으로 쫓겨온 자식들을 보면서, 전주(全州)와 무장(茂長)을 오가는 일이 반복되는 자식들의 전학사태轉學事態를 감내堪耐하면서, 전주전매청과 삼양모방 전주방직사에 근무 중 남녀노소 상급자들의 푸대접을 받으면서, 방의 구들이 여기저기 주저앉아서 장작불을 집혀도 불길이 제대로 들어가지도 않고, 난방이 제대로 되지 않으니까 방바닥이 썩어갈 수밖에 없는 그런 집에서 자식들이 잠을 자는 모습을 보면서, 명절이나 공휴일에 멋있게 차려입은 어느 부모와 자녀들이 서로의 손을 잡고 행복하고 즐거운 모습으로 지나가는 것을 보면서, 생전의 남편이 박봉薄俸을 무릅쓰고 마련하여 당신의 부모님께 드린 전답田畓과 조그만 선산을 시아주버니가 임의로 처분하는 것을 보면서, 우리 집안을 바로 세울 수 있는 사람은 너뿐이라고 말씀하시는 시아버님을 보면서, 어머님은 자식들의 교육과 그들의 성장을 위하여 평생을 바치는 무거운 짐을 거부하지 않으셨습니다.

재혼으로 팔자를 고치고, 외식을 골라서 하고, 명절을 준비하고, 아픔을 치료하기 위하여 입원을 하고, 문화행사에 참여하고, 여행과 관광을 하고, 고궁에 놀러가고, 친구들과 어울려 떠들썩한 놀이판을 만드는, 이런 일들은 어머님께 사치스럽고, 분에 넘치며 도무지 가당치 않는 일이었습니다.

아내와 뮤지컬 한편을 본 뒤에 느끼고 생각나는 일들이 꼬리를 뭅니다. 가슴이 아프고, 자신도 모르게 눈물이 흐릅니다. 어머님이 몹시 그립습니다. 어머님의 고뇌와 땀과 눈물을 밑거름 삼아 씩씩하고 성실하게 살겠습니다. -김용성

2004. 5. 27.
용돈 봉투

든든한 힘이 되어주시는 아버님. 더운 여름이 다가오네요. 건강 더욱 더 유
의하시구요.

이제 6월이면 방학하시겠네요. 멋진 6월 맞이하시기 바랍니다. 예쁜 딸을
기다리고 있습니다. 개봉박두! -경중, 숙경 드림.

만남과 축하의 장

2004. 6. 17. 축하합니다

서성원(행정), 송천호(중문), 이재춘(세라믹), 이희자(아동), 조희선(아랍)
교수님 귀하

한국교원단체총연합회가 자랑하는 회원이시며 우리 명지대학교의 교수이
신 선생님께서는 6월생이십니다. 한국교총 명지대학교분회는 이 기회를 만남
과 축하의 장으로 삼을까 합니다. 부디 사양하지 마시고 모두 참석하여 주시
기 바랍니다.

1. 시간: 2004. 6. 24(목) 12시 정각

2. 장소: 부산회집(373-1509 ; 명지대 앞 사거리에서 200m 부근)

3. 연락처: 김용성(300-1506)

명지대학교분회장 김용성 드림

용돈봉투와 용효에게 보내는 편지

2004. 6. 27.
용돈봉투

즐거운 여름 방학이시네요. 운동도 하시고 산책도 많이 하셔서 더운 여름 더욱 건강해지시는 기회 되시기 바랍니다. 저는 예쁜 딸 건강히 길러서 다시 뵐게요. -경중, 숙경 드림.

2004. 7. 27.
용돈봉투

10년 만에 찾아오는 더위라고 하네요. 더위 조심하시고 항상 건강하세요. 다음에는 세연이랑 찾아뵐게요. -경중, 숙경 드림.

2004. 7. 29.
건강한 모습으로

사랑하는 동생 용효에게
한국의 여름은 기온이 높고 습기가 많은 것(고온다습)이 특징인데, 금년의 여름은 10년 만에 찾아온 무더위 탓인지 장마가 끝난 후부터 2주간 계속 무더위이고, 열대야 현상으로 인하여 밤 기온이 섭씨 30도가 넘는다.
안성에 마련한 집에 가끔 가보지만 여름날씨에 얼마나 잡초가 무성한지 감당하기 어렵다. 제초제를 뿌리거나 검정비닐을 밭에 깔고 씨를 뿌려야 한다는데 우리는 그대로 씨를 뿌렸더니 한없이 잡초들이 자란다. 한바탕 풀을 뽑고 나면 온통 땀투성이가 되어서 속옷을 모두 바꿔 입어야 한다. 무장 할머니 댁에서 농사를 돌보던 일이 생각나고, 열무김치에 고추장을 넣어서 쓱쓱 비벼먹고 시원한 우물물 한 사발을 마시던 기억도 난다.

어제 며느리와 집사람과 함께 사진관에 가서 선호의 돌 사진을 찍고 왔다. 과거와 다르게 요즘 젊은이들은 참으로 거창하게, 큰돈을 써가면서 돌 사진을 마련하고 있다. 돌 사진 촬영에 두 시간을 씨름하였다. 한국에 오면 이 사진을 보겠지만 대단한 사진이다. 참, 선호의 첫 생일은 가까운 친척들이 모여서 한바탕 먹고, 마시고, 이야기 나누기에 떠들썩하고 분주하였다.

이미 아는 바와 같이 돌아오는 9월 17일은 많은 기대를 하고 있다. 큰 집의 조카들이 아직 어리고 사회활동이 미미하므로 내가 나서서 형님의 칠순행사를 준비해야 할 것 같다. 호텔의 큰 방 하나와 음식을 예약하여 너를 포함한 우리 형제자매들과 조카들, 외가 가족들을 초청하여 한바탕 큰 잔치를 해 볼 생각이다.

돌아가신 어머님께 참으로 죄송하고 불효를 한 일이 많이 있는데, 환갑과 칠순을 크게 축하하지 못한 일이 두고두고 후회스럽다. 그런 후회를 반복하지 않도록 오직 한 분인 형님의 칠순을 크게 축하하고 싶다.

네가 받지 못한 지난 편지 한 통을 동봉하면서 부디 건강한 모습으로 9월에 만나기를 기대한다. 우리의 앞길에는 희망과 의욕, 그리고 전진과 행복이 있을 뿐이다.

더 젊어지십시오

2004. 8. 24.
송승섭입니다

　장마 후에 긴 장대비가 연일 세상을 씻어 내리고 있습니다. 지난번에 술 사
주신 것 이제야 다시 감사를 드립니다. 부족한 제자를 두신 덕에 자주 술을 사
시는 게 아닌가 싶어 죄송스럽습니다.

　집 안에 새 아기가 생겨 이제 할아버지가 되셨습니다. 탄생이라는 기대와
흥분으로 더 젊어지시기 바랍니다.

　어느덧 개강이 되었습니다. 방학 중에 논문 한 편을 쓴다는 생각에서 또 어
설픈 글 한 편을 만들게 되었습니다. 부족한 글이지만 자세히 봐주시고 지도
를 부탁드립니다. 견고하고 엄밀하면서도 여유를 남기는 그런 글을 쓰고 싶습
니다만 늘 기대에 그칩니다.

　앞으로 가족이 늘어날수록 더 더욱 행복하시고 건강하시기를 빕니다. 사모
님께도 안부 올립니다. 안녕히 계십시오. -송승섭 올림

용돈봉투 속에 담긴 짧은 글

2004. 8. 27.
용돈 봉투

길 것 같던 방학도 금방 지나가 버렸네요. 새로운 학기, 더욱 즐겁게 지내시길 바래요. -경중, 숙경 드림.

2004. 9. 27.
용돈 봉투

한 해가 벌써 다 지나가네요. 가을 추수처럼 많은 것을 수확하시는 한 해가 되시길 바래요. 멋진 정월 기대할게요. -경중, 숙경 드림.

"기름 닳는다, 불 꺼라"

2004. 9. 30.
출간을 축하하며

여기, 한 젊은이가 낮은 목소리로 자신을 말하고, 우리를 말하고, 사회를 말하고 있다. 그의 말과 생각들이 한결 같이 천금 같을 수는 없지만 항상 겸손한 자세, 시작이 반이라는 굳은 마음으로 꾸준히 정진하고 있음을 대견하게 생각한다.

빼어난 사회인으로, 남들이 우러러보는 가장으로, 효성이 지극한 자식으로 행세하기란 참으로 어려운 일이지만 그렇게 하고 또 되기 위하여 모든 사람들이 애를 쓰고 있고, 여기 한 젊은이도 그 대열에 합류하여 거친 물살을 헤쳐가고 있음을 본다.

'…… 저 건너 순이네는 불을 못 켜서 밤이면 바느질도 못한다더라' 라는 동요가 떠오른다. 동요는 동요일 뿐이라고 생각할 수도 있다. 그러나 이는 지난날, 참담하고 어려웠던 우리들의 삶과 숨결을 숨김없이 전하는 동요이기도 하다. 어렵고 힘든 시기에도 우리들은 글을 쓰고 책을 만들었고, '기름 닳는다. 불 꺼라' 라는 할머님의 말씀을 수 없이 들으면서 밤새워 책을 읽었다.

여기 한 젊은이가 그때와 같은 각오와 심정으로 글을 쓰고 책을 만들었으리라고 여기면서, 자신의 생각과 경험을 거칠고 우직하게나마 정리한 첫 생산이 처음이자 마지막이 되지 않기를 바라는 마음이다.

명지대학교를 인연으로 20년 이상을 교류하고 있는 박진환 군과 그의 가정에 늘 건강과 영광이 함께 하기를 기원하면서, 글을 쓰고, 쓴 글을 책으로 낸다는 것은 참으로 유익하고 신나는 일이라는 말로 축하를 보낸다.

'사서직을 말한다'

명대신문 천자단상 (2004. 10. 11.)

　사서직은 일명 정보관리전문직이라고도 하며, 이들의 역할은 도서관을 비롯한 정보시스템을 효율적으로 관리하여 정보이용자들의 정보요구를 충족시킴으로써 정보의 만인공유를 실현하는 것이다.

　사서직은 미시적 관점에서 정보서비스를 위한 모든 과정의 효율화를, 거시적 관점에서 문화의 보존과 전승 및 창달을 과제로 삼는다. 그러므로 사서직은 높은 수준의 지적인 능력, 투철한 봉사 정신과 협동심, 전문직다운 책임감, 끊임없는 자기개발 등의 자질을 갖추고 실천함으로써 사회발전에 공헌하고 있다. 4년제 대학의 문헌정보학과를 졸업 혹은 복수 전공하거나, 대학원에서 문헌정보학을 전공하여 학위를 받으면 국가로부터 사서자격증을 받는다. 아울러 대학과정에서 교직과정을 이수하면 사서교사자격증까지 획득할 수 있다.

　정보가 급격하게 증가함과 동시에 정보이용자들의 요구가 다양성을 띠게 되었다는 복합적이고 거대한 사회적 흐름은 정보관리의 필요성과 그 책임을 묶어서 information pool이라는 사회적 장치를 탄생시켰고, 이 장치를 창의적이고 주체적으로 운용하는 인적자원이 곧 사서직이다. 더구나 현대사회는 전통적인 생산요소 이상으로 지식과 정보를 중요한 자원으로 인식하고 있으며, 그 정도는 점차 심화되고 있다.

　정보는 에너지이며 힘이라는 것이다. 그렇다면 정보관리전문가로서의 사서직은 현대사회가 주목하는 유망한 직종 중의 하나라고 단정할 수 있을 것이다.

제자가 보낸 편지 한 통과 자식들 용돈봉투

2004. 10. 11.

임금순입니다

교수님 안녕하세요? 학교 앞에 왔다가 뵈려고 했는데 안 계셔서 다음에 뵙도록 하겠어요. 건강하십시오. -임금순 올림(031-864-3756)

80학번 임 선생이, 내가 퇴근한 후, 학교에 찾아와서 콩, 파란 고추, 밤 등을 한 보따리 놓고 갔다. 이튿날 통화해보니 오랜만에 인사 겸 텃밭에서 가꾸어 거둔 것을 조금 전하고 싶었다고 말한다. 경기도 의정부시 광정면 두곡리에서 '새벽교회' 를 운영한다고 한다. 의정부에서 승용차로 40분 정도 소요되는 거리. 약속이나 한 듯 서로 건강을 기원하였다.

2004. 10. 27.

용돈 봉투

가을은 축제의 계절이죠. 한 해 한 해 더욱 젊어지시는 아버님 되시길 바래요. 아름다운 가을 보내세요. -경중, 숙경 드림.

2004. 11. 27.

용돈 봉투

방학이 있어 즐거운 12월입니다. 시작했나 싶더니 끝이네요. **빨랑빨랑** 지나가는 이 소중한 시간들, 더 깊이 음미하는 12월 되세요. 감기 조심하시구요. - 경중, 숙경 드림.

도강

『열린공간』 제20호(2004. 12. 6.)

도강이 뭐지? 선배들은 더 잘 알겠지만 4.19혁명을 체험하면서 대학을 다녔던 우리 세대들은 도강(盜講)의 경험을 내심 자랑스럽게 생각하였다.

강을 건너는 것을 의미하는 도강(渡江)이 있는가 하면, 배운 글을 선생 앞에서 외는 것을 말하는 도강(都講)도 있는데 지금 필자가 말하는 도강은 강의를 훔친다는 뜻이다. 풀어서 말하면 도강이란 수강신청을 하지 않은 교과목의 강의를 남모르게 수강하는 것을 말한다. 수강신청을 하지 않았기 때문에 도강하는 학생의 이름은 당연히 출석부에 오르지 않을 뿐더러 결석을 해도, 개근을 해도 아무 상관이 없음은 너무도 분명하다.

도강의 목적이나 심리는 대강 이렇다. 첫째, 마음에 드는 이성의 학생에게 접근하여 작업에 들어갈 수 있는 자연스러운 방법이다. 둘째, 소속학과를 불문하고 대학생들 사이에서 명강의를 한다고 소문이 자자한 교수의 강의를 들을 수 있는 당당한 방법이다. 셋째, 훌륭한 교수 및 선배를 부담 없이 자유롭게 만날 수 있는 실속 있는 방법이다. 넷째, 지성인이 되기 위한 스스로의 몸부림이다.

도강을 하려면 첫 강의시간에 도강에 관한 정보를 입수해야 한다. 무엇보다 앞에서 말한 도강의 목적에 부합하는지를 확인해야 함은 물론이고, 교수는 강의 도중에 무작위로 질문을 하는지, 교수는 학생들의 복습과 예습상태를 확인하는지, 수시로 쪽지시험을 시행하는지 등에 신경을 써야 한다.

도강을 거듭하면 교수를 비롯하여 많은 사람을 안다는 것이 가장 의미 있는 일이라고 생각한다. 필자는 평소에 정보원(information sources)의 유형 가운데 가장 중요한 것을 인적자원이라고 되풀이 강조한다. 또 학문분야를 막론하고 연구자들은 하루의 일과에서 다른 활동을 하지 않는 경우는 있으나 커뮤니케이션을 하지 않을 수는 없다. 그만큼 커뮤니케이션은 중요하다는 뜻이나, 이것이 어찌 연구자만의 특징을 말하는 원리라고 하겠는가. 그렇다면 사람을 많이 안다든가, 아는 사람이 많다는 것은 결코 단순하지 않고 매우 의미 있는 일이지 않겠는가. 도강은 이 일을 해결하는 좋은 방법이며, 아주 자연스럽고, 어쩌면 은밀하고, 유쾌한 비밀이면서도 주위사람들에게 슬며시 자랑하고 싶은 비밀이 아니겠는가.

미국의 저명한 대학에 유학한 한 대학생은 학업성적은 어느 정도 수준에 머물게 하고, 친구를 사귀는 일에 전념하였다. 이상하게 여긴 교수와 친구들이 이 학생에게 그 이유를 묻자, 대학에서 사귄 많은 친구를 밑천 삼아 사회활동을 할 계획이라고 이 학생은 답변했다고 한다.

은밀하고, 신나고, 자유롭고, 남의 자유를 침해하지 않고, 별도의 비용이 필요치 않고, 낭만적이기 조차한 도강이라면 전염병이 퍼지듯 도강은 지금보다 훨씬 확산되어야 하지 않을까.

2004. 12. 27.
용돈봉투

벌써 한 해가 저물어가네요. 한 해 한 해 지날수록 더욱 소중한 사람이 되기 위해 노력할게요. 감기 조심하시구요. -경중, 숙경 드림.

제7부

우리는 대한민국 국가대표(2005년-2009년)

카렌더 속의 동양화(2005. 1. 14.)

'동양화는 서양화와 달리 여백이 있고, 그로 인하여 보는 이들은 많은 생각을 하게 된다'는 벽천(碧川) 나상목(羅相沐) 선생의 말씀을 떠올리면서, 아마추어의 수준도 갖추지 못한 나의 감상능력을 동원하여, 부평에 계신 형님이 구해 주신 조그만 2005년도 캘린더에 관한 느낌을 쓴다.

이 캘린더는 우조(又祚) 남상숙(南相淑) 선생의 동양화를 수록한 탁상용 캘린더인데, 상단에 코일을 끼우고, 두꺼운 양쪽 표지 끝을 접어서 세울 수 있게 만든 것이다. 12월의 달력 뒷면에 우조의 약력과 월별 절기 해설이 수록되었다.

이 캘린더는 아름답고 단정한 매화가지 너머 저 멀리, 두어 채의 초가들이 보이는 한 폭의 동양화를 표지에 담고 있으며, 크기는 15.2 x 23 cm인데 진명여자고등학교 동문회가 발행하였다.

1월은 '잔설 녹이는 아련한 매화의 향기'라고 적은 설중매(원작 40.5 x 50.5 cm)를 실었는데 매화나무 너머로 보이는 눈 덮인 언덕 밑에 조그만 동네가 앉아 있다. 한글로 이천사년 우조라고 쓰고, 한글 성명의 낙관(落款)을 찍었다. 5일이 소한(小寒)이고, 20일은 대한(大寒)이다.

2월은 '겨울 신부'(34.5 x 44.5 cm)인데, 매화 세 송이는 활짝 피었고, 두 송이는 피울 준비를 하느라 봉긋한 모습이다. 2003 여름 우조라고 쓰고, 한글의 호와 성명의 낙관을 위와 아래에 각각 찍었다. 4일이 입춘(立春)이고, 9일이 설날이며, 18일은 우수(雨水)이다.

3월은 연도표시는 없고, 한자의 성명과 호의 낙관을 위와 아래에 각각 찍은 '숨바꼭질'(36 x 47 cm)이다. 매화들이 만발한 가운데 한 쌍의 새가 노닐고 있다. 5일이 경칩(驚蟄)이고, 20일이 춘분(春分)이다.

4월은 아지랑이 속에서 갖가지 야생화들이 미모를 뽐내고 있는 '아지랑이' (36 x 41.5 cm)이다. 한식(寒食)과 청명(淸明)이 5일인 탓인지 잘 어울리는 아지랑이다. 2004 봄, 우조라고 썼으며, 한자 성명의 낙관을 찍었다.

5월은 어린이날, 어버이날, 석가탄신일, 스승의 날, 성년의 날이 줄을 섰다. 한 쌍의 오리가 연못 가운데에서 구애 중인지라 연못의 물결도 장단을 맞추고 있다. 한자 성명의 낙관을 찍은 '구애' (32.5 x 37.5 cm)는 연도표시가 없다. 5일은 입하(立夏)이고, 21일은 소만(小滿)이다.

6월은 여섯 식구의 오리가족들이 정답게 나들이를 가는 가운데, 강 건너 편으로 아름드리 고목들이 의젓하게 서있고, 숲으로 병풍을 친 동네가 보이는 '나들이' (35 x 44.5 cm)이다. 2002 봄 우조라고 쓰고, 한자 성명의 낙관을 찍었다. 5일은 망종(芒種), 11일은 단오(端午), 21일은 하지(夏至)인데, 한이 서린 6. 25가 여전하다.

7월은 초록이다 못해 검게 보이는 가로수 사이로 전깃줄을 늘어뜨린 집들이 조용히 쉬고 있는데 멀리서 제비 한 쌍이 멋지게 비상하고 있는 '맹하 '(40 x 51 cm)이다. 2003 봄 우조라고 쓰고, 한글 성명의 낙관을 찍었다. 7일은 소서(小暑), 15일은 초복(初伏), 25일은 중복(中伏), 23일이 대서(大暑)이다.

8월은 '머루랑 다래랑 먹고 청산에 살으리랏다' 이천사년 여름 우조라고 쓰고, 한자 성명의 낙관을 찍은 '정복 '(40.5 x 50.5 cm)이다. 한 마리 청개구리가 버티듯 머루넝쿨을 휘어잡았고, 머루송이는 이글거리는 햇볕에 잘도 영글었다. 14일이 말복(末伏)이고 23일은 처서(處暑)이다.

9월은 활짝 핀 황국(黃菊)을 끼고, 한 쌍의 조선 닭이 각기 벼슬을 얹은 채 다정한 모습으로 가을의 향기를 즐기고 있는 '꽃밭에서' (40 x 49.5 cm)이다. 2004 봄, 우조라고 쓰고, 한자 성명의 낙관을 찍었다. 18일은 우리 민족의 큰 명절 추석(秋夕)이고, 23일은 추분(秋分)이다.

10월은 붉은 붕어 한 쌍이 노니는 가운데 이름 모를 수초가 활짝 꽃을 연 '휴식' (40 x 50.5 cm)이다. 2004 우조라고 쓰고, 한글 성명의 낙관을 찍었다. 상달답게 국군의 날, 개천절, 한글날이 줄을 섰고, 23일은 상강(霜降)이다. 한글날은 국경일이면서도 공휴일은 아니란다. '언어는 에너지이다' 라는 말은 언어학 연구자들만의 전유물(專有物)인가.

11월은 까치밥으로 남긴 연시(軟?) 한 개를 지키듯, 털옷 입은 올빼미 한 쌍이 나란히 앉아 밤을 기다리고 있는 '마지막 가을' (45.5 x 56.5 cm)이다. 이천삼년 가을, 우조라고 쓰고, 성명과 호의 한글 낙관을 찍었다. 7일이 입동(立冬)이고, 22일은 소설(小雪)이다.

12월은 첩첩산중(疊疊山中), 차갑게 겨울물이 흐르는 두메산골에 헛간을 옆에 둔 초가 하나가 수십 년 묵은 감나무 멀리 눈을 가득 인 채 서 있고, 허리 굽은 할머니가 검둥이와 함께 눈길을 내고 있는 '외갓집' (45.5 x 59.5 cm)이다. 글씨는 한 톨도 없고, 연도표시도 없이 한자 성명의 낙관을 찍었다. 7일이 대설(大雪)이고, 22일은 동지(冬至)이다.

이 캘린더에 실린 우조 선생의 작품은 네 가지의 성명 낙관과 한글과 한자로 새긴 두 가지의 호 낙관을 사용하였는데, 성명 낙관은 서로 다른 두 가지 모양의 한글 및 한자를 썼다. 이 탁상용 캘린더는 우조 선생의 개인전에 전시된 작품 속에서 12점을 선정하여 진명여자고등학교 동창회가 편집, 제작한 것이다.

2005. 1. 27.
용돈봉투

새해가 시작된 지 벌써 한 달이 지나가네요. 행복한 시간은 빨리 지나간다고 하더라구요. 아버님에게도 빠르게 지나간 한 달이었길 바랍니다. -경중, 숙경 드림.

만남에 관한 글을 수집합니다(2005. 2. 14.)

만남은 소중하다고 늘 생각하였기 때문에 여러분과 나와의 만남으로 비롯된 이야기를 여러분이 써주면 그것을 모아서 우리들의 책을 만들까 합니다.

대학 안에서, 또 대학 밖에서 우리는 만났고, 강의실에서, 야외에서도 우리는 만났습니다. 운동장과 술자리에서 우리는 만났고, 수학여행과 야외수업에서도 우리는 만났습니다. 우리는 결혼식장과 장례식장에서도 만났고, '학술발표회'와 '문헌정보학과 학우의 밤'에서도 만났습니다. 여기에 얽힌 내용의 글을 써서 우리들의 책을 만드는 일에 동참하지 않겠습니까? 글의 분량은 제한이 없으며, 금년 8월 말까지 나에게 보내주면 됩니다. 책이 나오면 물론 여러분을 초대하여 조그만 잔치를 열겠습니다. 이것 또한 뜻있는 만남이 될 것입니다. '만남'에 관하여 나는 이런 글을 쓴 적이 있음을 전하면서 여러분의 건투를 기원합니다.

세수를 하고, 머리를 빗고, 화장을 하는 것은 만남을 위한 것이며, 화장품의 종류가 다양한 이유는 아름다움을 추구하는 측면이 있는가 하면 이것 역시 만남을 위한 것이다. 꽃이 아름답다는 것은 만남이 있기 때문에 가능한 표현이며, 누구와 잠자리를 같이 한다는 것, 보고 싶어 죽겠다는 말도 만남을 전제로 한다. 원소 자체보다 원소와 원소의 결합이 의미결합인 것도 만남과 상통하며, 매스 게임의 아름다움은 많은 사람의 화합된 만남으로 가능하다. 문학작품의 가치이기 보다 작품의 만남에서 싹트며, 원탁회의라는 회의형태 역시 효과적인 만남을 위한 것이다. 우리 주변의 이곳저곳에 만남의 광장이 있고, '광화문 만나'라는 상호도 있다. 복덕방은 집을 비롯한 부동산 매매를 원하는 사람들의 만남을 돕는 사회적 장치 만남에서 텔레비전을 비롯한 각종 매스미디어는 사람과 생활정보의 만남을 돕는 커뮤니케이션의 장이며, 현대사회의 총아라 불리는 컴퓨터는 정보의 생산, 처리, 저장, 검색, 제공 등 일련의 활동을 효율화함으로써 사람과 정보의 만남을 돕는 커뮤니케이션 채널이다. 도서관이 제작하여 운영하는 목록은 도서관이 소장하는 문헌과 그 이용자의 만남을 돕는 서비스 도구이다. -김용성

용돈봉투와 이루시

2005. 2. 27.
용돈 봉투

햇살이 따뜻한 걸 보니 벌써 봄이 왔나 봐요. 올 봄엔 더 좋은 일만 있으시길
빌게요. 3월부터 조금 더 자주 뵙겠어요. 항상 건강하시구요. -경중, 숙경 드
림.

2005. 3. 24.
이루시입니다

안녕하셨어요? 김 교수님.
한해가 시작되는 새해인사도 없었고, 성탄절 때도 카드인사라도 못드린 저
의 부족함. 저는 해일에도 아무 피해 없이 잘 살고 있지요. 그러나 제 맘은 항
상 두 분의 모습을 기억하며 인사드리고 있었습니다.
10년 전의 두 분의 모습을 기억 속에 간직한 채 미국에 있는 정원과 이메일
을 주고받으면서도 교수님의 안부를 주고받는답니다. 건강은 어떠하신지요?
전 성당 반주를 맡게 되어 봉사 아닌 봉사를 하고 있습니다. 그래서 더욱 머리
숙여 연습도 하고 정말 제가 합당한 도구로 쓰이고 있는지 반성하고 있습니다.
결혼 10년차인데 남편과는 많이 멀어졌습니다. 저의 바깥활동이 남편은 못
마땅한가 봅니다. 작년에 무척 힘들었는데(마음이), 올해는 저의 잘못된 생
각- 맞다고 생각하는데 가족, 다른 분은 아니라고 생각되는 부분- 저의 행동

을 좀 더 신중히 반성해야 할 것 같습니다. 그러나 가끔은 나의 노력이 남편과의 거리를 좁힐 수 있을까 하는 의구심이 들만큼 거리가 생겼습니다. 제 남편의 외골수적인 성격도 한몫하고 있지만, 저의 마음이 제가 변화하리라 마음먹습니다. 부활절이 다가오고 있습니다. 제 자신도 죽었다가 살아나야 제대로 잘 살아갈 수 있을 텐데. 교수님, 결혼 십년차가 되고 마흔 살의 문턱에 들어서서 자꾸 어른들의 먼저 사신 모습들 속에 저의 삶이 겹쳐지며 반성이 됩니다.

지금은 새 학기 시작이어서 여러 가지로 바쁘시리라 짐작합니다. 건강하시고 안녕히 계세요. -중국 심천에서 87학번 이루시아 드림.

2005. 3. 27.
용돈 봉투

봄이 왔네요. 안성에는 벌써 꽃과 풀들이 봄을 자랑하겠네요. 아버님의 정원조성계획은 잘 진행되고 있나요? 언제 놀러갈게요. -경중, 숙경 드림.

2005. 5. 8.
용돈 봉투

아버님께 어떤 선물이 좋을까? 고민 많이 했거든요. 외면보다 내면이 아름다우신 아버님을 더욱 풍요롭게 해드릴 수 있는 선물이 되길 바랍니다. 건강하시구요. -경중, 숙경 드림.

한 여름 밤의 꿈(2005. 5. 11.)

사람이고, 세상이고 모두 이중구조를 가지고 있다고 한다. 그래서 이중인 격이라는 단어도 있고, 동전의 양면이라는 말이 있는가 하면, 『지킬 박사와 하이드』는 여전히 잘 읽히는 소설이다. 그런가 하면 맹장, 용장, 지장보다 덕장을 으뜸으로 치고, 우리나라 사관학교의 교훈은 지인용덕체(智仁勇德體)를 벗어나지 않으며, 3대를 적선하면 명당이 보인다는 말로 적선을 권장하고 강조한다.

동서고금을 막론하고 꿈이야기는 있기 마련이고, 더욱이 좋은 꿈은 예나 지금이나 팔고 산다. 현몽이나 해몽은 여전히 우리 주변에 있다. 다음의 글은 사실일 수도 있고, 아닐 수도 있으나 현실적으로 얼마든지 있을 수 있는 일이다. 서글픈 꿈 이야기이긴 하나 아예 한 자리 개꿈으로 치부하고 싶다. 이런 정도의 이야기를 서글프다고 한다면 좋은 세상이라고 할지도 모른다. 그러나 글 가운데 '병'이라는 사람이 우리의 자식이며, 이런저런 인연으로 인하여 우리와 끈끈한 관계에 있는 사람이라면 이야기는 어떻게 되는 것인가. 더구나 이 꿈이야기가 '병'이라는 사람에게 전달되면 이야기는 또 어떻게 되는가. 그래서 나는 할 일 없고, 경망스럽고, 잘난 척한다는 비아냥거림을 무릅쓰고 한여름 밤의 꿈, 두 자리를 여기 쓴다.

첫째 꿈 이야기

갑: 병이라는 후배를 잘 아시죠?
을: 그럼요. 가끔 만나면 함께 술도 마십니다.

갑: 취직이 어렵긴 하지만 그런 후배를 우리가 잘 이끌어주어야 하지 않을까요?

을: 선후배 관계는 참으로 중요하지요. 우리 대학의 선후배 관계는 거의 해병대 수준이라고 말하는 사람들이 있어요.

갑: 하하하, 굉장하군요. 그런데 지금 어느 회사가 경력사원을 물색 중이라고 합니다. 병을 추천하면 어떨까요?

을: 저야 상관이 없지만, 그 후배는 대학 다닐 때, 학과문제를 가지고 끈질기게 모교 학과 교수를 괴롭힌 장본인의 하나입니다.

둘째 꿈 이야기

갑: 병이라는 사람을 잘 아시죠?

을: 예, 잘 압니다. 병은 우리 대학 출신이며, 제가 가르친 우리 졸업생입니다.

갑: 아시는 바와 같이 병의 학위논문을 제가 지도했고, 우수한 사람이라고 생각합니다만.

을: 우수하죠. 사람 됨됨이도 그렇고.

갑: 혹시 대학의 전임자리가 있으면 병을 추천하고 싶은데 그런 기회가 없을까요?

을: 글쎄요. 사실, 병은 대학을 다닐 때 학과 교수 배척운동을 주도한 학생 중의 하나입니다.

경중, 숙경이 보내는 용돈봉투 1

2005. 5. 27.

용돈봉투

갑작스레 날씨가 더워지네요. 아버님 더위 조심하시구요. 건강한 6월 보내세요. -경중, 숙경 드림

2005. 6. 27.

용돈봉투

시간이 참 빨리 흐르네요. 벌써 여름이 되었고, 조금 있으면 방학이 되네요. 항상 건강하게 저희 곁에서 행복한 시간 되세요. 방학 멋지게 보내세요. -경중, 숙경 드림.

2005. 8. 27.

용돈봉투

이제 곧 개학이네요. 겨울방학을 기다리며 올 한해를 추수하는 가을을 더 멋지게 보내시기 바랍니다. 일교차 큰 날씨에 감기 조심하시구요. -경중, 숙경 드림.

2005. 9. 27.

용돈봉투

아침, 저녁으로 쌀쌀한 바람이 부는 가을이네요. 감기 조심하시구요 .청명
하고 푸른 가을 만끽하시기 바랍니다. -경중, 숙경 드림.

2005. 10. 27.

용돈봉투

더위가 가셨나 싶더니 벌써 바람이 차네요. 항상 건강 조심하시구요. 소중
한 시간들 꼬옥 붙잡으시고 즐기시길 바랍니다. -경중, 숙경 드림.

내가 쓴 2편의 시

2005. 11. 1.

가을의 만남

가을마다
서울깍쟁이들이 흔히 말하는
가깝고도 먼
덕수궁 돌담길
시청 앞에서 광화문에 이르는 길

가을마다 새롭게
눈에 넣고 가슴에 담아 느끼고 싶은
도봉산 망월사 속리산 법주사
내장산 내장사 지리산 화엄사
설악산 신흥사
산사 산사들...

가을저녁
가로등 불빛이 누비고 나르는 나뭇가지
익어가는 단풍들

수채화의 자연

젊은 여인들의 뒷모습

고운님과의 긴 입맞춤

제자들과의 오랜만의 만남

그 틈 사이로 흘러드는 드볼쟉의 신세계.

만남과 헤어짐

시작과 끝

파종과 추수

신록 녹음 단풍 낙엽

그 반복의 당신은 아주 옛날부터 산 사람들의 벗.

청산은 나를 보고 말없이 살라 하고

창공은 나를 보고 티 없이 살라하네.

물 밑 같은 흥얼거림으로

가을의 만남은 또 깊어간다.

2005. 11. 1.

가을비

비 오는 날 저녁

아내가 나를 위로 하네

자, 夕陽一杯(석양일배) 해요

조그만 잔 하나와 술 한 병
따끈하게 부쳐진 빈대떡.

지금은 옛이야기,
서울역 앞을 지나면
좌판을 벌이고
잡채며 국수며 빈대떡을 그릇 가득 담아 팔았지.
퇴근길,
그 앞을 지나면 식욕이 동하여
담아 놓은 음식이 더욱 푸짐하게 보였지.
그 때 그렇게 장사하던 사람들
지금은 어디선가 잘 살겠지!

『다사리』간행사

2005. 11. 8.

간행사

『다사리』가 있다는 사실을 알게 된 것은 정말 우연이었고, 뜻밖의 수확이었습니다. 우리 학과 학생들의 당시 의식구조를 숨김없이 표출한 기록이라는 점에서 더욱 그러했습니다.

『다사리』, 누구의 작명이며, 누구의 아이디어인가를 아직 알지 못한 채 학생들의 적극적인 호응을 받아 작은 문집을 만들게 되었습니다. 처음 만나는 『다사리』는 어찌된 일인지 부분적으로 그 행방이 묘연했고, 많은 학생들은 여기에 흔적을 남기지 않은 것 같습니다. 매우 아쉬운 일입니다. 그러나 현존하는 『다사리』는 해를 거듭하면서 다양한 학생들의 다양한 체취와 손때를 감내한 끝에, 단정치는 않으나 당당한 모습으로 내 앞에 나타났습니다. 경찬, 철웅, 상필, 재명, 성우, 인섭, 창희, 태균, 선재, 방씨 등 낯익은 이름들이 각각 특이한 모습으로 클로즈업되면서 눈을 맞추려고 애를 씁니다. ― 참, '우리 학과 학생 중에서 나보다 학교에 오래 다니는 사람이 있으면 나와 봐!'라고 일갈하는 건강미 넘치는 한 군은 지금 어디서 무얼 할까? 살기 좋은 호주라더니 아예 눌러앉았나? ―

『다사리』를 처음 대면한 뒤, 2004년 여름방학이 시작되기 직전에 학생회장 김수민 양과 문집을 간행하기로 합의하였습니다. 편집위원들에게 『다사리』 원고를 분배하면서 그들에게 문집에 수록할 글을 선정함은 물론, 입력 작업마저 위임하였습니다. 방학이 끝날 무렵 『다사리』 원고에서 선정된 글들이 디스

켓에 담겨지고, 전체를 출력하여 교정 및 편집작업을 마감하였습니다. 편집위원들은 작업과정에서 자장면 한 그릇에 만족(?)하였습니다. 그러나 유감스럽게도 2005년 1학기 초에 디스켓이 행방불명되었음을 확인하고, 연구실에서 나를 돕던 강소선 양에게 부탁하여 입력 작업을 다시 하였습니다. 그 뒤 편집위원들의 여러 차례의 교정 및 편집활동을 통하여 문집의 체제, 글씨체, 목차, 표지 등을 협의한 끝에 오늘에 이르렀습니다.

책을 만든다는 일은 예나 지금이나 쉽지 않습니다. 특히 원고가 관건인 것은 말할 필요가 없습니다. 이를 극복하고 『다사리』는 책자로 다시 태어났습니다. 이 문집으로 인하여 우리 학과 선후배간의 우정이 깊어지고, 생각이 깊어져서, 여러분의 끈기와 노력이 좋은 열매를 맺기를 기대합니다. 이 문집에 얽힌 뒷이야기를 기다리면서 여러분의 건투를 기원합니다.

경중, 숙경이 보내는 용돈봉투 2

2005. 11. 27.

용돈봉투

한해가 어찌나 빨리 지나가는지 벌써 마지막 달이 되었네요. 한 해 정리 잘
하시고 추운데 감기 조심하시구요. -경중, 숙경 드림.

2005. 12. 27.

용돈봉투

행복했던 한해가 정말로 눈 깜짝할 사이에 지나가 버렸네요. 내년에도 올해
처럼 행복한 시간되시길 바라며. 아버님, Merry Christmas! -경중, 숙경 드림.

2006. 1. 1.

용돈봉투

2006년 새해에도 내내 건강하시고 좋은 일만 있으시길 바랄게요. 여행도 재
미있게 다녀오시고요. 어머님, 아버님 항상 감사합니다. -경중, 숙경 드림.

성지순례 기도문(2006. 1. 8.)

2006년 벽두에 신년예배를 드린 이후, 학교법인 명지학원 교원의 성지순례에 참가한 명지가족 29명은 첫 번째 주일을 맞이하여, 진지전능하신 하나님의 무한한 사랑과 축복에 진심으로 감사의 기도를 드림과 동시에 학교법인 병지학원의 교원으로서의 긍지와 각오를 새롭게 다짐하기 위하여 지금 우리는 이곳에 모였습니다.

우주만물을 창조하시고 주관하시는 하나님께서는 부족한 저희들에게 한결같이 한없는 은총을 주시었고, 저희들이 명지학원에서 교육봉사와 연구봉사 및 사회봉사를 수행할 수 있도록 지혜와 능력을 허락하시었으므로 첫 번째 감사의 기도를 드립니다.

전지전능하신 하나님께서는 부족한 저희들에게 심신의 건강과 가정의 평화를 베풀어주심으로써 저희들이 학교법인 명지학원이 주관하는 성지순례에 참가하여 사도 바울의 거룩한 발자취를 확인하고 그 뜻을 음미할 수 있도록 저희들에게 큰 은혜를 베풀어주시었으므로 두 번째 감사의 기도를 드립니다.

길이오, 진리요, 생명이신 하나님께서는 이번 성지순례에 참가한 저희들이 평소에 게을리했던 교원가족들 간의 화합과 단결을 도모하고, 그것을 실천할 수 있는 기회를 허락하시었으므로 세 번째 감사의 기도를 드립니다.

이 세상을 한결 같이 사랑하사 독생자를 주신 하나님. 당신의 뜻에 따라 저희들이 성지순례를 무사히 마치고, 자랑스러운 조국 대한민국으로 돌아가면, 또한 선교계 사학의 명문 명지학원으로 돌아가면, 이러한 세 가지 감사의 기도에 바탕하여 학교법인 명지학원의 설립정신을 구현하는 일에 피와 땀과 노력을 아끼지 않을 것입니다. 아울러 교육봉사와 연구봉사 및 사회봉사를 더욱 성실히 수행할 것입니다.

그러므로 전지전능하신 하나님, 저희들이 사도 바울의 거룩한 정신을 계승하고 그것을 끊임없이 실천할 수 있도록 저희들을 인도하여 주시옵소서. 그리하여 학교법인 명지학원이 크게 발전하고 번영할 수 있도록 저희들을 인도하여 주시옵소서. 간단하나마 지금까지의 모든 말씀을 예수 그리스도의 이름을 받들어 간절히 기도드리나이다. 아멘.

누이의 편지 그리고 30만 원

2006. 2. 6.
감사합니다

존경하고 사랑하는 우리 오빠!

한 달이 정말 빨리 지나갔어요. 저 때문에 고생 많이 하셨어요. 저는 정말 감사하고 좋았지만…… 남편한테도 받지 못한 그런 따뜻하고 표현할 수 없는 정과 사랑을 받고 보니 너무너무 황홀해서 정말 살맛이 나는군요. 감사합니다. 오빠!

그동안 오빠, 언니 정말 수고 하셨어요. 그래서 많은 돈(300,000원)은 아니지만 저의 성의이니 그냥 받아주세요. 어떻게 표현할 수가 없군요. 조카들도 얼마나 잘 해주는지…… 저의 아이들이 오빠가 오신다면 그렇게 잘해드릴지 의문이 가네요.

오빠! 우리 너무 신경 쓰지 말고 편안하게 살도록 해요. 간단한 운동도 좀 하시면서 즐겁게 살도록 노력해 봅시다. 그래야 다음 해에 서로 기쁜 얼굴로 만나지 않겠어요.

도착하는 대로 연락드릴게요. 언니한테도 다시 한번 감사하면서, 건강하고 즐겁게 하루하루를 보내시기를…… –사랑하는 동생 효가 드립니다.

2006. 1. 27.
용돈봉투

날씨가 조금 풀리는 듯싶더니 다시 추워지네요. 항상 건강 조심하시구요. 지금처럼 든든한 모습 기대할게요. 새해 복 많이 받으시고요. -경중, 숙경 드림.

2006. 3. 27.
용돈봉투
황사가 심해 봄 같지도 않네요. 멋진 봄날 기대하며 아버님 건강하세요. -경중, 숙경 드림.

2006. 4. 27.
용돈봉투

황사가 심해요. 황사 조심하시고, 봄 구경도 빼놓지 마세요. 행복한 5월 되세요. -경중, 숙경 드림.

2006. 5. 27.
용돈봉투

벌써 더위가 찾아왔네요. 더위 조심하시구요. 안성의 멋진 풍경 기대할게요. -경중, 숙경 드림.

2006. 8. 27.
용돈봉투

무더운 여름도 점차 꼬리를 내리는 9월이네요. 시원하고 멋진 가을 보내세요. -경중, 숙경 드림.

만남의 단상(2006. 8. 28.)

　요람에서 무덤까지 우리의 일생은 만남의 연속이다. 사람과 사람의 만남은 물론이오, 사람과 어떤 상대와의 만남은 실로 다양하다고 아니할 수 없다. 외국인과 문학을 말하면 골프 치고 사우나 하는 것과는 다른 교감이 생긴다. 이것은 일종의 문화접촉이며, 이 때 문학은 묘한 접촉수단이 된다. 문화적인 대화를 나눌 때 커피 한 잔이면 되지만 거기서 얻어지는 동류의식은 수준이 높다. 작가 최인호 씨는 문화접촉에 관하여 이런 말을 한 적이 있다.

　"독일 뮌헨에 갔는데 호텔마다 예약이 다 찼어요. 어떻게 해야 하나? 고민하다가 호텔 여직원을 앞에 두고 하이네의 시를 읊기 시작했어요. 유일하게 아는 독일 시인데, '당신은 한송이 꽃'이라는 제목이에요. 그 자리에서 방을 얻었지요." (동아일보, 2006. 8. 16).

　상대방의 마음을 사로잡아 움직이게 한다면 그 만남은 성공적이다. 상대방의 마음을 사로잡으려면 교양과 식견이 따라야 한다. 그것은 책을 벗삼는 자신과의 싸움에서 터득되지 않을까!

아, 잊지 못할 제자들 메일편지

2006. 10. 27.
최수진입니다

안녕하세요? 교수님.

저는 96학번 최수진입니다. 워낙 오랜만에 연락을 드려서 기억하실지 모르겠어요. 저는 96학년도에 편입하여 기유화, 신윤경 등과 함께 잘 어울려 학교 생활을 하였습니다.

저는 지금 런던에 살고 있어요. 온지 4년 9개월 정도 되었지요. 어학연수를 마치고, 학교 입학 전에 잠시 일했던 여행사 업무가 적성에 맞아 지금은 대한 항공 런던지점에서 근무하고 있습니다. 전공과는 동떨어졌지만 적성에 맞고 나름대로 보람을 느끼며 일하고 있습니다.

교수님의 안부는 유화, 윤경, 다른 선후배를 통해 듣고 있습니다. 멀리 있지만 인터넷 덕분에 한국에 있을 때보다 더 가까이 지내는 것 같아요. 유화와 영학 선배 커플은 신혼여행 길에 여기 들러 만났고, 작년에는 97학번 영택 오빠와 셋이서 여름휴가를 와서 오랜만에 즐거운 시간을 보냈습니다. 몇 년 만에 연락드리면서 구구절절 제 얘기만 늘어놓고 있군요.

사실 교수님께 부탁드릴 일이 있어서 연구실과 댁으로 여러 차례 전화를 드렸는데 시차도 있고 연락이 잘 되지 않아 부득이 이메일로 부탁을 드립니다.

교수님, 저 12월 3일에 결혼합니다. 남편 될 사람은 영국에서 만난 한국인이고 영국 와인회사에서 일하고 있어요. 유화와 영학 선배의 결혼식 때 교수님께서 주례를 서주셨다는 말을 듣고 저도 부탁을 드려야겠다고 생각했습니다.

시댁 어른도 선뜻 승낙하시면서 부디 좋은 말씀 부탁드린다고 하셨어요. 찾아뵙고 청첩장을 드리면서 부탁드려야 예의인 것을 사정이 여의치 않아 정말 죄송합니다.

한국에서 결혼식을 올리지만 회사 사정상 결혼식 1주일 전에나 귀국할 수 있을 것 같아요. 그전에 미리 부탁을 드리고 11월 말에 한국에 가면 찾아뵙겠습니다. 청첩장은 만드는 대로 교수님 연구실로 보내드리겠습니다. 12월 3일 오후 1시이고, 장소는 관악웨딩홀이라고 난곡 부근에 있어요. 다른 선약이 없으시면 꼭 오셔서 좋은 말씀 부탁드립니다.

런던은 날씨가 추워요. 비도 많이 옵니다. 한국도 가을 문턱이라고 하는데 환절기에 건강 유의하세요. 교수님. 좋은 하루 보내십시오. -런던에서 최수진 드림.

2006. 10. 31.
송승섭입니다

김 교수님께

애처로울 정도로 아름다운 단풍이 산하를 물들이더니 어느덧 초겨울의 풍광을 그려내고 있습니다. 새로운 세대를 맞이하는 격세지감을 느끼면서 인간 본연의 고독감을 다시금 반추하게 됩니다.

송구스럽습니다마는 어쩌다 작은 성과물인 『병영도서관 운영 모델 연구』를 내어 보내드립니다. 건강에 유념하시고, 댁내의 화목과 하나님의 사랑이 충만하시길 빌며 이만 줄입니다. 송승섭 배상

2007. 2. 28.

이성애입니다

교수님!

정년퇴임을 아쉬워하며, 수십 년간의 교수님의 수고가 도서관계에 큰 획으로 남기를 염원합니다. 내내 건강하시고 아울러 새로운 연구가 계속되기를 기대하겠습니다. 행복하십시오. -이성애 드림

오늘은 어머님이 그립습니다(2007. 2. 28.)

어머님, 저는 오늘 명예교수가 되어 명지대학교를 정년퇴임합니다. 육이오 동란 이후부터 어머님의 자식들이 성장하여 결혼을 하고 자식을 낳아 삼대를 이룰 때까지, 어머님은 36세의 청상이 되어 구이팔 서울수복 때 둘째 아들을 먼저 저 세상으로 보내고 칠남매를 거두는 초인적인 투쟁과 삶을 이끌었습니다.

육이오 동란을 국제전(international war)의 성격을 가진 내전(civil war)이라고 말하는 『한국전쟁의 기원』의 저자 부루스 커밍스 교수는, '북한의 김일성이 소련과 중국의 지지를 받아 남침을 한 것은 사실이다. 그러나 이승만 대통령도 북침의사를 표명하고 미국의 지지를 호소했으나 거절당했다. 한국전쟁은 독립투쟁을 했던 김일성 등 좌익을 지지하는 소련과, 일본제국 육사를 졸업하고 육군대좌로 있다가 광복 이후 국군 창설에 공이 있는 김석원 등 우익을 지지하는 미국이라는 양대 진영의 구조적 요인 때문에 발발한 것이다' 라고 주장합니다. 이 주장은 미국 정부의 기밀문서에 근거를 두기 때문에 설득력이 있고, 역사학계도 승복하는 모양입니다.

이런 맥락에서 저는 아버님을 어떻게 설명해야 옳은지를 모르겠습니다. 인촌 김성수 씨와 수당 김연수 씨 그리고 김용완 씨 등이 설립한 경성방직(주)에서 일하셨으니 따지고 보면 우익 인사이겠지요. 그러나 아버님의 학력이 그렇습니까, 활동이 그렇습니까, 사상이 그렇습니까? 경성방직을 바르게 지키는 한 사람이라는 이유 때문에, 좌익활동에 동조하지 않는다는 이유 때문에, 좌우를 불문하고 바르게 살겠다는 의지 때문에 아버님은 현모양처인 어머님을 청상으로 만드셨고, 살아 숨 쉬는 우리들은 三代(3대)를 이룰 때까지 어머님의 우산을 벗어나지 못했습니다.

아버님의 비극은 성격이 빚은 성격비극일까요? 강하면 강할수록 쉽게 부러질 수 있다고 말합니다. 시대가 혼란스럽고, 사회가 불안정하면 옳은 말을 할 수는 있지만 옳은 말의 실천은 삼가야 한다고 말합니다. 불가원不可遠 불가근不可近과 중용을 말합니다. 다리 뻗을 곳을 알고 다리를 뻗어야 하는 것을! 이렇게 좋은 말이 있으나 역시 그 실천은 매우 어려운 일입니다. 옳은 일, 해야 할 일을 알면서도 싫어서, 마음에 들지 않아서, 누군가가 미워서 등 다양한 이유와 자신의 성격이 상호작용하여 불행을 초래하게 되는 경우가 있습니다.

나이 어린 제가 목격한 에피소드 하나입니다. '육이오 동란 직전, 밤늦은 퇴근길에 우리가 사는 동네에서 아버님은 정체불명의 사람들에게 집단폭행을 당하셨습니다. 분을 참지 못한 아버님은 이튿날, 당시의 대한청년단을 찾아가 이 일을 따졌고 면담자의 사과를 받은 후 귀가하셨습니다.' 이처럼 아버님은 당당하셨고 훌륭하셨습니다. 그러나 너무 강직하셨습니다. 시대와 사회를 잘못 만나신 경우입니다. 참으로 안타까운 일입니다.

친구를 만들지 못할지언정 적을 만들지는 말라! 어머님, 저는 이렇게 살까 봅니다.

정년퇴직과 자식들 용돈봉투

2007. 4. 11.
축하합니다

교수님의 명예로운 정년을 축하드리며, 관동대학교에 재직 중인 제자들이
교수님을 모시고자 청하오니 부디 교수님께서 편한 시기에 방문해 주시기를
바랍니다. 감사합니다.

관동대학교 재직 졸업생
신춘섭, 최효경, 홍예택, 김정현, 이재명, 이유준, 이병권, 김영하, 서광석
드림.

이들은 이 글과 함께 호텔 숙박권을 동봉했다. 해를 넘기지 않고, 이 해 가을에
강릉 경포대에서 필자 부부는 이들과 맛있는 저녁을 먹으며 만남의 기쁨을 만끽
했다.

2007. 6. 22.
용돈봉투

아버님, 멋진 정원 보러 토요일에 가겠습니다. 기대할게요. -경중, 숙경 드
림.

2007. 7. 21.

용돈봉투

정말 더운 여름이에요. 항상 건강하시구요. 안성에 계시니 뵙기가 힘드네요. 보고 싶고요. 안성에 또 놀러갈게요. -경중, 숙경 드림.

실랑이(2007. 8. 1.)

아이들은 아이들대로, 어른들은 어른들대로 흔히 조그만 일로 옥신각신한다. 실랑이 없는 세상은 없을 듯하다. 실랑이의 사전적 의미는 '남을 못 견디게 굴어 시달리게 하는 것'이다.

옛날 과거에 급제한 후 임관하여 처음으로 관아에 종사하는 사람을 '신래'(新來)라고 했다. 그리고 이미 급제하여 벼슬하고 있는 선배들은 후배 합격자를 붙잡아 얼굴에 먹칠을 하거나 옷을 찢는 등 합격자를 괴롭히면서 앞으로 좋은 관원이 되기를 바라는 풍습이 있었다. 이런 '신래'에서 유래하여 남을 못 살게 굴며 옥신각신하는 것을 뜻하는 실랑이라는 말이 생겼다고 한다.

부끄럽고 유감스럽게도 우리나라는 『웹스터영어사전』이나 『옥스포드영어사전』 같은 권위 있는 어휘사전이 없다. 한글학회와 국어연구원 등의 활동이 있고, 제법 규모가 있는 대학들에 국어연구소가 있음에도 불구하고 위 사전과 어깨를 견줄만한 사전을 편찬한다는 소식을 들은 적이 아직 없다. 아마도 가장 큰 원인은 이 일을 감당할 재정 즉 돈이 없다는 사실 아닌가 싶다. 나라도, 사회도, 재벌의 총수도 이 일에 거금을 들고 나서질 않는다. 또 '한글날'은 무슨 이유로 홀대하는지 알 수 없다.

『Shakespeare concordance』나 『Shakespeare lexicon』을 보면 볼수록 왜 우리나라는 아직까지 이 사전의 번역본이 없을까? 하고 한탄하게 된다. 이 또한 문제는 돈과 관심이다. 번역본을 만들기까지 누가 재정을 감당할 것이며, 번역본이 간행되어도 잘 팔리는 책이 아니라면 누가 그 손실을 감당할 것인가! 누가 뭐래도 권위 있는 국어사전을 편찬하는 일은 위대한 문화사업이며 국가사업임을 부정할 수 없다. 그러니까 사전편찬은 국력과 비례한다는 말이 된다.

한글사전의 편찬을 접어두고, 우리나라 도서관들은 각종 사전을 얼마나 보유하고 있는가를 조사하면 흥미로운 결과가 나타날 것이다. 개인적으로 필자는 우리나라 대학도서관을 대상으로 사전보유현황을 조사하여 분석한 일이 있다. 그 결과는, 역사와 전통이 있고, 도서관 장서에 관심을 가질만한 극소수 대학들이 사전을 많이 보유하고 있었다. 문헌정보학 이론을 보더라도 사전은 도서관의 기본 장서의 범주에 속한다. 말 그대로 기본 장서인만큼 기본 장서가 충실하면 할수록 도서관의 장서는 충실해진다. 권위 있는 한글사전의 편찬과 각종 사전을 충분하게 보유한 도서관은 정도의 차이일 뿐 같은 맥락에서 이루어지는 일이 아닌가 싶다.

제자들과 주고받은 메일편지

2009. 1. 16.
이경현입니다

눈 오는 날, 은사님과 문자의 소통은 참으로 푸근하고 신선한 충격입니다. 건강하시고 새해 복 많이 받으세요. 텁텁한 막걸리 한 잔 올리는 날이 빨리 왔으면 좋겠습니다. -이경현 드림.

2009. 1. 21.
이은경입니다

교수님! 한참 웃었어요. 덕분에요. 감사합니다⋯. 새해 복 많이 받으시고 건강하세요⋯. -이은경 드림.

사람의 웃음소리(하하하, 허허허, 호호호, ㅎㅎㅎ, 히히히, 후후후) 는 참 다양하고, 느낌 또한 다르다. 웃음은 운동효과도 있고, 다이어트의 효과도 있다. 웃음강의도 점차 주목을 받고 있다. 웃는 얼굴에 욕할 수 없다는 속담도 있다. 건강을 위하여, 밝은 사회를 위하여 모두 즐겁게 삽시다. 笑門萬福來. -김용성

2009. 3. 17.

이루시에게

너무 오랜만이라 마냥 궁금할 뿐이다. 정원이를 작년에 어느 지하철역에서 만났는데 그 후 소식을 모르겠다. 최근에 이메일 주소를 바꿨다.

2007년에 나는 정년퇴임. 이젠 노는 재미에 푹 빠져있다. 몇몇 친목모임에 나가고, 생각이 나면 몇 자 글을 쓰고, 경기도 안성에서 흙 만지고, 잡초 뽑고, 여기저기 구경 다니고……

건강과 행복을 빈다. 마냥 궁금하다. -김용성 배.

2009. 3. 19.

이루시입니다

안녕하세요? 이루시 인사드립니다. 전화도 못 드리고, 게으른 탓으로 사는 이야기도 잘 드리지 못했습니다. 아직도 저는 심천에서 지내고 있구요. 아이들과 할머님, 남편과 잘 지내고 있습니다.

할머님은 증손주 보시며 지내는 낙으로 이곳에 계십니다. 또 제가 일을 하는 이유로 오후에 오는 손주 녀석들 챙기시느라 마음을 다해 사과며 배를 갈아 직접 홈메이드 주스를 매일 준비하셔서 주고 계십니다. 감히 저는 다가가지도 못할 사랑으로 소리 없이 자손들을 챙기시는 모습이 존경스러울 뿐입니다.

우리 아이들은 7학년, 5학년으로 많이 컸습니다. 첫 아기를 데리고 교수님 방으로 찾아뵙던 시간이 어제 같은데 그 아이가 지금은 클래식 기타와 드럼과 태권도, 검도로 학교에서 유명한 한국 아이랍니다. 키도 175로 큰 편이고요. 딸아이는 미술을 전공하고 싶은 감수성 예민한 착한 모습으로 크고 있습니다.

저의 수호천사랄까……

엄마라면 자신의 것을 다 내어주는 모습과 마음에 저 자신이 너무나 작은 사랑을 주고 있는 것을 느끼게 됩니다.

저나 정원이가 워낙 결혼을 늦게 해서 아이들도 어린 편이지만 철없이 결혼 생활 시작했으면 아마도 많은 갈등이 있었겠구나 싶은 나 자신의 부족함을 인정하게 됩니다.

마음은 늘 교수님 내외분을 생각하고 있습니다. 아마도 아프시지는 않겠지 하며, 사모님의 고운 모습도 기억하고요. 교수님의 짧지만 명확한 말씀도 기억하고요. 후회가 된다면 제가 열정을 다해 지내지 못한 시간들이 아쉽다는 것입니다.

정원이랑은 메일을 주고받습니다. 아이들 교육과 일과의 사이에서 정원이도 조금은 바쁘고 고된 시간을 지내고 있는 것 같고요. 아마도 모든 부모가 겪는 과정을 저희가 겪고 있는데 마치 고생하는 것처럼 말하고 있는 것은 아닌지 싶습니다.

정년퇴임 후에 흙을 만지며 계시다고요. 제 머리 속에는 벌써부터 그려지는 정경이 떠오릅니다. 햇빛 받으며 호미를 들고 묵묵히 밭을 매는 교수님이요.

봄바람이 매서운데 감기 조심하시길 바랍니다. 그리고 제가 언제인가 인사 드릴 날까지 건강히 지내시길 부탁드립니다. 그러려면 저도 몸 관리를 좀 해야겠네요. ㅋㅋ

교수님, 사모님께 안부 전해주시고, 뒤늦게 인사드림을 죄송하게 생각합니다. 그럼 안녕히 계십시오. -이루시 드림

2009. 3. 20.

이정원입니다

교수님, 안녕하세요? 루시에게 연락 받고 메일 드립니다.

1. 때늦은 후회

퇴임 후에 어떻게 지내시는지도 무척 궁금했는데…… 약 2년 전에 서울 사당역에서 너무 급하게 뵙는 바람에…… 죄송합니다. 교수님께서 약속시간에 어디를 급히 가시는 것 같아 제가 붙잡을 용기도 없었고…… 차 한 잔 대접 못했음을 용서하세요. 그렇게 뵙고 제 마음 한쪽이 서늘하더군요.

친정가족들과 친구들과 내가 30년 살아온 나라와 문화를 결혼이란 것으로 어느 한순간 멀리 떨어져 살아야 하는 마음의 상심은 저로 하여금 관계와 문화의 소중함을 깨닫게 해주기에 충분하고 넘칩니다.

2. 후회를 만회하기 위한 다짐

모든 이들이 다 저 같을 수는 없고, 대다수가 사는 삶을 내키지 않은 마음으로 선택하고 싶지는 않습니다. 경제는 미국의 과거 경제공황 시기와 맞먹는 아니 덩달아 전 세계가 들썩거리는 것을 볼 때, 앞으로 저는 어떻게 살아야 하고, 어떻게 삶을 마무리해야 하는지도 고민해봅니다. 요즘, 과거 미국의 경제공황기에 저와 비슷한 고민을 하고, 그것을 실천한 사람들 중의 한 사람인 헬렌 니어링의 글을 읽고 있습니다. 제가 벌려놓은 일들을 마무리하고, 나머지 시간들은 나를 키워준 내 나라, 내 땅에 대한 은혜 그리고 그 문화에 대한 보답들로 채워나가고 싶습니다. 말은 거창하죠. ㅎㅎ

3. 연재되는 소설처럼

교수님은 어떻게 지내세요? 연재되는 소설처럼 교수님과 루시 모두의 매일 매일이 궁금하네요. 언젠가는 모두 모여, 살아온 지난날들에 자신의 나레이션을 나눌 날이 오겠죠? 또 연락드리겠습니다. -이정원 드림

작은 헤어짐이 더 슬픈 건 헤어진 부분만큼이 아니라 남아있는 마음만큼 아프기 때문일 꺼에요. 돌멩이 이야기

과천향교(2009. 10. 2.)

오랜만에 관악산에 올라 약수 한잔 떠서 마시고, 계곡의 물 흐르는 소리에 한동안 시간이 멈추는 듯 물의 흐름을 듣고 보다가 내려왔다. 과천향교(果川鄕校)를 흘깃 쳐다보니 오늘은 무슨 일로 문이 열려 있었다. 이를 관리하는 光山(광산) 김 선생을 만났다.

과천향교는 1398년 태조 7년, 과천현 서이리에 설립, 시골의 국립고등교육기관으로 발족, 조선말까지 활동하였다. 1688년에 지금의 과천시 중앙동81번지로 이전하였으며, 1944년 안산, 시흥, 과천향교를 합병하여 과천향교로 명명되었다. 1961년 임원회의에서 시흥향교로 개명되었고, 1966년 4월 1일 과천향교로 복원되었다.

현재 관할은 과천시, 안양시, 의왕시, 군포시, 안산시, 광명시 등 일곱 시이다. 이 향교는 성균관의 하급 관학(官學)으로, 일명 향학(鄕學)이라 불렸으며, 지방의 유일한 고등교육기관으로서 학문을 강습하였다.

성균관을 모방하여 거의 비슷하게 성현(聖賢)의 위패를 봉안한 대성전이 있고, 문묘 앞에는 유생들이 학습하던 명륜당이 있다. 이 향교는 동무서무(東廡西廡 동편 건물과 서편 건물. 일반적으로 동재서재東齋西齋라고 씀)가 없으나 공자를 비롯한 유교의 다섯 성인(공자, 안자, 증자, 자사, 맹자)과 중국의 두 현인(정호, 주희), 우리나라의 열여덟 현인(설총, 최치원, 안유, 정몽주, 김굉필, 정여창, 조광조, 이언적, 이황, 김인후, 이이, 성혼, 김장생, 조헌, 김집, 송시열, 송준길, 박세채) 등 모두 스물다섯 분의 위패를 대성전에 모셨다.

제례를 모시는 공간을 두어 정기적으로 제례를 모신다. 그것은 이를 통하여 성현들의 학문과 인격을 흠모하고, 배우게 함이다. 지금도 과천향교는 음력

초하루와 보름에 분향하고, 봄과 가을에 석전대제(釋奠大祭)를 모신다.

내삼문(內三門)

명륜당에서 대성전을 오르기 위해 거쳐야 하는 문이며, 문묘(文廟) 안에 있으므로 내삼문 혹은 신사문(神三門)이라고 부른다.

명륜당(明倫堂)

유학을 강학하던 강당이며, 관찰사는 도내에서 우수한 유생들을 골라 매년 유월에 도회소(都會所)를 열고, 문관을 보내어 시험을 치르고, 성적이 좋은 사람은 생원(生員), 진사(進士), 복시(覆試)에 응시할 자격을 주었다.

외삼문(外三門)

이 문을 거쳐 문묘에 들어간다. 즉 문묘의 밖의 문이다.

홍살문

능, 궁정, 관가 등의 입구에 세우는 붉은 칠을 한 문이며, 둥근 기둥 두 개를 세우고, 지붕 없이 붉은 살을 끼웠다. 이 문을 지나는 사람은 경건한 마음을 지녀야한다.

석전대제

유교의 성현들을 추모하고 그 덕을 기리기 위하여 성균관과 전국의 향교가 매년 제례를 모신다. 봄에 거행하는 춘기석전대제는 공자의 기일 양력 5월 11일에, 가을에 거행하는 추기석전대제는 탄강일 양력 9월 28일에 각각 봉행한다. 국가중요무형문화재 제85호로 지정되었다.

기로연(耆老宴)

고려시대부터 시작되었다고 전하는데, 조선시대에는 70세 이상의 원로 문신을 위로하고 예우하기 위하여 국가가 베푼 잔치이다. 봄에는 음력 3월 상순 사일(巳日) 혹은 3월 3일에, 가을에는 음력 9월 9일 중양(重陽)에 각각 베풀었다. 조선 후기에 자취를 감추었으나 아름다운 전통을 되살리고 경로(敬老) 및 충효 사상(忠孝思想)을 계승하기 위하여 성균관과 전국 향교가 이를 거행한다.

우리는 대한민국 국가대표(2009. 11. 1.)

스키점프 국가대표 선수 최용직, 강칠구, 김현기, 최흥철, 코치 김흥수가 인기몰이를 하고 있는 영화 '국가대표' 포스터 앞에서 파이팅을 외치며 신전을 다짐하는 사진이 김보경 기자의 보도로 강원일보(2009.10.23)에 게재되었다.

이런 선수들이 있으므로 우리는 행복하고, 우리나라의 스포츠는 미래가 있다. 그들은 돈이 없어서, 굶는 것이 다반사였고, 막노동판을 전전하며 훈련했지만 희망이라는 재산이 있었기 때문에 그들은 모든 설움과 고난을 딛고 비상(飛上)을 거듭하고 있다.

'간절히 바라고 행하면 언젠가는 이루어진다' 는 짧고 강렬한 글이 떠오른다. 다가오는 2010년 밴쿠버동계올림픽. 젊음과 패기로 똘똘 뭉친 국가대표 스키점프팀이 감동의 금메달을 목에 걸며 감격과 행복을 만끽하기를 기대한다.

장수비결은 항상 움직이며 즐겁게 사는 것

사람은 누구나 오래 살기를 바란다. 본능이다. 그래서 사람들은 지금도 장수비결을 연구하고 있지만 연구하고 아는 것만으로 건강하게 오래 살 수는 없다. 아는 것을 실천하는 노력이 뒷받침되어야 천수(天壽)를 누릴 수 있다.

매일 아침, 집 근처의 공원에서 3,000보를 하며 하루를 시작하는 김수진(90세, 춘천시 후평동) 씨를 만나보자.

그는 4년 전부터 3,000보 운동을 시작했다. 그는 자전거를 타고 집에서 1.5km 떨어진 공원으로 가서 3,000보 운동을 하고 집으로 돌아오는 것으로 하루를 시작한다. 이름 하여 3,000보 아침.

김 씨의 식단은 특별한 것이 없다. 김치, 된장찌개, 김치찌개 등 평범하다. 건강을 위해 특별히 챙겨먹는 것은 없으나 차려진 음식은 최대한 천천히, 가리지 않고 먹고, 적게 먹고, 많이 씹기(소식다작小食多嚼)라는 원칙을 꼭 지킨다. 짠 음식, 매운 음식을 피한다.

무엇보다 김 씨가 건강을 유지하는 비결은 항상 긍정적으로 생각하는 그의 인생관과 가치관에서 비롯된다. '긍정적으로 생각하고 모두에게 친절하자' 는 것을 실천하는 것.

출필고 반필면(出必告 反必面 집을 나설 때 부모에게 알리고, 집으로 돌아오면 역시 부모에게 알린다)은 유교가 가리키는 아름다운 예법의 하나이다. 그러나 이 글은 가족 간의 활발한 의사소통을 말하기도 한다. 가족 간의 화목과 대화의 중요성뿐만 아니라 국민과 정부와의 소통을 의미하기도 한다.

장수비결은 끊임없이 움직이고, 잘 먹고, 즐거운 생각을 가지는 것이며, 자신이 세운 생활원칙을 철저하게 지켜나가는 데에 있다는 것이 김 씨의 말이다.

숲을 만나면(2009. 11. 5.)

나무와 숲의 의미는 너무 크고 깊어서 굳이 이야기할 필요가 없을 정도이다. 더구나 자연의 일부이니까. 우리는 자연과 공존해야 한다. 녹색환경, 녹색혁명, 산소(酸素)의 길, 유기농재배, 자전거 타기, 수소 차 개발 등을 부르짖으며 현대인은 자연과 공존을 갈구한다.

1950년대와 60년대에 식목일을 꼬박 지키면서 우리는 자연보호운동을 전개했었고, 지금도 여기저기서 자연보호헌장을 볼 수 있다. 어찌하여 그 운동을 까맣게 잊고 이제 새삼스럽게 녹색혁명 운운하는가.

만물의 영장이라고 자칭하면서 우리는 곧잘 바보 같은 짓을 저지른다. 특히 우리나라는 지방자치제가 시행된 이후 산허리를 끊어가면서 도로를 만들고, 산을 파헤쳐 없애면서 골프장을 만들었다. 산허리가 끊어지고, 산이 훼손됨과 동시에 숲도 사라졌다. 그 산을 언제 어떻게 만들 것인가. 숲을 만나보자.

숲은 우선 아름답다. 특히 우리나라는 금수강산이라는 말처럼 사계절에 따라 숲의 아름다움이 다르다. 어디 그뿐인가. 숲은 눈의 피로를 풀어주고, 음이온을 방출함으로써 상쾌함을 느끼게 한다. 산림욕은 스트레스 해소와 장 및 심폐기능을 강화하는 데 좋은 효과가 있는 것으로 알려져 우리들을 숲으로 안내하고 유혹한다.

숲은 건강을 보호하고 질병을 예방하는 힘을 가지고 우리의 정신과 육체건강에 좋은 에너지를 충족시킨다. 피톤치드phytoncide의 효능이다.

피톤치드는 러시아어 phyton(식물의)과 cide(죽이다)의 합성어이다. 식물이 자신을 위협하는 병원균, 해충, 곰팡이에 저항하려고 내뿜는 물질을 말한다. 산림욕을 통해 피톤치드를 마시면 스트레스가 해소되고, 장과 심폐기능이 강화

된다. 살균작용도 이루어져 면역력을 높인다.

숲의 푸르름, 싱그러운 향기, 맑은 물소리와 새소리는 우리의 감각기관을 자극하여 활기를 되찾게 한다. 우리가 상쾌하게 느끼는 음이온은 몸 안의 양이온을 상쇄시켜 자율신경을 안정시킨다. 특히 침엽수림과 계속 흐르는 계곡의 물은 음이온이 풍부하다. 숲을 걷다가 쉴 때에도 맨땅이나 나뭇등걸에 앉아서 쉬는 것이 좋다. 흙과 나뭇등걸은 기(氣)를 지니고 있어 인체의 기와 교감작용을 하기 때문에 몸에 좋다.

숲은 지구온난화의 주범 이산화탄소를 적정수준으로 낮추고, 여름철에 태양광선을 차단하고 증발시켜 열을 내리는 청정에어컨이 된다. 빗물을 머금었다가 서서히 땅속으로 흘려보내는 인공댐이다. 이른바 녹색댐은 숲의 수자원 보호기능을 함축적으로 표현한 것이다. 그래서 숲이 머금고 있는 물은 생명의 물이다.

녹색환경, 녹색성장이 지구촌의 가치가 되는 최근에 숲은 매우 중요한 부존자원이고, 포괄적인 자연자원이며, 동시에 후대복지에도 큰 영향을 미칠 수 있는 소중한 자원이다. 우리는 숲에 관한 정보를 공유하여 자연과 공존해야 한다.

여러분, 감사합니다.

생로병사를 피할 수 없는 것처럼 우리들은 경조사를 피할 수 없습니다. 이에 더하여 힘들고 어려운 때는 또 따로 있습니다. 이런 때마다 격려와 후의와 은혜를 베풀어주신 여러분의 성함을 저의 기억을 더듬어 감히 기록으로 남기면서 이 기회를 빌려 깊은 감사의 말씀을 드립니다. 여러분, 고맙습니다. -김용성

강경규 강미혜 강선옥 강성윤 강순애 강안수 강정원 강희갑
고병수 고영만 고치상 곽병학 곽병희 구내영 구본혁 구제홍
권기원 권명규 권정남 권태홍 김경수 김관영 김광선 김광호
김권호 김기동 김달영 김덕동 김덕신 김덕정 김득수 김문성
김미양 김미영 김병주 김병춘 김병훈 김상준 김상협 김상홍
김선영 김선재 김성태 김수연 김숙자 김순례 김순식 김순자
김승환 김실 김여장 김영귀 김영하 김용순 김용완 김용태
김우갑 김위현 김윤식 김은경 김재수 김정규 김정현 김정호
김종무 김종배 김중만 김중서 김진만 김진일 김창수 김창환
김충행 김치규 김태수 김태옥 김태인 김해강 김현욱 김현주
김현희 김호건 김희남 나종복 남철웅 남충현 남태우 남택만
노도양 노동현 노연호 노춘환 리재철 문석윤 문우영 문중섭
문회옥 박광민 박긍수 박돈영 박동섭 박두일 박명규 박부진
박상균 박상찬 박영두 박영휴 박옥화 박용원 박유숙 박유식
박유택 박윤근 박은순 박인웅 박정배 박준영 박준택 박중석

박지완 박지윤 박천규 박태권 박해종 박현나 박형림 박후용
박희종 방현철 방하운 배광석 배금표 배성우 배순희 배운석
배은주 배종숙 배찬복 백승규 백영철 백호정 변영태 사공철
서광석 서규석 서성원 서수석 서정선 서주원 석성준 성명희
성백선 성백영 성백인 손승렬 손홍렬 송대영 송대현 송승기
송승섭 송영훈 송인태 송천호 신강호 신광하 신길수 신명용
신명조 신석정 신용진 신율 신천식 신철재 신춘섭 신화식
심우진 심의섭 안명현 안병억 안태경 양광석 양문석 양병철
양승갑 양승대 양태형 엄대섭 엄무용 여석기 여승구 여운광
오세훈 오찬욱 오치선 오치환 오혁수 왕신식 원성연 유경득
유병직 유명복 유병진 유사원 유상근 유승도 유양근 유연숙
유 영 유영구 유용근 유인애 유재경 유재은 유재창 유정애
유제백 유종희 유풍근 윤병태 윤상실 윤 영 윤인선 윤택원
이갑분 이강정 이경현 이계찬 이공무 이광렬 이근수 이기창
이기한 이기현 이대영 이만수 이무진 이미숙 이범국 이병권
이봉덕 이봉순 이상우 이성애 이성주 이세근 이양희 이영남
이영덕 이영록 이영섭 이옥식 이용남 이우현 이유준 이은철
이응호 이일균 이재경 이재명 이종삼 이종열 이종택 이진희
이창두 이춘재 이춘희 이한묵 이해영 이현주 이형복 이호근
이화연 이희자 임곽식 임석진 임성빈 임정규 임정숙 임홍기
장문선 장사옥 장원무 장은필 장찬주 장한주 장혜란 장호강
장희석 전도일 전명숙 정경순 정동열 정성화 정성훈 정세욱
정연대 정옥경 정용학 정유라 정윤수 정창경 정철웅 정한숙
정해경 정해룡 정행도 조규용 조동근 조동탁 조방형 조병륜
조복성 조상갑 조석연 조성식 조용만 조원호 조유진 조인숙

조정랑 조희선 진이영 진태하 차재윤 채영창 천혜봉 최경국
최광희 최 덕 최명종 최무림 최상은 최석두 최성진 최성환
최영길 최은주 최인범 최혜순 최효경 편종근 한윤옥 허근영
허원태 허 은 허철부 현승종 현영아 현종근 홍문표 홍민표
홍상필 홍예택 홍윤기 홍재현 홍종필 황건주 황귀룡 황희철
사이토 아사코 선우중호.

그리운 사람을 그리워하자

지은이 | 김용성
펴낸이 | 방현철

1판 1쇄 찍은날 | 2010년 9월 10일
펴낸곳 | 북포스

출판등록 | 2004년 2월 3일 제313-00026호
주소 | 서울시 영등포구 양평동5가 18 우림라이온스밸리 B동 512호
전화 | 02-337-9888
팩스 | 02-337-6665
전자우편 | bhcbang@hanmail.net
홈페이지 | www.bookforce.co.kr

ISBN 978-89-91120-46-4 03040